U0033214

思想觀念的帶動者
文化現象的觀察者
本土經驗的整理者
生命故事的關懷者

{ PsychoAlchemy }

啓程，踏上屬於自己的英雄之旅
外在風景的迷離，內在視野的印記
回眸之間，哲學與心理學迎面碰撞
一次自我與心靈的深層交鋒

A Jungian Life

我的榮格人生路
一位心理分析師的生命敘說

湯瑪士‧克許 Thomas B. Kirsch ——著

徐碧貞——譯

王浩威——審閱

不只是一個人的回憶錄

王浩威

　　湯姆士・克許（Thomas Kirsch）是我自己在分析心理學和心理治療專業上的老師。如今將要八十歲的他，是一九三六年旅程途中出生在英國。當時父母正從柏林逃離希特勒的政權，還不知道要走向哪裡。去年他出了一本回憶錄，如今中文版要出版了，我先拿到了翻譯稿子，十分引人入勝的內容讓我迅速地讀完。闔上書稿的同時，確實有許多的感慨。

　　儘管榮格的著作在六〇年代就大量地翻譯引進台灣，但榮格學派的心理治療或心理分析一直都遲遲未見任何的發生。八〇年代開始有人講述榮格的心理學，而超個人心理學也在輔仁大學等學校陸續開課，但真正的榮格心理治療恐怕是要等到沙遊治療學會的創辦人梁信惠教授回到台灣，以及廣州的申荷永教授第一次來台灣講課，才算是真正的開始。

　　正如克許在他的回憶錄所說的，他是二〇〇六年因為申荷永的介紹，而遇到張明正和陳怡蓁夫妻，才開始和台灣結下深刻的緣分。關於這件事，我剛好也參與了前半部。

　　那一年剛好是管理學大師彼得・聖吉（Peter M. Senge）到中國

訪問，與一位頗為知名的中國傳統文化大師做了一場對話。陪彼得‧聖吉前去的張明正，對這一場對話並不覺得滿意，總覺得這位中華文化大師並沒辦法理解彼得的問題。他於是問我：有誰能夠用西方心理學的語言講中國文化呢？我立刻想到了申荷永，於是和張明正約好，在洛杉磯見面。在介紹他們認識以後，立刻就回台灣。而在舊金山訓練成為榮格分析師的申荷永，有事要北上去探訪他的老師約翰‧畢比（John Beebe），也就是《品德深度心理學》（*Integrity in Depth*，心靈工坊出版）的作者。就這樣才有了這一本書當中所寫的，作者克許如何和張明正見面的過程。

張明正夫婦贊助了克許，有關他的父親和榮格兩人之間通訊的整理和研究編輯；而克許也投桃報李，答應來台灣講學。

這時候的克許，已經擔任過國際榮格學會的主席，拜訪過許多像台灣一樣還沒真正發展榮格心理學的地區。於是，當他們夫妻來到台灣，其實並沒有帶有太多的想像。然而一場接觸下來以後，他一再告訴身為主要接待者之一的我：台灣心理工作人員的靈性是相當高的，怎麼過去和國際榮格學會沒有任何的接觸呢？並且一再地告訴我們，目前國際榮格學會對台灣這一類國家的情形有設定一些扶植辦法。這些辦法原本是針對蘇聯瓦解以後的東歐國家所設定的，但當然也適用於東歐之外的地區。

克許回到美國以後，一再提醒台灣的朋友們一定要和國際榮格學會聯絡。因為他熱情和真誠的協助，因此才有了台灣加入了國際榮格學會而成為發展小組（Developing Group）之一的進展，而他自己也主動向國際協會要求擔任台灣的聯絡人（liaison）。所謂的 liaison，其實是翻譯成導師更為適合。台灣榮格發展小組後來的發

展，許多都是因爲克許而有了接觸。其中包括不下二、三十位榮格分析師來台灣講課或進行分析訓練的安排，也包括二〇一三年一場在台北國家圖書館舉行的《榮格與亞洲》國際會議。

依榮格理論的講法，一切事情的發生都不只是巧合，而是冥冥中的共時性（synchronicity）。許多的相遇，出現在不同的人之間，在恰好的時刻，於是形成了現在的台灣如此轟轟烈烈的榮格心理學發展。

然而面對有如老師一般的克許，在受到他這麼許多的協助和引導之餘，我自己當然更好奇他又是怎麼面對自己了。

一個人要怎麼樣寫自己的回憶錄呢，特別是涉及到他的內心世界？他的父母都是榮格分析師，父親還是榮格的好朋友；甚至他自己可能是現今世界裡剩下的唯一曾經被榮格分析過的人，而長大也成了家族第二代的分析師，還擔任過國際榮格學會的會長。這是我在讀這本回憶錄的時候，最關注的一件事情了。

他寫了許多跟父母親的關係，包括高中的時候父親曾經有過的一次外遇。當時的他其實是懵懵懂懂的，也沒有感覺到母親有特別的情緒起伏。雖然在寫回憶錄的這個年紀，對父親已經沒有太多的憎恨了；但他其實很明白，直到今天，和父親同樣是榮格分析師的他，從來不去碰自己父親在這一領域所擅長的主題。

同樣也是由個案而成爲榮格分析師的母親，從小就是跟他感情特別濃厚。從有記憶以來，媽媽就爲他分析每一個他分享的夢，甚至到了他第一次結婚後。小時候他和母親的關係是這麼的親密；然而以現在的年紀去回顧，他卻很清楚這樣的親密反而阻擋了他的男性發展，甚至是影響了他和女性的關係。因爲是這樣，在結束第一

次婚姻以後，有相當長的一段時間，在說不出爲什麼的情況下，他和母親幾乎不再聯絡。

去年，德國政府爲他的父親立紀念牌，就在當年流亡前在柏林的診所舊址。當時他的身體很不好，癌症化療的副作用還沒完全康復，而退化的背脊又不適合長坐。但他還是抱病從舊金山飛到歐洲了。今年年初我從一位美國分析師的口中才知道：原來在揭牌的儀式時，他果眞病倒了，還住進柏林當地醫院許久，差一點就回不來美國西岸了。

然而，即使是這樣的危險，他最初還是決定去了。我想，對他來說，這趟旅程雖然幾乎賠上了命，恐怕也是這些年來，他透過許多作爲，包括整理出版他父親和榮格的通訊，來作爲自己和去世多年的父親之間的和解吧。

父母親對孩子的影響，其實都是永遠超出我們所能夠想像的。

客觀說起來，我的老師克許所出生和成長的家庭還是相當的完整，功能也十分足夠，父母的親職角色是在一般人的水平之上的。但對青少年所發生的創傷所進行的修補，他卻是在將近八十歲的年紀都還在繼續進行著。

也許有人會說：這一切有什麼重要嗎？如果我忘記它不就得了？

的確，遺忘是最簡單的方法。

以克許的例子來說，他父親的外遇不過是短短幾個月，而母親似乎也沒有太多的受傷，他自己其實是不用去提這一切的。然而，如果不去看待這一切帶來的影響，所有的一切也就掩埋起來，成爲我們拒絕來往的陰影而已。

陰影（shadow）是榮格心理學的十分重要理論。我們不是要去驅趕陰影，而是要凝視它，了解它，進而擁抱它，接受它成爲我們意識中的一部分。這一直是榮格心理學和佛洛伊德心理學所不同的地方之一。

然而我們回頭去思考發生的一切，並不僅止於追究自己的傷痕來源，不僅於了解來龍去脈而已。更重要的是，要去面對自己在傷痕發生以後，一直不承認、甚至也沒注意到的諸多怨懟。在內心深處，總覺得自己是被害人的這些情緒，其實扭曲了我們後來的成長，讓我們在生命的不同階段，還是有各種看不到的侷限。以致在中年以後，即便是努力透過各種宗教或靈性活動，還是可能無法達到更圓融的生命態度。

對父母來說，應該記得：我們帶給小孩子的傷害，其實是比想像的影響還要深邃；同樣的，對長大以後的孩子來說，如何修補自己的傷口，並不是只有發現和責備，更是一輩子的寬恕和理解。

在這一本回憶錄裡，已經將要八十歲的克許爲這件事完成了最令人敬佩的示範。

這一本回憶錄不只是面對父母帶來的陰影，克許在談到他參與國際榮格學會的團體事務時，也等於是談到了個體進入團體以後可能出現的種種陰影，也就是人在群體當中將會如何遭到扭曲或失去自性。他分享他的經驗，包括他的分析師韓德森（Joseph L. Henderson）扮演的協助，以及分析在這一個階段的重要角色。

克許自己所主導編輯的他父親詹姆斯·克許（James Kirsch）和榮格兩人之間的通訊錄，其實是榮格是否支持希特勒的納粹主義最新出土的重要文獻。在榮格的這一個公案裡，所涉及的也是個體在

群體當中可能產生的集體陰影（collective shadow）；而二次大戰後非榮格學派的知識圈，如何論述這件事，本身也是同樣的情形。因為克許本身是如此親近這一件事情的現場；他又是在時間經歷了相當的距離後，才來重新編輯而還原現場。其實是親近的，又是有距離的，以致於他更了解集體陰影的種種現象。

這一本回憶錄其實不只是一個人的回憶錄，它談的是從二次戰前一直到當下的歷史；這本回憶錄其實也不只是回憶錄，它說的更多是一般少見的洞識和智慧。

這本《我的榮格人生路：一位心理分析師的生命敘說》從許多角度來看都是值得好好讀一讀的書。我自己總擔心這樣的書在市場上是會被忽略的，於是自告奮勇地告訴編輯是否採取更撒狗血的書名，譬如像是《我的父母都是榮格分析師》之類的。總之，還是被相當有良心的編輯部否決了。

克許的回憶錄能夠出現中文版，無論怎麼說，都是意義相當深邃的一件事。

對於克許，不論是站在我個人的立場，還是台灣的榮格心理學社群的立場，我還是很想要十分恭敬地對他說一聲：謝謝！

【中文版自序】
凝視巨大光環下的陰影

　　在我進入榮格分析師專業之際，從沒想過屆老年時會撰寫回憶錄。當我在榮格專業領域還是菜鳥階段，前一輩的榮格學人都與榮格有深入的接觸；當《心事》（*Matter of Heart*）這項計畫初步發想時，有人向喬治及蘇・瓦格納夫婦（George Wagner and Sue Wagner）建議訪問我與榮格的個人經驗，我馬上回絕這項提議，因為我覺得我跟榮格的直接經驗相當有限，而且我之所以會有這些經驗全然因著我是詹姆斯及希爾德・克許（James and Hilde Kirsch）的兒子。我當時應允參與的只有為《心事》訪談喬・韓德森（Joe Henderson），我在喬七十四歲那年做了一次訪談，其後在喬屆百齡時又做了另一次訪談。對於這兩次的訪談經驗我都相當滿意，而我相信喬・韓德森也喜歡這兩次的訪談內容。

　　一九七〇年代，我的專業生涯遭逢非預期的轉折。四十一歲那年我獲選為國際分析心理學會（IAAP）的第二副主席，帶我進入IAAP的國際政治場域，當時的IAAP正起步拓展歐洲與美國之外的疆土，澳洲、紐西蘭、南美各國、南非、俄羅斯、中國、韓國及日本都開始發展榮格小組。其後，在一九八九年到一九九五年這段期間我成為IAAP的主席，與這些新發展的榮格小組聯繫是我當仁不讓的職責。

在我一九九五年完成 IAAP 主席任期時，大部分曾接受榮格及（或）東尼·沃爾芙（Toni Wolff）第一手分析的第一代榮格學人都過世了。次一代的榮格分析師對於我的故事也開始感到較多的興趣，他們想了解一九五〇年代蘇黎士的景況，當年我花了整整兩年暑假及另外兩年部分的暑假待在蘇黎士。當榮格學院還只是個擁有三十個國際學生的小規模機構，我就花了相當長的一段時間待在那兒，當時的國際學生要不從美國來的就是從歐洲來的。

隨著我逐漸成為榮格社群的政界元老，各地的發展小組開始要求我發表關於榮格及蘇黎士早年景況的演講，可是當時我的研究興趣仍然聚焦於榮格分析、夢的理論及實務以及分析關係等議題。當我在一九九五年主席任期屆滿時，安德魯·沙繆斯（Andrew Samuels）建議我寫下榮格派自創始到我完成書籍這段時間的進展歷史，這本書命名為《榮格學派的歷史》（*The Jungians*），書籍在二〇〇〇年由勞特利奇出版社（Routledge）出版，此時我滿心所想的都是榮格派進展史，對其興致也逐步深化。

後來我也漸漸明瞭我的人生旅程及我身為兩位第一代榮格分析師之子的事實，讓我很早就得以透視榮格派進展史，這段歷史從一九四〇年代橫跨至今日。我的身分也讓我得以認識多數的第一代榮格分析師，特別是那些遠道前來美國及洛杉磯並留宿我家的分析師，有時候他們在我家住了整整有一個月之久。戰後時期，美元相當強勢，這也讓我的父母及其他人能夠在合理的支出下將卓越的第一代分析師帶進加州。

其後在我擔任 IAAP 副主席及主席的專業人生階段，我得以與這一代及下一代的分析心理學家會面，也因此我的一生跨越了榮格

世界自一九四〇年代至今時今日。

因著我的人生經歷與榮格派及分析心理學的發展並行，我在二〇〇七年那年獲邀撰寫回憶錄。當時簽約要在兩年內完成此書，但是其間發生了好些重要的事件讓書寫中斷，因此我無法在指定的時間內完成回憶錄。首先，二〇〇九年《紅書》出版後暢銷於美國，我獲邀針對《紅書》發表演說及評論，而我也幾乎花了一年的時間才完成這些邀約。

第二個事件則是我父親與榮格書信集的出版工作，此書由安・拉莫斯（Ann Lammers）編輯，雖然她接下編輯及大部分的出版工作，但我也在編輯過程中看頭顧尾並為此書撰寫序文，在這項計畫中顯然也投入不少心力。

此外，接連地健康紅燈也讓我無法投入回憶錄的書寫工作，就這樣進入二〇一三年尾聲。當時我在中國及台灣先後參加兩場會議，會議期間我遇見來自蘇黎士的榮格分析師暨易經學者克莉絲塔・羅賓森（Christa Robinson），我向她提及我接續執筆回憶錄的困難處。著述過程中讓我難為的是表達對同僚的負向情感，我第一手目睹榮格學人在顯要光環下的巨大陰影面，百般不情願在回憶錄中描述這些事件情節，克里斯塔幫助我解開我對於某些榮格派同僚的「毒舌」評論。在那之後，書寫的工作就相當的順暢，而我也得以完成這本回憶錄。

書籍完成後，王浩威醫師就與我商討將書籍譯成中文並由心靈工坊出版的事宜。心靈工坊專業負責出版深度心理學及超個人心理學的書籍，專業譯者及榮格派學生徐碧貞旋即接手將這本回憶錄譯成中文，因為碧貞在舊金山灣區居住並工作，我們得以直接溝通翻

譯過程中的疑問。就我的觀點而言，整個翻譯過程相當順暢，但譯作仍得由中文的讀者來評斷。

　　是何緣由讓本書在英文版出版後沒多久就被譯成中文？要回答這個問題我必須要再講另一個故事。二〇〇六年當年陳怡蓁及張明正夫妻會同申荷永前來舊金山，在我準備啓程前往瑞士渡長假前兩天的傍晚，我接到張氏夫婦的電話邀約我與他們在隔天共進午餐，幸運的是我當時正好有個空檔而促成了一場美好的午餐會面。午餐席間，明正及怡蓁親切地邀約我和珍一同前往台灣，爲他們在華人心理治療基金會的學生們提供一系列的研討會。二〇〇七年十月，珍和我首度前往台北，正逢巨大的颱風來襲，但這並未打消學生們參加研討會的熱忱，而我們也對學生們在榮格派的學養深度印象深刻。珍和我當時是第一對到台灣台北授課的西方榮格分析師，在我們之前，台北已有日本的樋口和彥博士（Higuchi Kazuhiko）及沙遊治療創始人朵拉・卡夫（Dora Kalff）之子馬丁・卡夫（Martin Kalff）前來講授沙遊治療，而我們兩人則是第一對西方榮格分析師前來講授榮格心理學。從那年開始，我們幾乎每年都會再回台北。

　　當台北聚集了一群專業人士開啓對於分析心理學的興趣，台灣榮格發展小組也應運成立以協調研討會、讀書小組及個人分析的工作，我成爲所謂的「聯絡人」（Liaison Person）負責與IAAP協調。在此同時世界各地已有許多的發展小組成立，這是 IAAP 扶持尚未有正式榮格社群的國家發展分析心理學的模式。台灣極爲幸運，因爲舊金山的榮格分析師萊莎・拉維茨（Liza Ravitz）有一年和我一同前往台灣授課，她很喜愛台灣同時也決定和她先生重返台灣兩年提供分析、督導並在大學授課。這讓台灣的發展小組大大領先其他的

發展小組。對大部分的發展小組而言，當前面臨的最大議題就是無法得到個人分析時數，其他發展小組的分析師候選人幾乎都必須千里迢迢遠道找尋個人分析的機會，而在台北的分析師候選人得以有兩年的持續分析，在萊莎之後是否後繼有人則尚待分曉。

台北的工作是我跟珍所從事過最有意義的一份工作。因著一個出乎意外的事件帶領我們前往亞洲，特別是台灣這個我們想都沒想過會去的地方，台灣及在地人對待我們兩人是如此的溫暖及慷慨，我們也回報以相同的溫暖熱情，這也是為什麼這本回憶錄會如此迅速地被譯成中文。我要特別感謝出版社、王桂花、王浩威、徐碧貞及鄭文郁等人的付出讓這本書得以迅速出版。我很確定仍有許多幕後工作人員的付出值得一提，僅此具名提出這幾位與我有直接接觸的人員。

這本書是我身為榮格派的個人論述，書中部分內容屬個人的揭露，其他部分則描繪我這一路走來所經歷的專業事件。機緣巧合下我的人生與好些主要關鍵的政治事件交會，除了在戰時跨越北大西洋，我在蘇聯及東歐共產國家垮台之際成為 IAAP 的主席；此外，我也計畫在莫斯科書展時前往莫斯科簽約將榮格全集譯成俄文，時值戈巴契夫及共產黨回掌政權那三日，三日後由葉爾欽重執政權並將共產主義永遠逐出。雖然書展被共產政權取消了，我仍然前往莫斯科簽訂翻譯契約，因此我也經歷了共產垮台的頭幾天。翻譯約雖然簽訂了，但最後僅有一冊，也就是全集的第十五冊在俄羅斯發行，其他幾冊雖然陸續被翻譯，但是這些譯本與西方的榮格社群沒有任何的正式連結；當種族隔離政策經公投否決當下我也正好在南非；而當嬉皮風及心理迷幻藥興起之際我正在舊金山。回首這所有

我寫在回憶錄中的經歷，我壓根兒沒有想到我的人生會見證如此多的世界重要事件，這一切皆源自機緣巧合。

期望中文及亞洲的讀者會對這段歷史感到興趣，雖然書中大部分的內容與亞洲的分析心理學發展並沒有直接的關係，但希望本書的內容能夠以較寬廣的觀點一窺世界各地分析心理學的發展史。

左圖：作者湯瑪士・克許一家二〇一四年攝於加州帕羅奧圖（Palo Alto）。
左邊從上而下依序是：兒子大衛・克許（David Kirsch）、兒媳安德莉雅・納金・克許（Andrea Nagin Kirsch）、女兒蘇珊娜（Susannah）。（女婿約翰・庫茲〔John Kutz〕不在照片中）。中間坐著的從上而下依序是：孫女伊莎貝爾（Isabel）、孫子雅各（Jacob，大衛和安德莉雅所生），孫女賈絲柏（Jasper）和希爾德・庫茲（Hildegard Kutz，皆蘇珊娜和約翰・庫茲所生）。右側：珍（Jean）和湯瑪士・克許夫婦，結褵四十六年。

右下圖：亨利，忠心伴我十載、心中甚是遺憾，攝於二〇〇六年感恩節。

獻　詞

　　謹以此書獻給我的妻子珍，我的人生路她雖非事事贊同，但在我的榮格人生路上她則始終支持。

致　謝

　　本回憶錄的部分內容曾經就教於安德魯・沙繆斯（Andrew Samuels）、巴魯克・顧德（Baruch Gould）、湯瑪士・辛格（Tom Singer）、約翰・亞當斯（John Adams）、萳西・卡特（Nancy Carter）及莫瑞・史丹（Murray Stein）並從中受惠良多。我曾在柏克萊的心理傳記小組（Psychobiography Group in Berkeley）中報告回憶錄部分內容並得到許多精闢的見解。感謝克莉絲塔・羅賓森（Christa Robinson）在我思緒混雜時的援手，同時感謝編輯凱倫・法利（Karen Farley）妙手轉化我的初稿。更要感謝漁王出版社（Fisher King Press）梅爾・馬修（Mel Mathews）對於回憶錄的熱情支持及指導。回憶錄的內容皆出自個人經驗及反思，我概括承受相關責任。

目　錄

【審閱序】不只是一個人的回憶錄……………………………………005

【中文版自序】凝視巨大光環下的陰影………………………………011

引言…………………………………………………………………………022

【第一章】早年起步………………………………………………………027

【第二章】洛城成長………………………………………………………041

【第三章】重返歐洲………………………………………………………063

【第四章】醫學院與實習：入無主之地………………………………083

【第五章】精神科住院醫師與國家心理衛生中心……………………101

【第六章】榮格分析師訓練………………………………………………119

【第七章】私人執業肇始…………………………………………………129

【第八章】國際分析心理學會之早年淵源……………………………147

【第九章】一九八九至一九九二年國際分析心理學會
　　　　　主席首任任期………………………………………………173

【第十章】一九九二至一九九五年國際分析心理學會
　　　　　主席連任任期………………………………………………207

【第十一章】一九九五至二○○三年國際分析心理學會
　　　　　　主席後時期………………………………………………237

【第十二章】榮格派………………………………………………………247

【第十三章】史學會議……………………………………………………257

【第十四章】拓展新頁 ···265

【第十五章】《紅書》··275

【第十六章】成年後與雙親的關係 ·············281

【第十七章】結語···293

【附錄一】喬瑟夫・韓德森醫師···303

【附錄二】詹姆斯・希爾曼博士···319

【附錄三】阿道夫・古根別爾—克雷格醫師·····329

【附錄四】喬瑟夫・惠爾賴特醫師··335

【附錄五】C. A. 梅爾醫師··341

【附錄六】約翰・威爾・培利醫師··349

引　言

　　提筆書寫之際，我已七十八歲，經歷了和榮格及分析心理學緊密相關的一生。在我出生時，我父母正接受榮格的分析，當時他們對我的未來想像是成爲一件完美的分析成品。這本回憶錄的書名《我的榮格人生路》，反映了我從胚胎形成直到今日，個人存在的三條經線：榮格、榮格的思想、及分析心理學。

　　隨著二次世界大戰的來臨，我的家人「涉大川」，越過大西洋落腳洛杉磯。當時，洛杉磯放眼盡是好萊塢及橘子園，景象與今日大異其趣。接下來的四十年，我父母成爲洛杉磯一隅榮格小組的創辦人。我父親是學識方面的領導者，我母親則爲這些新設小組提供了關係所需要的凝膠，解決小組所面對的問題。

　　二戰時期，我父母整整五年與榮格斷了音訊。如今回頭看，對他們而言這想必是極度困難的時間，他們當時面對許多困境，包括：踏上新土地、進入一個全新且陌生的文化、婚姻困境等；同時也欠缺朋友及同僚扶持。對我母親而言，洛杉磯蓬勃發展的高速公路網及欠缺自然景觀的地貌，反而讓生活更顯不適。

　　我的雙親對於美國的集體信念並不了解，因此我母親必須透過我同母異父的兄長傑瑞（Jerry）對何謂常態才能有個譜。我們當時居住在以猶太人爲主的區域，那兒的家庭大多能溯源至東歐的意第緒語區。我父母來自德國，德國的猶太文化有異於其他東歐國家的

猶太文化。當時我並不十分了解其中的差異，但那些有東歐背景的猶太朋友在與德國猶太人相處時，都顯現著自卑。

身為猶太人及猶太人所蘊含的意義是我人生的主旋律。我父母為我起了小名摩德凱（Mordechai），這是個猶太名字，因為他們當時認為我們終究會回到巴勒斯坦。我六歲時進入希伯來文學校就讀並持續學習希伯來文，直到十四歲過了受戒齡時都還持續學習。但我們並沒有正式隸屬於任何猶太教會，我也從來沒有成為守戒的猶太人。另一方面，在文化層面我始終認同自己的猶太身分，而猶太認同也為我帶來極其重要的影響。對我父母而言，以色利是至關重要的，因為有著相同的背景，他們對以色利的立國先驅都抱持友善的態度。

我的雙親對於榮格的支持，常常因為他們身兼榮格分析師及猶太人的雙重身分而飽受批評。特別是二次大戰結束，當集中營的真相被揭露後，謠言滿天，甚至有人間接影射榮格是集中營劊子手。我在專業上的角色與我父親頗為接近，而我也必須在許多場合申辯此事，這真的不是個容易的位置。

雖然我與猶太身分的連結在人生路途經歷許多改變，但它始終是我生命故事中一條固定不變的經線，也是我自我認同的一個重要部分。

我父母想要我成為榮格分析師是既成的事實。我母親曾經開玩笑地說：「小湯姆可以成為任何他想成為的榮格分析師。」相較於同父異母或同母異父的其他四個手足對於榮格分析心理學興趣缺缺，我對榮格分析似乎天生就有股親切感。

在我成長的經驗中，榮格是我家庭生活的一大部分。我父親每

週都會舉辦研討會，主題包羅萬象，從《聖經》談到榮格的著作，有時候會一句句地研讀艱澀的煉金術文本。此外，他們的專業生活及私生活界線模糊，個案變成私人朋友是常有的事，兒時的我常常分不清楚兩者的關係。我心中很清楚當我開始私人執業時，一定要把我的工作與住家分開，我不希望病人成為我社交生活的基石。

我的雙親對我的夢充滿興趣，而我母親更是鍾情於夢的生活。三不五時我會把夢與她分享，她對我夢的了解，當然也包括對我這個人的了解，總是帶著一股神祕感，她似乎總能預知我的人生接下來會發生什麼。她對我夢的興趣並不會讓人感到過分涉入，雖然我當時並無法說明清楚，但我總是深深著迷於她從我的夢中所抓出的訊息。一直到多年後從個人分析經驗中我才了解，這份對母親及母親見解的深刻著迷反而阻礙我男性氣概的發展。在被了解、但同時也被侵吞之間的心理矛盾，形塑了我和母親一切的關係；不過我很清楚我是因為母親，才發現自己對無意識及分析心理的興趣，就這一點而言我對她始終心存感激。相反地，直到我成人之後才開始欣賞我父親在潛意識層面的研究成果，這是後天才養成的欣賞品味。我從來不覺得閱讀榮格的煉金術著作是件容易的事；但對我父親來說，榮格心理學的精髓就在於他的煉金術相關著作。

二次大戰結束後，搭乘飛機前往各地旅行的風氣開始普及。我父母經常邀請定居在倫敦及蘇黎士的第一代榮格分析師前往洛杉磯，通常他們都會到我家作客，因而成為我的大家庭。一九五三年，雙親帶我到歐洲，這是自一九四〇年戰情危急之後我們第一次重返歐洲。當時倫敦及巴黎處處可見戰後的影響，但當我們抵達蘇黎士時一且井然有序，不見毀壞的建築物、教堂鐘聲如常作響、街

車也運作正常，我立刻就愛上了這個城市。帕羅奧圖及加州海岸是我的家，但我始終認為蘇黎士是我第二個家，它在我的生命故事中占了很大的篇幅。

在大學畢業後及開始紐約的醫學院學習期間，我第一次覺察自己需要接受治療。我當時雖然知道，我正在交往的對象對於關係的期待遠超過我所能提供的，但我並未做好放手的心理準備。因此我開始找尋榮格分析師為我治療，而我的父母建議我先跟蘇黎士的榮格分析師梅爾[1]開始分析工作，這也開啓了我十六年的被分析時光。我的分析肇始於蘇黎士，其後是紐約，最後，一九六二年到一九七三年這段期間則是在舊金山接受喬瑟夫·韓德森[2]的分析。在舊金山期間，我在完成醫學院的學習後成為精神科醫師，也完成了在舊金山的榮格分析訓練，其後在帕羅奧圖開始個人執業、結了婚、離了婚、再結婚，之後生了兩個孩子，這段期間引領我走過人生迷宮的就是榮格分析。

精神科醫師兼榮格分析師喬瑟夫·韓德森，攝於一九五九年洛杉磯。喬瑟夫是舊金山榮格學院的創始人之一，被公認為是美國榮格分析的首席分析師。

一九七六年我成為舊金山榮格學院的主席，而一九七七年我獲選為國際分析心理學會（International Association for Analytical Psychology, IAAP）第二副主席，這是全球的榮格分析專業組織。接下來的十八年，從國際分析心理學會的副主席到主席身分，我奔走於

世界，因此認識了許多不同國家的榮格分析師，而這職位讓我如同傳教士般與許多國家接觸，如：中國、南非、墨西哥、俄羅斯，及其他蘇聯時期的邦聯國家。國際分析心理學會的行政中心在蘇黎士，頻繁的造訪讓我有機會深化我在那兒的友誼並建立新的友誼，當然也得知許多蘇黎士的內幕及當地人的特質。

在我結束十八年國際分析心理學會生涯後，我回到帕羅奧圖全職私人執業。有些同事擔憂我會極度想念國際分析心理學會的時光，認為我一旦失去了過往的角色會不知所措。我當時決定寫一本關於榮格運動的史書，跨越一九一三年到二〇〇〇年這段歷史。對於書寫《榮格學派的歷史》（*The Jungians*）一書的熱誠初衷，最後卻演變為令人忘之卻步的工作，主要是因為書中涉及許多個別榮格社群的近身細部資訊，這本書的中文版在二〇〇七年由心靈工坊出版。想當然耳，因為我對個別社群缺乏內線觀點，有些人對我書中關於他們所隸屬群體的描述內容感到不悅。

過去十年，我對於分析心理學的歷史、榮格的生活及工作、心理分析歷史及深度心理學的歷史充滿興趣。我父母將我引介給許多榮格身邊的第一代榮格分析師，長久以來我對他們也有些熟悉。其後，我任職於國際分析心理學會，對於分析心理學的發展更為了解，而經由我的早期家庭歷史及我後期的專業生涯，我得知許多分析師沒有曝光的個人私事。另一方面，當我回顧一生時，我對我的個人經驗，包括：我對於某地的感受、我所遇見的人、當時他們給我的印象及現在我對他們的感覺等等，都有許多可分享的。

【第一章】早年起步

　　一九三六年六月十四日，我在倫敦的米德爾賽克斯醫院（Middlesex Hospital）以臀部和這個世界相見。當時的臀產式生產意味著產科醫師需要將胎兒在母親體內旋轉，讓胎兒的頭部能夠先出產道，而不是由背部或腿部先出。我們現今所能見到的各種診測胎兒狀況的科技當時都不存在，因此在生產過程中，我的左手臂斷了，但幸運的是並未傷及神經，這是臀產式生產常見的併發症。我的手臂上了好幾個星期的石膏，根據當時見過我的人所言，我看起來就像是個英國警察。

　　不僅僅我的生產過程帶著生理上的創傷，從我父母親的觀點而言在心理層面上也是困難重重的。雖然我是個被期待的孩子，但我的雙親知道另一場戰事正在歐洲上空匯集，主要因為希特勒是個不能相信的狂妄份子。在動盪不安的時刻生孩子真的是明智的決定嗎？儘管他們心裡清楚未來充滿變數，曾經想過要拿掉孩子，但最終敵不過心中對孩子的想望。未來雖然充滿模糊不確定，但也充滿各種可能性。看到這一點，他們幫我起了三個名字：湯瑪士·貝索·摩德凱（Thomas Basil Mordechai）。這其中湯瑪士是個國際通行的名字，而貝索在希臘文中意指「國王」，聽起來很有英國味，也很適合一個年輕的英國家庭；而摩德凱是我的希伯來文名字，起源自《舊約》全書裡的〈以斯帖記〉（Esther），當時父母幫我起了

這個名字爲的是有一天我們可能會回到巴勒斯坦。

在我出生的時候，當時我父親的一個病人瑪麗安‧雅各比[1]幫我排了一份星盤，她和她的先生也是從歐洲流亡的難民，他們和我父母在倫敦成爲好朋友。我在倫敦的生活記憶裡並沒有瑪麗安的印象，但三十年後我們重新取得聯繫，那時她已經成爲國際分析心理學會的個人會員，也是英國心理治療師學會（British Association of Psychotherapists, BAP）的創始會員。一九七四年，我們兩人同時出席國際分析心理學會在倫敦的會議，而我請她幫我重解星盤。她對於我過去與女性關係的困境的見解聽來挺有道理的，並提到我未來的難題主要是在於與男性的關係，我不確定她是否一語成讖，但在我人生的後半場，我的爭議性立場的確讓我捲入許多衝突中。

我的母系家族史

我的父母在德國相遇，在我出生前幾月他們抵達倫敦。我的母親希爾德‧克萊爾‧克許史黛（Hildegard Klara Kirschstein）來自於受德國同化且富有專業背景的家庭，家族的根源可以追朔到十四世紀。她的祖先逃離西班牙的宗教迫害，在西班牙正式驅離猶太人前就移居到德國北部，再次開始流亡新生活。直到我母親在一九〇二年出生時，她的家庭已成爲受德國同化的猶太專業圈的一員，他們也不再信奉傳統猶太教規儀。她的父親是個牙醫，而叔叔立奧波得（Leopold）也是個醫師，這是我長大之後才知道的。她有兩個哥

---

1 Marianne Jacoby，英國榮格心理分析師，也是一位占星學家。

哥，其中我們一家熟知的華提（Walter；亦名Welty）叔叔和我父母一生都維持親密的聯繫。他跟他的妻子羅娜（Lona）兩人在倫敦的牙醫生涯累積了小小成就，一方面是因為他們所受的優秀德國醫學訓練，另一方面則是因為他們採用了昂貴的美國設備。當時美國機械超越群雄，在牙醫界拔得頭籌。我母親的另一個兄長在一九四三年逝於倫敦，我對他沒有任何印象。我母親在柏林長大，視自己為德國人，對於她的猶太根源沒有任何概念。她完成高中學業後，旋即與一個成功的帽子商赫曼‧席伯（Hermann Silber）訂婚。年紀輕輕就生了兩個兒子，分別為一九二三年出生的詹姆斯‧魯道夫‧席伯（James Rudolph Silber）及一九二七年出生的哥哈‧華特‧席伯（Gerhard Walter Silber）。當時德國正處政治及經濟的混亂期，整個國家努力從一次大戰後復甦，她的先生赫曼罹患多發性硬化症，病程發展迅速，直到一九三三年已完全失能，對於自己的狀況感到沮喪並自殺身亡。我母親是個典型的德國家庭主婦，她沒有受過什麼教育，也沒有任何技能及專業，帶著兩個孩子心情極度沮喪，面對高度通貨膨脹的德國經濟，手上的錢所剩無幾，她只好帶著家人搬進出租的公寓，因此遇見了一個年輕的法律系學生麥克斯‧澤樂（Max Zeller），後來成為我雙親在洛杉磯時代的摯友及分析師同僚。當時母親絕望沮喪，迷失了未來的方向，可能是麥克斯、或是她前夫赫曼的學生妹妹凱特（Kate Nottman）建議她接受心理治療，推薦了當地的精神科醫師兼治療師詹姆斯‧克許（James Kirsch），而這個極具意義的轉介為身涉其中的每個人都帶來難以想見的結果。我母親向這位未來要成為我父親的人約診，對他迅速地形成強烈而情慾的依賴移情，而深深改變了她的未來。

左圖：詹姆斯·魯道夫·席伯，家人暱稱吉米，朋友及同事稱他為吉
　　　姆。吉姆是精神科醫師，在中年時期成為榮格分析師，相片攝於
　　　一九五〇年代。
右圖：哥哈·華特·席伯，在一九六四年歸化美國公民時改名為杰勒
　　　德·西爾弗（Gerald Silver）。他與兒子保羅·西爾弗（Paul Sil-
　　　ver）玩耍的照片攝於一九五九年，他在家人及友人間的小名是
　　　傑瑞。
吉姆與傑瑞是赫曼·席伯及希爾德·克萊爾·克許史黛（也就是後來的
希爾德·克許）的孩子。

我的父系家族史

　　至於我的父親，則是來自於正統的猶太背景家庭。他的家人從
波蘭流亡德國，於十九世紀晚期落腳美國。整個克許家族致力於商
業，部分家人前往舊金山追求商業發展，另外一部分家人，包括我

的祖父則轉戰瓜地馬拉。我沒見過我的祖父，他落腳瓜地馬拉市創建他的鈕扣事業。我父親在一九〇一年七月二十一日生於瓜地馬拉市。祖父選擇到瓜地馬拉的決定最後證明造福了所有人，一九四〇年我們移居美國時，不是以德國或英國的身分申請入境，而是憑著瓜地馬拉的配額而得以入境美國的。

我父親在五個孩子中排行第四，上有三個姊姊，下有一個弟弟。因為我父親聰穎過人，我的祖父決定將他的妻子及家人送回德國，好讓年輕的詹姆斯接受瓜地馬拉所欠缺的扎實教育。家族在一九〇七年經由舊金山返回柏林，而我父親也得以接受古典的歐洲式教育。他的父親則繼續留在瓜地馬拉，當時的共識是他每兩年會回德國一趟。然而，一次大戰攪亂了這項規劃，我父親在一九一二到一九二一年這段期間都沒再見過他的父親。我父親認為他的父親必定在瓜地馬拉另組家庭，但即便這麼想，他從沒見過他們，最後他的父親於一九三一年離世。

父親成為榮格派分析師

在我父親青少年時期，他就熱中於錫安主義，即猶太復國主義（Zionist）[2]。他後來到海德堡大學就學時，仍持續加入猶太復國主義學生組織（Blau-Weiss）[3]，在組織裡結識了他一輩子的朋友埃里

2　十九世紀後期猶太人民族運動，欲建立現代以色列國的猶太家園。
3　這團體被認為是錫安主義最早的青年運動組織，1912 年在德國成立，最初像是當時德國青年運動常有的戶外運動和登山，1922 年正式成為錫安主義的平台。他們強調農耕生活，所以才促成了日後巴勒斯坦地區許多 Kibbutz，一種以農耕為主的集體公社。

希·佛洛姆⁴及哲學家馬丁·布伯（Martin Buber）的助手厄恩斯特·西蒙⁵。西蒙後來成為猶太大學（University of Judaism）的教授，對我及我父親都帶來重要的人生影響。我父親選擇就讀海德堡大學醫學院，這讓他的家人頗為失望，因為他們希望他能加入家族事業；我父親卻反其道而行成為精神科醫師，在柏林奧利維爾廣場（Olivaer Platz）三號開設診所。他接受了兩年的佛洛伊德式精神分析，之後接受托妮·蘇斯曼（Toni Sussman）⁶的榮格分析。一九二八年他聯繫榮格，並規劃在一九二九年在蘇黎士接受榮格的分析。一九三一年時，他成為柏林榮格社群（Berlin C. G. Jung Gesellschaft）的創始會員，他的精神科門診及榮格分析執業也鴻圖大展。他在柏林頗具名望，這也就是為什麼我母親會被建議找他做心理治療。

在我的雙親相遇時，正值希特勒掌權，德國猶太人的處境急速轉劣。我父親當時仍是猶太復國主義學生組織的一員，因為深深相信歷史牆上的手稿內文，他建議他的家人及猶太病人離開德國、移居他鄉，最佳地點就是巴勒斯坦。一九三三年，他帶著家人、妻子及兩個孩子前往巴勒斯坦，而我母親也帶著兩個男孩跟隨前往。兩家人緊鄰落腳於特拉維夫（Tel Aviv），彼此建立了友善的關係。

我父親和他的第一任妻子夏娃（Eva）在一九三五年離婚，為了完成離婚手續，兩人必須短暫回到德國。夏娃在一九二〇年代曾經跟著我父親參加蘇黎士的研討會，成為榮格取向的心理治療師，所以她當時決定留在德國。一九三八年，她理解自己必須要離開，但

4　Erich Fromm（1900—1980），美籍德國猶太人，人本主義哲學家和精神分析師，是十分重要的思想家，影響六〇年代的社會運動甚深，大部分的作品都有翻譯成中文。

5　Ernst Simon（1899—1988），德國猶太人，教育家和宗教哲學家。

6　Toni Sussman，榮格最早的追隨者之一，她和她的猶太裔丈夫一起逃離德國，在倫敦落腳。

是走得很辛苦。她在威爾斯（Wales）展開新生活，再婚，從事心理治療多年，後來在九十八高齡辭世。當她與我父親的婚姻關係存續期間，她參加了榮格的研討會；在一九二○年代的夢研討會資料中，仍然可見她的名字列在與會人員名單上。

　　同時期，我父親跟他的病人希爾德建立了親密的浪漫關係，然而兩人都不喜歡一九三○年代中期的特拉維夫及巴勒斯坦。在那時候，猶太復國主義運動正如火如荼地進展，但瘧疾及其他疾病也猖獗肆虐，我父母一方面擔憂政局，另一方面也擔心家人的健康，因此開始思考離開巴勒斯坦。

　　一九三五年我的父母正式結婚，也把他們的組合家庭帶往倫敦。這並不是件容易的事，因為當時正處歐洲難民潮，大英帝國對於入境設有嚴格的限制。當我父親將申請書送至大英帝國移民署時，當時的移民署官員對於榮格熟識，因為榮格才剛在塔維斯托克（Tavistock）發表演說。我父親帶著榮格的親筆信，信中陳述我父親信譽良好而且對榮格的心理治療有所涉略，而海關官員認為英格蘭需要更多的榮格分析師，就讓我父親及家人入境。我從小聽這個海關故事長大，一直到五十年後才真正得到驗證，當時我正在紐西蘭的威靈頓，紐西蘭的第一位榮格分析師桃樂絲‧諾曼‧瓊斯[7]告訴我她一九三五年居住於倫敦並接受訓練，正巧與這個讓我家人入境英國的海關官員是好朋友。

7　Dorothea Norman Jones，紐西蘭榮格分析師。

克許一家。左起：詹姆斯・克許、湯瑪士・克許及希爾德・克許漫步於倫敦漢普斯特德荒野公園或是巨樹林，相片攝於一九三七年。

母親成為榮格派分析師

在我週歲後一直到一九四〇年九月後期，我的家人住在倫敦的哥爾德爾斯格林（Golders Green）猶太人區，緊鄰著漢普斯特德荒野公園（Hampstead Heath），我還記得當時常到公園及公園內的巨樹林（Big Wood）健走。而在我不滿一歲時，我母親接到一通改變她及我們全家一生的電話。

我母親結束與我父親的治療工作後，她在一九三五年得以與榮格見面，而在她徘徊於巴勒斯坦、歐洲及英國這段時間，她斷斷續續地接受榮格的分析。很快地，她就成為倫敦分析心理社團（Analytic Psychology Club in London）的會員，這是一個附屬的社團，只要

經過榮格派分析的人都能成為會員。在社團中她遇見一位渴望成為榮格分析師的年輕精神科醫師麥可‧福德罕[8]。一九三七年五月，我母親在家照顧我的時候，接到一通福德罕撥來的電話，榮格教授推薦福德罕找我母親做分析。母親對這個請求大感吃驚，她完全沒有想過自己會成為分析師，然而她還是開始與福德罕的分析工作。福德罕之前曾經接受貝恩斯[9]的分析，他千里迢迢前往蘇黎士想接受榮格的分析。但是，榮格當時挪不出時段，因此建議我母親幫福德罕分析，這就是我母親開始分析執業的故事。不僅母親曾經如此告訴我，從福德罕的自傳中也能得到驗證。後續幾年，我母親接了其他好些個案。我後來在一九七一年第三次國際分析心理學會的會議中，在洗手間巧遇福德罕，我主動上前自我介紹，他的第一個反應是「我的競爭對手」。一九三七年，我還是個嬰兒，而他的分析也正值嬰兒期，我母親身為一個榮格分析師的職涯就此起步，一直到一九七八年十二月過世時，她都維持很高的接案量。

全家移民美國

直到一九四○年，英格蘭的處境益加險惡，德國征服了法國及比利時、荷蘭、盧森堡低地國，正計畫渡過英倫海峽。一九四○年夏末及秋季，德國飛機持續對倫敦進行轟炸，我們被迫住進空襲庇護所，我不知從哪得來的點子認為睡在椅子上會比較安全。事實

8　Michael Fordham（1905—1995），英國精神醫師和榮格分析師，他結合克萊恩學派的理論，創辦了榮格分析心理學中的發展學派。

9　H. G. Baynes（1882—1943），英國心理分析師和作家。

上，空襲對我帶來深刻的創傷，一直到我們一年多後移居美國，我有好幾個月仍堅持要睡在椅子上。

英倫戰役正如火如荼展開，每天早上當我們從空襲庇護所走出時，都要先確認我們的房子是否仍然安好；空襲持續不斷，我家附近的其他房舍都被摧毀了，唯獨我家的房子倖存。有時候，德國軍機在白天轟炸倫敦，我們會衝進房子的地窖躲避，直到空襲結束。有幾次我們在市場購物時，空襲警報響起，我母親會急速地將我推向牆邊以避免炸彈掉落我們身邊。

我父親害怕英國終究會落入納粹手中，他開始探究前往美國的可行性，他發現因為他是在瓜地馬拉出生，我們一家人將被歸入瓜地馬拉入境美國的移民限額，而非歸入歐洲大量尋求避難的難民潮中。因為父親的一些家人在數年前就已經定居舊金山，我父親最後決定我們要移民美國。這是一個重大的抉擇，原本的計畫是整個組

如詩・嘉布里爾・克許（Ruth Gabriele Kirsch）是詹姆斯・克許及夏娃・克許的女兒。攝於一九五○年洛杉磯。

合家庭成員，其中包括我們一家三口、父親在前一段與夏娃的婚姻中所生的兩個孩子如詩（Ruth）和麥可（Michael）、以及我母親的兩個孩子，全部都要一起搭船到美國。在最後一刻，夏娃捨不得讓七歲的麥可離開，最後麥可和夏娃一起留在英國。接下來十二年我都沒見過他，而十二歲的如詩則和我們一起橫渡大西洋抵達美洲。

我記得離開倫敦時，我們開車經過漢普斯特德荒野公園，我目睹一架被擊落的德軍梅塞施密特飛機（Messerschmidtt）[10]。夜宿利物浦當晚正逢空襲，一枚炸彈落在飯店附近，是這趟旅程中第一次倖免於難。

一九四〇年九月下旬，我們搭上一艘擠滿難民的船前往紐約。我們所搭乘的撒馬利亞號（Samaria），是受護航的船隻之一。我們橫渡大西洋時，有空中的救援隨行，當時德國的U型潛艇擊沉許多艘類似的船隻，在船上每天都會演習搭乘救生艇的流程。有好幾次我們的船隻遭受U型潛艇攻擊，船隻以之字型方式來回躲避魚雷攻擊。幸運地，撒馬利亞號躲過攻擊，在十天之後安全抵達紐約。

抵達之後，我們在愛麗絲島（Ellis Island）登陸，也是我們進入美國的序曲。在我們抵達之前，有許多難民船都被擊沉，我們的順利抵達讓美國人振奮不已。有好幾位乘客接受當地媒體的採訪，當然也包括四歲的湯瑪士·克許為記者提供了兒童的觀點。當我被問到對愛麗絲島的看法，我回答說我很喜歡這家飯店，這段訪談上了紐約的日報，正巧也讓我父親在柏林的好友沃納·恩格爾（Werner Engel）在地鐵站看見，沃納在好幾個月前就先我們一步抵達紐約，

10　第二次世界大戰期間德國空軍使用的戰鬥機。

下圖：撒馬利亞號於不列顛之戰時
搭載克許一家人渡過大西
洋。相片由坎尼斯・修史密
斯（Kenneth D. Shoesmith）
拍攝。

右圖：摘錄自撒馬利亞號的旅客名
單，名單上顯示克許一家人
與其他旅客從利物浦港前往
紐約，一九四○年九月二十
三日啟航，一九四○年十月
三日抵達紐約。照片截取自
國會圖書館。

因這篇報導得以確認我們已平安抵達美國。當我們從愛麗絲島放行時，他前來迎接我們。

我們抵達紐約之後，面對的就是要不要留在那裡或是繼續前往舊金山，父親有許多親戚在舊金山定居。父親在紐約期間受到紐約當地榮格治療師不甚熱情的接待，這讓他想去拜訪在舊金山的親戚，因為他們的贊助我們才能來美國。所以他隻身前往舊金山拜訪他的家人，在回紐約的途中停留洛杉磯。當時的洛杉磯一片空曠，讓他想起特拉維夫及瓜地馬拉，他立刻就喜歡上這個城市。此外，那裡有許多歐洲人落腳，距離他在舊金山的家人還算合理的範圍，所以我們都搭上蒸汽火車挑戰者號前往洛杉磯。途中我們在芝加哥停留，拜訪和我母親在柏林一起長大的表兄弟哥哈得·達內柳斯[11]，他當時在芝加哥是個放射學家，戰後搬到洛杉磯在一個比佛利山知名的醫療團裡工作。一九六〇年，他的生涯再次轉變，他前往蘇黎士接受榮格分析師訓練；訓練完成後，他返回聖塔芭芭拉（Santa Barbara），在那兒執業二十年。他曾經跟我母親表示他並不滿意自己的放射學工作，我母親是促成他前往蘇黎士的關鍵人物。

11　Gerhard Danelius，榮格分析師。

【第二章】洛城成長

　　我們抵達洛杉磯後的第一個星期全用在尋找落腳處，直到一九四一年年初，我的雙親才找到了一間大小剛好可容納四個孩子的出租房子，屋內還多出一到兩個房間可做治療工作室。房子的地點位在洛杉磯中心區靠近比佛利山，而該區主要是猶太人區。那時的洛杉磯是個幅員遼闊的城市，許多難民在橘子園及絢麗的好萊塢找到他們的家。我母親則是個例外，她始終難以適應洛杉磯的文化。事實上，在她晚年的一次訪談中，她提到她仍然覺得自己在美國形同陌生人，特別是在洛杉磯。她習慣於歐洲城市中處處綠地、處處步行可達的城市生活，而洛杉磯對她而言始終是異國。她對這塊土地也沒有連結感。對我父母而言，假期代表的是回到歐洲，特別是回到瑞士，那兒有朋友，有可健行的瑞士阿爾卑斯山。

　　早先在洛杉磯當地並沒有榮格分析師，而洛杉磯唯一見過榮格的人是瑪麗・威爾希爾[1]，洛杉磯著名東西向大道就是以她先生為名。她在榮格早年時就見過他，那時榮格仍深受佛洛伊德的影響。我父母當時在洛杉磯沒有任何熟人，但他們都開始以榮格治療及分析展開個人執業。他們是如何如此快速建立個人執業的個案量，對

1　Mary Wilshire，好萊塢的名人，先生亨利是好萊塢早期發展的重要人物，甚至整個 Santa Monica 是她先生所開發的。瑪麗在二〇年代去拜會榮格數次後，回到好萊塢，雖然沒有被認可為分析師，但在好萊塢開始進行她獨特的治療方式。

我來說始終都是個謎，事實上這也許應該歸功於他們豐富的人脈資源。

適應洛杉磯的新生活

我們一家人對於洛杉磯的新生活都適應良好，如詩和傑瑞就讀中學，而吉姆（Jim）則就讀加州州立大學柏克萊分校，並於一九四三年獲取學士學位。我則在一九四一年九月進入卡席中心公立語文小學（Carthay Center grammar school）的幼稚園，並於一九四七年六月從該校畢業，卡席中心是那年代美國傳統的公立小學，只有女性教師，而且我們只能以姓氏尊稱老師。

我進入幼稚園後的第一件事就是去除我的英式腔調，因為其他小孩總是會拿我的腔調取笑。閱讀、書寫及算數對我來說都是簡單不過的事，因此在我一年級結束後，就直升三年級，這讓我在求學過程中總是班上年紀最小的。我是左撇子，雖然五年級的老師用盡一切努力要幫我轉為使用右手，但這企圖是個悲慘的失敗，我到現在都習慣用左手做幾乎所有的事情。

我六歲時，父母幫我報名猶太社區中心的課程，並開始在每天放學後學習希伯來文。我有一位超棒的老師夏米爾女士（Mrs. Shamir），我跟著她學會了基本的希伯來文讀寫。在那些早期課程中，我展現兒童的語言天分。但二次大戰結束後，夏米爾女士就回到以色列，隨著她的離去，我對希伯來文的學習熱誠也逐漸遞減。不過我還是持續學了一些希伯來文相關課程，一直到我十四歲才完全停止，興趣不再。我在十三歲時，曾經接受一位德國猶太拉比桑德霖

（Rabbi Sonderling）的成年受戒儀式，他長得就像是《舊約》全書中的先知。因為我學習希伯來文多年，受戒齡儀式的準備工作並不困難。儀式後，家中有場小宴會，共有大約三十位親友出席，這完全不同於我後來所參加的各種闊氣盛宴。

我的家人從未加入任何猶太會所，我父親在正統猶太家庭長大，但他並不認同他們狹隘及世俗的眼光。他原本應該投入家庭事業，但卻進入醫學院就讀，這等同於背叛家人。後來他又加入海德堡大學的猶太復國主義學生組織，和社團的聯繫成為他在離開正統猶太背景時維持猶太認同的方式。後來，當他離開德國，因為相同的感覺而讓他選擇巴勒斯坦，但巴勒斯坦在三○年代中期，猶太復國主義的狂熱信念喚起他遺留在納粹德國的一切，他因此收起對猶太復國主義的連結感並離開巴勒斯坦。雖然他的猶太認同始終是他人生的重要議題，而且他也沒有排除任何返回巴勒斯坦的可能性，但他從未返回猶太復國主義思維。相反地，他藉由對集體無意識的研究而滿足他心底的宗教動力，晚年則回頭學習希伯來文及猶太相關議題。

不同於我父親，我母親在一個完全同化於德國的家庭長大，她一直到納粹掌權後才發現自己的猶太人背景。我父母都深深認同猶太身分，但都沒有成為任何猶太教的組織成員。

除了希伯來文的學習，我父母也鼓勵我學習鋼琴。不過，我並沒有認真練習，而且在遇見來自俄羅斯的長輩菠禮所芙女士（Mrs. Borisoff）之前，我都不斷地換老師。菠禮所芙女士曾經在柏林進修，後來搬到美國。她在柏林是專業的表演工作者，但逃往美國時就中斷了演出，她帶了兩架貝希斯坦（Bechstein）三角鋼琴到美國，

這兩架琴在柏林的狀況都很好，可惜無法適應南加州的氣候。我真的很喜歡菠禮所芙女士及鋼琴課，因她及我雙親的影響，養成了我一生對古典音樂的喜好。

父母的病人成私交

我父母身為榮格治療師的背景影響了我們在洛杉磯早年的生活。其中之一就是他們在家執業的工作模式讓我免不了要見到他們的許多個案，我們的餐廳就是他們的候診室，這是榮格心理學發展的早期階段，很多病人後來都成為私交。事實上，我父母的社交圈幾乎全都是他們的病人。因此，在這樣的環境下長大，年少的我常分不清楚病人跟朋友的差別。

我從學校回到家的第一件事就是先到我母親的房間敲門，她聽到敲門聲會走出房門，幫我做一個花生果醬三明治。對一個孩子來說，這是很正常的行為，我從來沒聽說她的病人介意這件事。多年後，當我自己也成為榮格分析師時，我才得知有許多人都記得我敲門、走進治療室、打斷治療、及我母親走出治療室幫我做三明治這件事。不過當他們再度想起這件事時，基本上都是帶著幽默玩笑的口吻。當我還是新出爐的分析師時，每當別人提及我小時候的打斷行為，總讓我感到尷尬，我常想我母親都是怎麼跟她的病人說到我。很顯然地，應該都是正面的評語，因為她的病人們後來被問及這件事都會說一些極度讚揚的話；然而，這仍然讓我很不自在。從當代的界線、治療架構、移情及反移情的觀點來看，這種打斷治療的行為是絕對被禁止的，甚至極有可能被控訴為違反倫理的行為。

奇怪的是，被我打斷治療與分析歷程的那些人們，從未有意識地表達他們的氣憤或表現出任何負向反應，唯獨麥可‧福德罕是個例外。我母親幫他做分析時，我還處在餵奶期，我想他對於常常被一個嬰兒打斷治療應該有許多負向的反應；因爲當我成年後向他自我介紹時，他的第一個反應是「我的競爭對手」。

我們在洛杉磯的第一間房子對於我們這個龐大的組合家庭來說眞的太小了，空間不足始終是個問題。我的房間其實是主臥室的更衣室，不過那是一間很大的更衣室，足夠容納一張小床及一張椅子。住在那兒的最初幾個月，我仍然受倫敦轟炸的餘悸，對於突如其來的聲音或在床上睡覺都感到害怕。起初我睡在椅子上，慢慢地才睡回床上。我的父母分房睡，而我母親睡在大更衣室所屬的主臥室，這也加深我對她的情感親密度，持續整個童年階段。我母親總能安撫我對惡夢的恐懼，而我告訴她許多夢，這些夢我自己都不記得了，但她仍然清楚記得。我住在更衣室長達四年，直到我們搬到兩街之外我父母買的第一間房子爲止。

一九四一年，麥克斯和蘿芮‧澤樂[2]夫婦、及他們的兒子丹（Dan）抵達洛杉磯。在他們找到自己的小屋之前，他們跟我們住了好幾個月。一九三八年，麥克斯在德國經由古斯塔夫‧理查‧海亞[3]認證成爲榮格分析師。麥克斯是榮格在戰前德國的主要學生，但因爲德國就業法反對猶太人，他沒能在德國正式執業；一直到抵達洛杉磯之後，他才正式成爲分析師。麥克斯和我母親每天都會聯繫，我相信我母親是他非正式的督導，也是他的半個治療師。蘿芮

2　Max Zeller（1904—2011）、Lore Zeller（1914—2006），是一對夫婦，兩人都是榮格分析師。

3　Gustav Richard Heyer（1890—1967），德國人，榮格心理學家。

小麥克斯十歲，當時正忙著適應洛杉磯生活，並開始學習榮格的心理學。麥克斯和我父親時常見面，但兩人從來沒有建立密切的關係，他們一直到老都還是用正式的「您」稱呼彼此，從來就沒有用過「你」。我父親和蘿芮常見面，但兩人的關係始終都不太自在。蘿芮接受我父親的分析，但我不覺得分析特別成功。幾年後，在我母親及麥克斯相繼去世後，蘿芮試圖親近我父親，不過我父親拒絕了。兩人之間始終泛著些微敵意，不過從來沒有正式浮上檯面。

　　一九四一年，我父親結識了另一位住在洛杉磯的德國猶太難民布魯諾・克羅菲[4]，他是羅夏墨漬測驗發展的關鍵人物，在美國頗富盛名。他也是哥倫比亞大學及加州大學洛杉磯分校的心理學教授，是個絕頂聰明的羅夏墨漬測驗解析者。我父親在克羅菲到洛杉磯之後就跟著他學習，因此結識了一位從英國來的內傾型女士瑪麗・克理爾[5]，當時她的丈夫剛去世，她才剛搬入加州阿爾塔迪納市（Altadena），羅夏墨漬測驗的研討會就是在她家舉辦的。我父親去參加研討會時，常帶著我一塊去，雖然我記得我做過羅夏墨漬測驗，但我不確定做過幾次，也不記得是否曾經得到測驗的解釋，不過我對戰爭期間跟著父親開車到阿爾塔迪納市仍然有印象。那時候有汽油限額，我還記得父親要省下折價券來湊足旅程的汽油量。開車到阿爾塔迪納市必須經過加州十號公路（Arroyo Seco），當時那是洛杉磯唯一的高速公路，連接洛杉磯市中心及帕莎蒂納市（Pasadena）。洛杉磯居民才剛剛開始習慣高速公路的概念，時下的人很難想像洛杉磯在沒有布滿高速公路之前的樣貌。

4　Bruno Klopfer（1900—1971），德國心理學家，出生於巴伐利亞，是羅夏墨跡測驗的創造者。
5　Mary Crile，一位藝術家，數度到蘇黎世拜訪榮格，在文章中提到當時榮格正在寫他的回憶錄。

瑞士榮格分析師及精神科醫師梅爾及克許家友人瑪
麗・克理爾。梅爾繼榮格之後擔任瑞士聯邦科技學
院心理學教授，他也是蘇黎士榮格學院第一任主
席。相片攝於一九五八年於洛杉磯。

　　一九四二年年初，我父親開始開設夜間研討會，討論榮格未被
翻譯的著作及《舊約》全書中的各項主題。那時他的個案有些是著
名的電影明星，在我年紀尚小的時候，見到這些在電影名人總讓我
欣喜若狂。其中一位相當特別的人是著名的猶太喜劇演員，他的慣
性幽默總能逗得我捧腹大笑。我父母都沒有什麼幽默感，我想我這
麼喜歡他是因為他把幽默帶進我家。在我個人的分析歷程中，他出
現在我一些夢中，而夢的背景通常都代表著補償性的幽默，提醒我
需要連結的部分。每當我帶同學回家，他們看見我家有電影明星出
沒時總會大吃一驚。但不幸的是，有大明星病人似乎讓我父親得意

不已，也讓我誤認為自己很重要。那年代算是好萊塢電影工業的穩定期，一般人的娛樂都是看電影，能住在如此靠近名人的地區真夠嗆的！就我個人而言，年紀輕輕就經歷東躲西藏的恐懼生活，後來轉換至名利的邊界，其實太突兀了。我仍然不太喜歡回想那時候的自己，因為當時的得意感讓我變成一個很難搞的人。

戰爭時期，凱特‧馬庫司[6]從柏林到美國，最後搭上灰狗巴士抵達比佛利山。她曾經跟著心理手相學家（psychochirologist）朱麗司‧斯皮爾[7]學習；斯皮爾曾經接受榮格的分析。榮格對手相學頗感興趣，因為它似乎可以是接近無意識的輔助方法，榮格曾經為斯皮爾的書《兒童之手》（The Hands of Children）寫序。斯皮爾在二次大戰之前逃到荷蘭，並在阿姆斯特丹發展了一個學習心理學及手相學的團體。她在一九四二年九月納粹占領荷蘭期間過世。凱特逃離後，成為洛杉磯早期的分析師，她在我九歲時幫我印了一張手紋圖，我目前還保留著，但我不記得她曾經解釋我的手紋圖。

我母親所接受的正式教育只到高中階段，我父親則是從海德堡大學醫學院畢業。但因為父親欠缺在美國的實習經歷，他的學歷在洛杉磯並無用武之地，境內實習是在加州取得醫師證書的一項門檻要求，我個人懷疑這項要求是將外國醫師拒於門外的方便之道。而紐約州的規定則較寬鬆，他們並沒有要在美國境內實習的要求。我父親焦急地想拿到美國的執照，因此在一九四三年搬到紐約，密集學習七個月，為的是通過紐約州的醫師執照考試。他帶著他的過往病人瑪麗‧克理爾一同前往，兩人住在紐約的簡便旅舍。這時還是

6　Kate Marcus，洛杉磯榮格學會創辦人之一。
7　Julius Spier（1887—1942），德國心理學家和心理治療師。

戰爭時期，旅行並非易事；我母親持續待在洛杉磯接案，從來都沒有到紐約看我父親。我很確定我母親知道他們這段關係，當我父親和瑪麗返回後，三個人持續維持友好關係。瑪麗在一九四七年搬到卡梅爾海（Carmel），後來又搬到大灣（Big Sur），但始終都和我的家人維持密切聯繫。當我還是孩子時，我並不知道瑪麗和我父親曾在紐約同居，這是長大成人後的我才知悉的事情。當然，如果這種與過往病人之間的性關係發生在今日，將被認為是嚴重違反倫理的行為，但我的雙親顯然都不認為這是違反倫理的行為。

雖然獲取紐約的醫學執照讓我父親有種重拾納粹在他身上奪走的東西之感：但在專業層面上，獲取他州的執照對於他在本州的執業並沒有實質上的幫助。除了他的紐約執照外，他仍然不屬於洛杉磯壯大的心理治療及逐漸發展的心理分析社群。三不五時，他會幻想搬到紐約，搬到他的醫療執照被認可的地方，但這僅止於想想而已。他也短暫地考慮在洛杉磯實習，他跟奧托・費尼切爾[8] 一起加入黎巴嫩雪松醫院（Cedars of Lebanon Hospital）的讀書小組，不過小組的成員都不太能容忍他的參與。費尼切爾在雪松醫院的實習期間過世，這嚴重地影響我父親完全不考慮重新在加州實習。他的年紀比其他實習生明顯大很多，很害怕死於當時實習生所承擔的過勞工作。不幸的是，他不完成美國境內實習的決定阻絕了他加入洛杉磯精神醫療社群的機會。他曾經數次嘗試加入社群，在一場他所發表演說的場合中，群眾中的精神分析師起立離席以示抗議。在那次之後，我父親就放棄了，但放棄就意味著整個職業生涯都被邊緣

8　　Otto Fenichel（1897—1946），精神分析學家。出生於維也納，移民到美國洛杉磯。

化，一方面是因爲他是榮格派的，另一方面也是因爲他在加州並沒有正式的執業執照。

跳級生

一九四四年，我的雙親花了一萬三千美元買下了位在貝若街（Barrows Drive）上的兩層樓房舍，從那時開始我就有了自己的房間。這間房子離我們的第一間房子只有兩條街的距離，因此孩子們都不需要轉學，這也是搬得如此近的一項原因。我很感恩能夠有一間眞正的房間，但很多事情在我們搬家後都開始改變了。我的姊姊如詩跟著商船船員私奔並在內華達州的拉斯維加斯私訂終身，雖然我父親氣炸了，但一開始並沒有對我們的生活帶來太多的改變。如詩在丈夫出海時，仍然住在家裡以持續高中學業，兩年後，她生了女兒凱西（Kathy），母女倆一直和我們住在一起直到她的先生道格（Doug）從戰場返回。

我的幾個兄弟沒有經歷這些戲劇化的轉變。我的哥哥吉姆從柏克萊畢業後拿到生化碩士學位，他當時想要進入南加大的醫學系。傑瑞在高中的學習適應不良，因此準備從軍。而我則在學校適應良好，是老師的「得意門生」，也跳級一年。我喜歡跳級的學業挑戰，但就社交上來說跳級讓我總是成爲班上年紀最小的。原本入學時，我期望自己是班上的領頭羊，可是自從跳級開始一直到高二，我總是避免成爲眾人目光的焦點。後來，跟女孩子的關係也成爲難題，我在課業上的優勢對於日後在社交上的困境一點幫助都沒有，不過這仍然讓我的人生走得比別人快一些。我在三十二歲那年成爲

榮格分析師，四十歲成為榮格學院的主席，比歷屆國際分析心理學會的主席年輕。現在回想起來，我認為我進入榮格分析訓練早了一、兩年，我覺得如果我再晚一、兩年之後才開始接受訓練，我會在訓練過程中學到更多。急著要有所成就是我的雙親透過意識和潛意識層面來促成的，他們希望我能盡快在這個神祕的新文化中建立成就。想要自己的小孩在新國度中有成就及穩固的立足地，是移民者常見的現象。一直到我的榮格分析訓練中期，我才因為喬瑟夫・惠爾賴特[9]要我慢下來的建議而短暫地中斷一段時間。到底在急些什麼？他幫我踩了煞車是他所能做的最好的一件事，當然，那時的我對這個建議感到失望，因為我覺得自己已經準備好要更上一層樓，不過他真的幫我一個大忙。

戰爭結束後，旅遊的風氣再起，這個世界又通行無礙。我的雙親在戰爭期間感覺被孤立，因此在一九四六年夏季，我和父親從洛杉磯經由墨西哥市轉機，前往瓜地馬拉市拜訪他年邁的母親及其他從納粹德國逃離的親戚。這是我人生數段旅程中的第一段航行，也是極度動盪的一段旅程。飛行途中需要經過墨西哥市外的兩座火山，飛機無法從上空直接穿越而必須繞行而過，那時的飛機並沒有增壓機艙，因此讓我跟其他乘客都嚴重暈機。

到達墨西哥市後，我們跟父親在德國的兒時朋友聚了三天，我父親的朋友巴塞洛繆斯（Bartholomeus）在墨西哥的福特公司擔任重要職位。巴塞洛繆斯和我父親只用德文交談，這讓我很沮喪。每當我苦悶抱怨後，他們會短暫地用英語交談，但最後又會回到用德語

9　Joseph B. Wheelwright（1906—1999），美國榮格分析師，參見附錄四。

交談。總的來說，在我成長過程中並不喜歡聽到德語，而我會堅持要身邊的人轉為用英語對話。不過，我們有許多親戚及朋友都說德語，因此即便我抗議，我耳邊還是常常聽見德語，但我在墨西哥市和我父親兒時朋友的經驗強化了我對德語的抗拒。當然，現在的我很遺憾當時並未善用機會讓自己擁有雙語的能力，對此一直覺得後悔。然而，在戰爭期間，在美國說德語並不是明智之舉，在英國的情況更糟，因為德國的難民常因被懷疑是間諜而被送到特別拘留所。不管在任何場合，對我家而言，我的完全美國化是非常重要的，這一點我早早就覺悟了，因此必須堅持說英文。

「當個美國人」

我仍然相信我拒絕學德語是我同化於美國文化歷程的一部分。我在成長過程中，從來就不覺得自己是完全的美國人，在學校裡常常覺得自己跟其他小孩不一樣。從幼稚園開始，我的英式腔調就常常被取笑，我並沒有花很長時間去除我的英式腔調並適應美式的發音。在教室裡覺知自己跟別人不同是很丟臉的一件事，儘管我從幼稚園到高中畢業的同學幾乎都是以白人及以猶太人為大宗。高中時，雖然班上有一個黑人及一個西班牙裔的學生，但那個西班牙裔的學生已經是他們家定居洛杉磯的第七代了。

在墨西哥市之後，我們接著前往瓜地馬拉市拜訪親戚。我父親帶我到著名的觀光景點，如：阿蒂特蘭湖（Lake Atitlán）、奇奇卡斯特南戈（Chichicastenango）、安地卡島（Antigua），一直到現在我都還印象深刻。我當時照了許多照片集結成冊，並在隔年以這次

旅行的見聞作爲課堂的一項作業。特勒格爾校長（Mr. Dorothy Troeger）聽說我的旅程，還把我叫到她的辦公室。她對我們那一趟旅行非常感興趣，還特地請我父母到學校去，之後她也到我們家共進晚餐。這是個非比尋常的互動，因爲通常被叫到校長室就表示麻煩找上你了。

戰後，我父母對於回到歐洲的旅程從不遲疑。我父親在一九四七年回到歐洲見榮格，我母親則在一九四九年回去一趟，後來在一九五〇年又再回去一趟。在一九五〇年下半年，我的家出現了裂痕。我當時剛從國中畢業，正打算要離家參加在洛杉磯近郊棕櫚泉市（San Jacinto Mountains）爲期九週的男童夏令營。就在我要出發去營隊之前，我父親告訴我，他跟我母親打算離婚，他要跟另一個年輕的女病人結婚；我認識這個女人，因爲她的丈夫曾經教我游泳。我當時極度難過、氣憤，覺得我父親令人作嘔，而我明白地告訴他我對他的感覺。他很有耐心地聽我說完話，後來我帶著雜亂忐忑的心情參加九週的營隊，完全不清楚我父母的關係會有什麼進展。在暑假的中段，我同時收到我父親及母親傳來的訊息，告知他們不離婚也和解了，那時心裡的一塊大石頭終於可以放下，在營隊裡的心情大幅改善，從一開始的委靡不振到最後反而獲得各區營隊高階團體中的最佳隊員獎。

我的雙親，特別是我母親希望我能夠融入美國的生活方式，雖然她自己並不太清楚什麼才是「當個美國人」。但是，不管「當個美國人」是什麼，她都希望我能夠融入，她依賴我的哥哥傑瑞告訴她哪些活動是適合我的、哪些是不適合我的。當然，她希望我能夠保有我跟歐洲及猶太根源的連結。因此，我的課外活動非常多元，

她鼓勵我投入體育活動，我也學了十年的鋼琴，同時在希伯來學校上了近十年的課。我成爲一名優秀的網球選手，參加了南加州的初級網球賽，有機會跟許多後來成爲戴維斯盃球員的好手較勁。無庸置疑地，在好幾場球賽中我被電得慘兮兮的。我全神貫注在網球的練習，每天放學後至少練三個小時，星期六、日幾乎全天都奉獻給網球練習。

專業運動賽事是我們全家人的喜好，從一九四七年到一九五三年這幾年，我們家固定會買美式足球洛杉磯公羊隊（Los Angeles Rams）的季票，我母親超迷公羊隊的四分衛羅伯特·沃特菲爾德（Bob Waterfield），他後來跟當時的性感明星珍·羅素（Jane Russell）共結連理。我的哥哥傑瑞也常去看球賽，每次和他一起觀看球賽都讓我開心不已。

不過，後來我父母開始對於我沒有花足夠的時間在學習上感到憂心。一九五一年，他們把我的星盤寄給羅馬的厄恩斯特·伯恩哈特[10]，伯恩哈特是麥克斯的堂親，也是我父母在柏林時期的好朋友，他在一九三五年移居義大利，並成爲義大利榮格派的創始會員。他看完我的星盤後，要我父母別太擔心，並表示我對體育的興趣是件好事。

當我遇到好老師時，我就很喜歡學習鋼琴及希伯來文，一旦換了老師，我就失去了興趣，不過我對古典音樂的興趣始終不變。從我五歲起，我父母就幫我買古典音樂的唱片及帶我去聽交響樂音樂

10　Ernst Bernhard（1896—1965），榮格分析師和兒科醫師。他出生於德國柏林的猶太家庭，移居義大利，成爲義大利第一位榮格分析師，是電影導演費里尼和義大利最偉大的女小說家金斯柏格（Natalia Ginzburg, 1916—1991）的分析師，影響他們作品甚深。

麗夫卡・雪芙・克盧格爾
（左）及希爾德・克許，約
攝於一九六〇年的洛杉磯。
麗夫卡是《聖經》學者兼榮
格分析師，她執業於蘇黎
士、洛杉磯及以色列海法市
（Haifa）。

會，我們到美國後買的第一件物品就是電唱機，一直使用到我念大
學前。交響樂、唱片、及我父母對音樂的熱誠，都灌溉了我一生對
古典樂的熱愛。

　　二次大戰後，國際飛航再起，我父母開始邀請蘇黎士及倫敦的
分析師到洛杉磯。因為他們在洛杉磯的專業孤立無援，迫切地想跟
瑞士及英國的同僚再度取得聯繫。當時有許多榮格的親近人士來
訪，我父母也樂於他們的造訪。通常他們都會受邀到我家接受我雙
親盛情的款待，我印象最深刻的三個人分別是：帶點單調乏味的學
校老師氣息的瑪麗—路薏絲・馮・法蘭茲[11]、比法蘭絲更具智性傾

11　Marie-Louise von Franz（1915—1998），瑞士榮格心理分析師，是榮格後期最重要的貼身弟子之
　　一，也是榮格之後榮格學派的重要理論家。

向的學者麗夫卡・雪芙[12]、以及從倫敦來的福德罕。那時候法蘭絲幫榮格做拉丁文的翻譯工作，同時她自己也是個分析師，後來她成為榮格心理學的主要發言人。麗夫卡・雪芙是瑞士籍猶太人，是《聖經》學者，榮格曾公開讚揚她，她後來與以西結・克盧格爾[13]結婚並移居以色列。福德罕則是我母親的第一位病人，後來成為英國主要的榮格分析師，他也是兒童精神科醫師，這種身分在當時的榮格圈是相當罕見的。這三位是最早期從蘇黎士及倫敦來訪洛杉磯的榮格治療師。

高中生活

我高中就讀於費爾法克斯中學（Fairfax High School），當時校內有九成以上的學生都是猶太人。很多同學家中都有從紐約或東歐來投靠的長輩，而我也跟他們學了許多猶太意第緒語的用詞。我的雙親都不諳意第緒語，他們只會說德語。在高中階段有許多社團、兄弟會或是姊妹會之類的社團活動，我並不確定自己是否該加入社團，而我母親也拿不定主意，她要我哥哥去打聽兄弟會的狀況。後來在我哥哥的認同下，我在高一時就宣誓加入列騎兄弟會（Lochinvars）。兄弟會大部分的會員都是好學生，他們關注學校政策，但社團內的氛圍並不會過分陽剛，對我而言這簡直就是絕配，而加入兄弟會也幫我適應高中的社交互動。

我的表兄彼得（Peter），是我母親在倫敦的哥哥的孩子，一九

12　Rivka Schaerf，瑞士籍猶太人，榮格分析師。
13　Yechezkel Kluger（1911—1995），美國紐約榮格分析師。

五〇年一月曾在我家住了一段時間,直到秋季到劍橋大學入學為止。他長我三歲,在許多方面比我家中的兄長更像是我的哥哥。他是個聰明絕頂的數學家及科學家,而我們在體育、學業及社交生活上都不相上下;他也是我的拉丁文及數學的家教,而我在這兩方面的表現並不差。我父母有好幾年就像是他的再生父母一樣,而他的父母在我前往歐洲旅行時對我也視如己出。

費爾法克斯中學鄰近好萊塢及比佛利山,許多學生的家長都從事與娛樂業相關的工作,有好些學生成為知名的娛樂業從業人員。當我回想住在電影文化圈近郊的生活時,有一件事讓我印象深刻。我當時修了一門進階拉丁文,課堂中本該閱讀羅馬詩人奧維德[14]及盧克萊修[15]的作品,但我們的老師麥格拉思(Mr. McGrath)對於討論電影明星莎莎・嘉寶(Zsa Zsa Gabor)更感興趣,她那時正紅。班上有個女孩叫辛西婭(Cynthia),她的父親在電影業任職,她表示她能請到莎莎・嘉寶來班上,條件是老師要免掉期末考。麥格拉思老師同意了這項交易,我們也等著看是否真的能不用期末考。難以置信的是,她真的做到了,莎莎・嘉寶出現在費爾法克斯中學的拉丁文課堂上。這不僅在費爾法克斯中學,在傳媒界也是一條大新聞。她出現在學校的照片還登上了全國性的雜誌,大概是《時代雜誌》(*Times*)或是《新聞週刊》(*Newsweek*)之類的,而進階拉丁文那一年就真的不用期末考了。

在我父母的離婚威脅避開後,他們打算帶我到蘇黎士休一年

14　Ovid(西元前 43—前 17 或 18 年),古羅馬詩人,著有《變形記》、《愛的藝術》和《愛情三論》。

15　Lucretius(西元前 99—前 55 年),古羅馬詩人和哲學家,著有《物性論》。

假。我不希望我的高中社交生活中斷，因此拒絕這項提議。最後，我父母放棄了休假一年的計畫，改為在隔年春天連續多次前往蘇黎士。

隨著高中的升級，我更專注在學習，更認真念書，也加入網球隊，並競選班代表，最後因為些微的差距，我輸給美式足球隊的隊長。不過我仍然活躍於學生會，到高三生活也更加精采，我有了第一個算是半認真交往的女朋友，為了能夠持續見到對方，我當時考慮就讀洛杉磯附近的大學。我畢業那屆的五百名學生中，十有八九都選擇進入大學就讀，許多人後來都就讀加州大學洛杉磯分校，這其實聽起來是很合理的選擇。但我內在有股聲音告訴自己我不想這樣，我清楚知道我必須離開洛杉磯和我所沉浸的環境，我想要探索好萊塢及電影工業以外的世界，同時也想要離開我所處的強烈猶太文化的學校及生活圈。

我的父母，特別是我母親，持續對我的夢的生活保持強烈的興趣。我年少時有個重複出現的夢：夢中我在沙灘上，大浪來襲好似要將我吞噬了，每每在大浪要滅頂時我就醒了。我把這個夢及其他夢告訴我母親，她總能點出我的夢在生活中的意義，準得讓人毛毛的。成長的過程中，我總覺得我母親可以預知我的需求，這其實是福分、也是災難，因為她的見解讓我驚豔，但也因此讓她對我的人生有著巨大的影響力。在很多事情上，包括個人私密的事情，我都會詢問她的意見，大多數時候她的理解都是正確的。舉例來說：我十三歲那年決定要健身，所以選擇到健身房練舉重，她說我會在那兒遇見讓我厭惡的人，並說了有關同性戀及其他性壓迫的事情，雖然在健身房裡什麼也沒發生，但她其實是在看顧我。因為她總是對

的，讓我難以跟她持相反的意見。我會跟她說高中時候和女友的問題，甚至是成年之後的感情關係，這對我的第一段婚姻關係帶來負面的影響。一直到我離家上大學、後來進入分析，我才開始看見這段親密關係的陰影面，以及她的涉入是如何阻礙了我的男性氣概的發展。然而，從正面角度來看，她能夠洞視我的靈魂，同時她也引領我看見無意識；透過她，我得以正面欣賞無意識的智慧及日常生活中藉由感覺及情緒所彰顯的無意識力量。

當我反思學生時代與母親的關係，我理解到當時她把我視為她的小丈夫。她給了我很多，但卻過度涉入我的情緒生活；在經歷韓德森多年的分析經驗，我才看見我當時對母親保有如此強烈正面感受所潛在的危險性。在分析的幫忙下，我得以在不與她完全裂絕的狀況下讓自己從關係中抽離。我知道對她來說失去了這份母子親密感是件困難的事，但她所擁有的榮格派背景幫助她接受了這一點。雖然我知道她認為我在情感上抽離得太遠了，但我對於我們調整後重新平衡的關係感到很自在。我不認為我們有完全處理這股緊張感，但在她因胰臟癌離世前的那段時間，我常常去看她，在她晚年時我們的關係是很正面的。

父親對於榮格的論述並未如我母親的論述深得我心，父親有興趣的事都讓我覺得難以忍受。我很清楚他對於我熱衷網球但不願意專注在康德、叔本華及歌德等知性作品的表現感到失望悲痛，我也確定他將我與母親的親密關係視為一項難題。父親在我進入高中那年暑假的外遇事件給我們的關係帶來了負面的影響，從那時起，他的想法在我的世界中就失去了重要性，我也不在乎他的期待了。

在我家餐桌上，榮格的名字總會被提到，我總是充滿敬意地聆

聽，但我的兄姊對於榮格總是先被提到都感到相當反感。許多榮格學派的名詞在家庭對話中都會出現，因此我學到許多原型的名稱，但並不清楚它們的實質意義。榮格治療師在戰後洛杉磯的生活是困難重重的。當集中營大屠殺的訊息逐漸全盤揭露後，這時洛杉磯的精神分析圈全被猶太人主導，其中最重要的幾位也如同我父母一樣是從歐洲逃離的。我父親是猶太人、也是榮格派的，自然在精神分析圈是被深惡痛絕的，而我父母跟麥克斯‧澤樂的存在挑動了那個負面的情緒。我父親幾次與精神分析圈的接觸都很負面，我慢慢地因而學到佛洛伊德學派是邪惡的。

我的朋友似乎都喜歡到我家，母親很歡迎他們來家裡玩。父親也很歡迎他們，但總記不住我朋友的名字，對於這件事我總是耿耿於懷。唯一不喜歡到我家的就是我的第一任女友，她的父母是猶太商人，對於我父母對夢的興趣很不以為然。因此，雖然她就住在對街，但她父母並不允許她來我家。不過，他們卻允許我帶她去聖地牙哥拜訪我父母的病人，我們也去了好幾回。這位病人的先生並不是我父母的病人，他是聖地牙哥港口領港員，我們在聖地牙哥海灣玩得很開心。

卜卦決定要讀里爾大學

之後我開始計畫大學生活，我想先讀醫學院預備課程然後進入醫學院，接著也許成為精神科醫師，但我不希望如同父親般，成為不被加州承認的醫師。那時候申請醫學院跟現在的狀況完全不同，哈佛醫學院希望能招收西岸的學生，我獲邀申請，但我並不想跟我

家、家人及女友分隔如此遙遠。我曾考慮洛杉磯東郊的波莫那大學（Pomona College），但又覺得離家太近了。最後我申請了加州大學柏克萊分校及在奧瑞岡州波特蘭市的里德大學（Reed College），那時《週末晚報》（*Saturday Evening Post*）刊了一篇文章讚揚里德大學的小班教學、注重個別性及不強調分數，在在深得我心。我也去參訪了柏克萊校區，覺得很喜歡，因此好幾個月都拿不定主意。我母親對於我的猶豫不決感到氣憤，在絕望之下，她從書架上拿出《易經》，並說：「當你無法做決定時，可以問問《易經》，答案就會出現在《易經》的象徵性語言中。」我擲了硬幣，卜了卦，不過已經忘了是哪一支卦。經過討論後，我母親說《易經》指示我需要到一所小型的大學，在那兒我的個別性會得到照顧，也說我不適宜進入像加州大學那樣的大型學校。就這樣，我進入里德大學就讀，我在波特蘭沒有半個認識的人，也從來沒有參訪過里德大學，但既然《易經》都如此說了，就這樣吧。這是我第一次藉由《易經》相信我的無意識，並藉此對我的困境有了深入的了解。

在我高中結束前，我母親提出要帶我到歐洲一遊作為我高中畢業的禮物。一開始我並不以為然，但隨著畢業將屆，我的興致逐漸增加。在那年春末，我母親回到蘇黎士接受梅爾的分析，幾年前幾乎要離婚的情況在她心中仍然餘波盪漾。我父親請他的家人前來幫忙照顧家裡大小事務，我的表姊碧雅（Bea）前來照料我及我父親，她比我年長一點點，剛從高達大學（Goddard College）畢業。當時我染上嚴重的唇皰疹，有好幾星期都痛到不能吃東西，因此瘦了近十公斤，我母親在蘇黎士擔憂不已，我因病錯過了高中的畢業典禮及相關活動。我從唇皰疹康復後，跟著父親同遊歐洲，在到蘇黎士

跟我母親見面之前，我們先去了倫敦及巴黎。因為走出洛杉磯及加
州，我的關注焦點也不同了。

【第三章】重返歐洲

　　從高中畢業到大學是我人生中重要的轉換期，這不僅僅是因為我第一次離家，更是因為我在高中畢業後的暑期跟著父母去歐洲旅行。這趟行程不僅為我開啓了歐陸，也開啓了建構我家的世界觀。

適應美國文化下的焦慮感

　　隨著這趟行程所開啓的世界讓我驚豔不已。從四歲到十七歲，我盡可能適應在美國的新家，但儘管如此，仍有一部分的生活讓我不同於典型的美國孩童。一九四〇到一九五三年這段在洛杉磯猶太區的成長期間，我內心深處始終有一股無以言喻的悸動及不安。我的家庭不同於社區裡的其他家庭，我父母有份奇怪的職業，他們對夢的重視非比尋常，我家的牆面滿滿都是書，而古典音樂更是我家的支柱；相對地，學校所強調的重點則是社交生活及運動。我的父母，特別是我父親並不了解、也不接受學校看重的這些事，因此我在學校裡接觸到的價值觀跟我在家裡所接收到的總是格格不入。儘管如此，擁有良好的學業表現無庸置疑地仍是父母對我的要求。

　　直到高中畢業後，我可以說是完全地融入美國文化。課業表現夠好、投入競賽性的網球及籃球活動，參加學生會，也是高中兄弟會的一員，我有了第一個正式的女朋友……從這些層面來說，我看

起來適應良好，至少這是我給人的一般印象；但在較深的層面上，我意識到心中有一股說不上來的焦慮感。

一九五三年我從高中畢業，戰後到歐洲的旅行風氣才剛起步，對當時的人而言並不算普遍，但我父母把去歐洲旅遊視爲首要之事，雖然他們所返回的歐陸早已不是他們戰前所認識的歐陸。那時候英國仍然持續戰爭期間的肉類及奶油配給制度，而歐洲其他地方才剛開始從二次大戰後的崩毀中復甦。

學校課程結束後，我和父親先前往倫敦及巴黎旅遊，其後抵達蘇黎士與母親碰面。我們從洛杉磯搭機，中途在紐約停留，之後抵達蘇格蘭的普雷斯蒂克（Prestwick），抵達之時正逢週日下午，所有店家都打烊休市。蘇格蘭冷清清又空蕩蕩，而倫敦同樣到處是未清除的殘磚片瓦。不過因爲伊莉莎白二世才剛被加冕爲女皇，相較於之前全面毀壞的情況，倫敦已經算是重整過了。那時英國並沒有多少美國人，我穿著加州風的淺藍牛仔褲搭配陸軍風衣外套走在街頭既顯眼又尷尬。我的表哥彼得・柯爾斯頓（Peter Kirstein）跟我一起排隊觀看西敏寺的皇家珠寶，他因爲受不了漫長的排隊就跑到旁邊座位區，我跟著他過去，但有位英國警察覺得我們形跡可疑，我的衣著打扮輕易地就被認出是美國人，我在大庭廣眾之下被警察斥責，而表哥卻不作聲地溜回隊伍中。他輕鬆地消失在人群裡，但我卻被斥責的這一幕，多年來我始終放在心上，不過這也是我們兩人友好、但又相互競爭關係的最佳例證。

出發前我深信自己已經美國化，但我很訝異回到倫敦後竟然會喚回許多去加州生活前的回憶。我滿腦子都是在避難所椅子上睡覺的畫面以及漢普斯特德荒野公園的高射砲。腦中充滿了許多炸彈散

家庭照，二○一○年攝於倫敦。左起：克萊兒・柯爾斯頓（Claire
Kirstein，彼得・柯爾斯頓的女兒）、彼得・柯爾斯頓（他是湯瑪士・
克許的表哥）、湯瑪士・克許。

落倫敦住家四週的創傷影響、走在哥爾德爾斯格林區街道的恐懼
感、以及當我們外出購物時母親眼神中所透露的害怕。我們出門時
總要膽顫心驚地想著隨時都可能出現的空襲，以及不時思索空襲發
生時要到哪裡安全避難。一旦空襲警報響起，母親就會迅速地把我
拉到街邊躲避。有一次我在家中三樓，空襲警報大作，我快速地跑
到地下室，那是空襲時家中最安全的地方。我還清楚記得母親的恐
懼，以及這份恐懼的巨大穿透力。另外有一晚，我父親在我家庭院
中挖出一顆大到足以炸毀整間房子及全家人的炸彈。直到今天，面
對突然聲響大作而激起的恐懼感始終都在我心中，甚至只是打開一

瓶香檳酒都會讓我心跳不已。將這些記憶塵封多年後，要在那年夏天再度面對這些害怕的感覺真的很困難，但即便如此，當時的我清楚知道我必須面對、也必須處理這份恐懼。直到成年期，我總想著要花些時間在倫敦找分析心理學會（Society of Analytical Psychology, SAP）的分析師幫我在倫敦的嬰兒期做回溯分析（regressive analysis）。雖然那時候的感覺很強烈，但並沒有迫切到需要真正去做，如今回頭看，在進入大學前的那年夏天回到倫敦，是我童年與成年的重要連結，對我的整體發展具有關鍵影響，也在我後來跟倫敦榮格社群的關係中扮演重要的角色。

倫敦後的下一站是巴黎，在戰爭時期，圖赫爾醫師（Tuchman）曾經幫助我父親通過紐約州醫師執照的考試，他退休後在巴黎生活，無庸置疑他們兩人見面時是用德語交談，不過因為地處巴黎，我身邊所聽到的都是法語。在巴黎的日子因為語言的關係我感到全然無助，當下就決定大學時要做的第一件事就是學法語。那時候，法語是通用語言，而我仍然沒準備好去學正規的德語。我父親興致勃勃地要帶我走遍全巴黎的博物館，但十七歲的我對巴黎的夜生活更感興趣。我們兩者都去了，不過旅程中的異國風土民情及語言隔閡把我搞得筋疲力竭。我們搭火車離開巴黎，前往蘇黎士與我母親會合。因著戰爭殘存的破壞，倫敦及巴黎顯得單調無趣，一直到我們抵達蘇黎士後，我才覺得自己又活過來了。

蘇黎士的價值觀

到達瑞士就像是身處另一個星球。瑞士人並未屈服於納粹，而

瑞士也未受戰爭的影響，完全見不到毀壞的跡象，街道乾淨整潔，城市事務運行正常，我著迷於這古老世界的建築、教堂及自然景觀。我父母選在索南伯格酒店（Hotel Sonnenberg）留宿，那兒環境優美，所提供的餐飲美味可口，這家酒店在接下來十年成為雙親及我在蘇黎士的家。酒店的主人威斯默夫婦（Mr. and Mrs. Rui Wismer）為我父母及我提供特別的住宿安排，既使客滿，我們還能在酒店落腳。有好幾次，他們就在浴室裡多放一張床，我就在那裡住下，不過這種情況通常只有一晚。那時候，很多歐洲旅館並不是每間房間都有浴室，因此每層樓都會有公用的淋浴間。索南伯格酒店位於蘇黎士高地，很靠近最初的榮格學院所在地，從陽台上可以俯瞰蘇黎士湖及整個城市。旅館座落在一片大森林的外圍，旅客可以在林中走上好幾個小時享受森林之美，同時欣賞當地農夫收割的景色。當時的蘇黎士還沒有發展出周邊的衛星城鎮，因此整個地景的轉變是從城市立刻轉為鄉間。索南伯格酒店很受榮格學院學生的歡迎，主要是因為當時美金的匯率很高，只要五塊美元就能換得旅館一宿和三餐。但到一九六○年代中期，我父親跟威斯默夫婦發生口角，與人口角是我父親人際關係的常態，在那之後我的雙親就在蘇黎士另覓旅舍。幾年前，索南伯格酒店成為國際足協（FIFA）的總部，因此現在已經不能在那裡飲食或開會了，但我對於索南伯格酒店仍然充滿感情，因為那真的是一處很棒的住宿地點。

在蘇黎士停留的這段時間，大概有兩個星期，我遇見了許多蘇黎士的第一代分析師，像是：梅爾、海因里希‧費爾茲[1]、安妮拉‧

1　　Heinrich Fierz，瑞士榮格心理分析師。

莉莉安‧費何是榮格的親信，也是蘇黎士榮格學院的資深分析師，相片約攝於一九六〇年。

耶菲[2]、赫維奇一家[3]、莉莉安‧費何[4]以及芭芭拉‧漢娜[5]。我母親認爲我當時正面臨離開洛杉磯及女友的心理衝突，而他們認爲在我待在蘇黎士的期間如果能跟梅爾在專業上見一面是個好主意。我因此見了梅爾，對他解釋我的狀況，但他建議我那時不需要接受任何治療，應該繼續往前過生活，好讓我的困境繼續發展而「精神官能症狀」也得成長，他認爲我可以晚些時候再進入分析歷程。他說的眞是對極了！我在一九五五及一九五六年的夏天和父母再度回到蘇黎士，期間都沒有接受任何分析。

我在蘇黎士的某些經驗呼應了我介於父母的價值觀及我所處洛杉磯社區之間的衝突。我的雙親所秉持的價值觀在蘇黎士如魚得水，那兒的人似乎都保持著文化深度、知性好奇、內傾感知、個人魅力及藐視虛華等價值觀。人們清楚知覺他們扎根於歐洲的傳統，

2　Aniela Jaffé（1903—1991），瑞士榮格心理分析師。她追隨榮格甚久，榮格的自傳《回憶‧夢‧省思》就是由她記錄和整理。

3　赫維奇一家（Hurwitz family）指西濟（Sigi）與莉娜（Lena）夫婦，兩人都是瑞士榮格心理分析師。

4　Liliane Frey-Rohn，瑞士榮格心理分析師。

5　Barbara Hannah（1891—1986），出生於英國，榮格分析師。她和馮‧法蘭絲是終身密友，也是她介紹馮‧法蘭絲追隨榮格。她的著作《榮格的生活與工作：傳記體回憶錄》在大陸有譯本。

詹姆斯‧克許與西濟‧赫維奇,攝於一九六○年代中期。左起:詹姆斯‧克許是湯瑪士‧克許的父親。西濟‧赫維奇是猶太教神祕主義卡巴拉(Kabbalah)學者、蘇黎士榮格學院講師、榮格的牙醫師暨家庭摯友。

但也不懼怕討論他們的陰影面。我從父母身上吸收的價值觀有時候讓我覺得跟洛杉磯不一致,而在蘇黎士卻感覺像家一樣。我遇到的每個人的文化深度都深深吸引著我,而他們與榮格的親近關係也著實增添了許多正面印象。

我特別喜歡赫維奇一家,西濟與莉娜夫婦,他們有兩個孩子以馬利(Immanuel)及內奧米(Naomi),他們跟我年紀相當,後來成為我的旅伴。西濟是榮格的牙醫,也是榮格學院的猶太神祕學學者,而莉娜則是德國《榮格全集》(*Collected Works*)的總編輯,但她很不幸地在很年輕時就因胰臟癌早逝。赫維奇夫婦與榮格及榮格社群有著極密切的關係,也與猶太教及以色列關係密切,我仍然記得他們當時在家中所提供的傳統安息日晚宴。

這趟旅程是我第一次體驗阿爾卑斯山的健行及步道文化。在阿

爾卑斯山從事健行活動是有教養的象徵，步道上有精確的地標告訴你到達目的地所需要的時間，通常終點都會有一間小旅舍及餐館。走在步道上完全不需要擔心會有毒葛或毒蛇出沒，因此能夠專注在古樸的溪谷、美麗的山峰及宏偉的冰川景致上，完全不需要擔憂山間小徑上突發的災難，走完後還可以回到旅舍享受一份美好的餐點。在阿爾卑斯健行是我一輩子不減的熱情，也少有其他事情能讓我如此享受。

我們到阿爾卑斯的首趟行程是去策馬特（Zermatt），就位於馬特洪峰（Matterhorn）山腳。有一天，我們搭乘登山小火車到達一萬英尺的觀景台欣賞阿爾卑斯全景，當然也不會錯過馬特洪峰。火車全程約需一小時，我當時跟四位來自南加州的美國中年人同坐，因為我也是來自南加州，自然而然地我們就開始攀談，氣氛友善親切，我們就這樣一路聊到火車抵達山頂。當我們要下火車時，其中一位女士問我是否知道我在跟誰說話，我說我不知道。當我知道對方是華特‧迪士尼（Walt Disney）時著實嚇了一跳。火車進站時，數以百計的人們爭先想要一睹華特‧迪士尼。他應該算是我所遇過最有名的人！兩天後，我在策馬特村再次見到他漫步在街上，他對我仍然友善。馬特洪峰雲霄飛車是迪士尼樂園的主題園區之一，可以想見他的靈感從何而來。

在遇見蘇黎士的分析師及愛上阿爾卑斯後，瑞士很快地就成為我最喜歡去的地方，過去五十五年來始終如一。無論我生命中發生哪些改變，我對於瑞士其人、其地及其物的喜愛始終不變。我去那兒的次數多到數不清，少說也有六十次了。

在瑞士，我和母親與表哥彼得碰面，我們三人同行前往羅馬及

拿坡里，度過一段絕妙的時光。

里德大學

　　原先在洛杉磯時期百般掙扎抗拒的歐陸影響，從歐洲遊後開始浮上檯面。我深切希望自己能沉浸在歐洲文化並學習歐洲歷史，我想要學習法語及德語，我希望自己能夠跟我所遇見的人流利交談，也希望深入連結我的歐洲根源。雖然我是里德大學的醫科預備生，但在大學期間我盡可能地壓低科學相關必修課的學分數，爲的是保有空間追求我對人文的新興趣。柏拉圖、康德以及英國的經驗主義哲學家開始吸引我的關注，我也對法國文學產生興趣。因爲我對歐洲文化的浸淫，我學了四年法語；過去這四十多年來，也斷斷續續地持續學習。我花了一年時間閱讀普魯斯特（Proust）的《追憶逝水年華》（*À la Recherche du Temps Perdu*），這本書既迷人又沉悶。不過當我告訴別人我讀過法文版的普魯斯特作品時，總會讓對方感到印象深刻。

　　重新與我的歐洲根源連結，反而讓我在里德大學的轉換期變得容易許多。轉換的過程並不容易，但因我對人文的新興趣及我對成爲精神科醫師的強烈期望而讓我的因應能力增強許多。我那時研讀了榮格的《尋求靈魂的現代人》（*Modern Man in Search of a Soul*）以及福里達・福特漢[6]的《榮格心理學導論》（*An Introduction to Jung's Psychology*），我對兩本書都留下極深刻的印象。里德大學的人文課

6　　Frieda Fordham，榮格心理分析師，是邁可・福德罕的妻子。

程很強，直到今天，我都還能引用我當時閱讀過的文本。

　　我在一九五三年九月進入里德大學就讀，第一週正式課程開始之前的新生訓練期間，我收到校長辦公室的見面邀請時正在打網球。鄧肯・巴藍坦校長（Duncan Ballantine）正巧是狂熱的網球員，他們當時還在尋覓雙打的第四位球友，因此在課程開始前，我就在網球場上跟大學校長打球，而且還直呼其名，這完全不同於高中的經驗。

　　里德大學以學風自由著稱，奧勒岡人說里德代表著「共產主義、無神論及自由性愛」，這雖有些言過其實，但也八九不離十，不過在我入學後沒多久巴藍坦校長就禁止有共產主義嫌疑的人到校演講。雖然當時正值麥卡錫主義的高峰期，教職人員委員會仍然很強勢，他們提出對校長的不信任案，不久後，巴藍坦校長就辭職了，我也失去了網球球友。

　　我在里德大學有兩個室友。其中之一是克勞迪奧・塞格雷（Claudio Segre），他是我的好朋友，他的父親在加州大學任教，是諾貝爾獎物理學得主。克勞迪奧在高中階段就完成了我父母親希望我做的事，他在青少年階段就跟著父母親到歐洲旅遊，曾在瑞士念書，而且能說流利的法語及義大利語。無庸置疑，我那時候對他很嫉妒。後來克勞迪奧成為德州大學的歷史學教授，也是義大利研究猶太屠殺的權威，但令人傷痛的是，他英年早逝。他在柏克萊大學的學術休假期間，慢跑時因心臟病發過世。

　　在我們大二升大三那年暑假，我們一行四人計畫到歐洲旅遊，因為克勞迪奧跟我在歐洲許多地方都有親友，我們就充當先鋒提出旅遊計畫。在那時候，歐洲旅遊一天花不到五塊錢美元，因此要說

服另外兩位同學一起前往並非難事。同行的其中一人是哈維‧薩格斯基（Harvey Sagorsky），他是我高中的好朋友，有聰明的頭腦，也是極度內傾型的人。他是我們那屆高中畢業的致辭代表，而那年暑假前他花了許多時間跟我父親在一起，我父親曾鼓勵他閱讀英文書市可見到的榮格相關著作，他也真的都讀了。我不記得我是否曾經跟他討論過榮格，但他那時候知道的比我還多。

在我們計畫行程的這段時間，哈維是哈佛大學的醫科預備生。那年五月，就在我們準備前往歐洲之旅前數週，我接到一通電話告知哈維在化學實驗大樓因用藥過量意外身亡。起初有段時間，這被視為意外死亡，但我後來透過哈維的前室友而得知這可能是自殺。父親花了數不清的夜晚幫助哈維的父母處理喪子之痛。

另一位高中朋友是霍華德‧米勒（Howard Miller），他是哈維的好朋友，但我跟他並不太熟。儘管哈維過世，我們三人還是決定繼續我們那年夏天的旅遊計畫，但似乎是個錯誤的決定。行程中我們爭吵不斷，有很多次我們對於要去哪裡而僵持不下。這些紛爭讓我失去了與克勞迪奧的友誼，而我因此有五十四年沒再見過霍華德，後來才藉由網路重新跟他取得聯繫。好友重逢是一件美好的事，再見面時他已是洛杉磯知名律師，也曾擔任洛杉磯聯合學區的主席。

那年夏天我們三人在紐約集合，搭乘法國的自由號遊輪抵達南安普敦，就此開啟我們在倫敦的旅程。旅程開始沒多久我就出現腸胃不適，卻找不到任何願意幫我診療的醫師。我母親當時人在蘇黎士，因此我就飛往蘇黎士，抵達隔天就進行闌尾切除手術。我計畫在手術後與克勞迪奧及霍華德在羅馬聚首。他們在羅馬會面之前是

去巴黎，我則留在蘇黎士休養數日。

初見榮格

我罹患急性闌尾炎時正巧碰上榮格八十歲生日，當年在蘇黎士高點多爾德大酒店（Grand Hotel Dolder）有一場公開慶祝會，前來祝賀榮格誕辰的人群大排長龍。我母親避開管制人員將我夾帶入場，我因此有機會親自對榮格表達我的祝賀之意，榮格當時也親切回應我，他對於我母親將我帶入公開場合表示開心。他的魅力無人能及，從那時起，我就被勾住了。

在瑞士阿爾卑斯山休養一陣子之後，我跟克勞迪奧及霍華德在義大利再度碰頭，繼續我們那年夏季剩餘的旅程，不過旅程中紛紛擾擾，只能滿心期待夏季早早結束。

一九五六年春假，我父母與榮格取向的舞蹈治療師瑪麗·懷特郝斯[7]一同參加在喀美爾（Carmel）舉辦的榮格分析師南北大會師。結束後他們開車北上到波特蘭看我，我安排父親在學校裡辦了一場有關榮格的演講，他也給座無虛席的觀眾們一場精采的演說。當天出席的聽眾人數比預期的多，完全不受放春假的影響，主要是因為榮格在一九五五年二月登上《時代雜誌》封面，那期《時代雜誌》也搭配專文討論榮格，他在美國因此成為知名人物。我父親在里德大學的演講讓我跟他的關係起了轉變，我開始認知到父親對於分析心理學及相關領域的豐碩學識，演講後我們早年關係中的陰霾也消

7　Mary Whitehouse（1911—1979），美國人，第一位將舞蹈動作的本質與心理學理論結合在一起的舞蹈治療師，是舞蹈治療學的先驅之一。

一九五九年於加州喀美爾舉辦的榮格分析師南北大會師。左起：榮格分析師約翰·培利（John Perry）、珍·惠爾賴特（Jane Wheelwright）、梅爾文·克特納（Melvin Kettner）、以及麥克斯·澤樂。麥克斯也是克許家的摯交。

退許多。許多我當時深感崇敬的教授都出席了這一場演講，我的哲學教授跟我父親一起討論亞里斯多德、柏拉圖及康德與榮格的關係，這一刻讓我整個人眼睛為之一亮了。

　　隔年夏天，我母親成為新創組織「國際分析心理學會」的洛杉磯代表。我父母前往蘇黎士參加八月的會議，我也獲邀一同前往。我們從阿姆斯特丹入境歐洲，搭乘郵輪下萊茵河，這是我雙親在二戰後第一次回到德國，戰爭的陰影渲染了整趟航行。他們兩人相互攻擊，我想好好地跟他們一起旅行都不可得。但我仍然記得我們參訪了海德堡，我父親就是在那兒唸醫學院。當地的德國人無法理解

為什麼這個穿著比佛利山服飾的美國人能夠說一口流利的德語，當父親說他是德國人而且在一九三三年離開德國時，接下來就是一陣沉默，彷彿一切化作無名的空寂。

這股沉寂感讓我原先嘗試要對德國人說德語的努力蒙上一層陰影，儘管我曾在大學學過德文文法，成長經驗中又不時處在德語環境，我對德語其實應該相當熟悉自在。當我在戰後遇見德國人，我無可避免地會想像他們在戰爭期間做了什麼以及他們是否曾是納粹黨的一員，這些內在對話讓我苦惱了二十年之久，特別是在當時沒有任何一個德國人會願意承認他們曾經是納粹黨。我記得有一次，我坐在慕尼黑的公園長板凳上跟旁邊的中年男子聊天，他叨叨絮絮地說著戰時慕尼黑是如何不斷被聯軍轟炸，以及當時場面如何嚇人。我告訴他我當時人在倫敦，德國人也是這樣轟炸英國的。他對此感到極為訝異，因為他從來沒聽過德軍轟炸這檔事。後來他承認自己曾是納粹一員，只是淡淡地說那時候大家都是納粹黨。不可思議地，當我聽到他承認這件事時反而讓我鬆了一口氣，因為他的誠實，我覺得跟他在一起是自在的。他是我所見過唯一願意誠實承認自身背景的德國人，更別說有意願談這段過往歷史的德國人了。

我們從德國前往薩爾茲堡[8]，正逢薩爾茲堡為期一週的音樂節，慶祝莫札特誕辰兩百週年紀念。我父親買了《魔笛》、《費加洛婚禮》、《女人心》、《唐·喬凡尼》、《伊多曼尼奧》等歌劇門票，也買了好幾場交響樂音樂會的入場券。因為正逢莫札特兩百年誕辰紀念，那一年所有的演出都是莫札特的作品。當時全世界處在

8　當時薩爾茲堡音樂節剛剛由偉大的指揮家卡拉揚所主導，他網羅了所有古典音樂的最重要藝術家，從此到今天，薩爾茲堡音樂節一直是全世界最重要的音樂節。

演出黃金時期的莫札特歌劇名角都出席演出，優秀歌手如：伊莉莎白·舒瓦茲柯芙[9]、迪特里希·費雪迪斯考（Dietrich Fischer-Dieskau）、凱薩·席比（Cesare Siepi）、華特·貝里（Walter Berry）、卡爾·伯姆（Karl Böhm）、麗塔·史塔里希（Rita Streich）和其他許多人幾乎每晚都有演唱。雖然我在來薩爾茲堡這一週之前就聽了許多莫札特的作品，我仍受音樂會的影響，感動到幾乎要轉系以全神貫注在莫札特的魔力中。

第二次見到榮格

　　從薩爾茲堡離開後，我們啟程前往蘇黎士，我跟父親與榮格有一場下午茶會。艾瑪·榮格[10]在前一年的十一月辭世，我父親特意前往向榮格致意。我們在花園裡坐了一個半小時，而我也藉著這機會就教於榮格。那時我讀了較多榮格的書，而且對哲學有些小小造詣，我在一知半解的狀態下蜻蜓點水般挑戰榮格，我問他當他說所有的事都是相對的，是否意指這個論述也不是絕對的。雖然我不記得他是怎麼回答我的，但他喜歡我的小小挑戰，而這個挑戰也沒有讓他不悅。事實上，我認為他喜歡人家質疑他的想法。我很感謝我父親讓我有機會拜訪榮格。

　　當我回到里德大學大四那年，滿腦子仍然都是莫札特的音樂，滿心以為這是我想要學的；但另一方面我是醫科預備生，而且我也決定要做生化的論文；同時，我是校內羅德獎學金（Rhodes schol-

---

9　Elizabeth Schwarzkopf（1915—2006），出生於奧地利，英國女高音歌唱家和演奏家。
10　Emma Jung（1882—1955），榮格之妻，育有五子。也是榮格分析師。

ar）的候選人之一。徵選過程要求候選人撰寫個人興趣，我寫下了前一年夏天的莫札特經歷。我對莫札特的了解是在感覺層次，而不是智性地分析莫札特的音樂，當我被問到莫札特的相關問題時，明顯地我的知識有許多缺漏。因此，我在面談的表現並不好，也沒被選為羅德獎學金得主。我想在我進入美國的醫學院前，如果真的能去牛津大學兩年，將會實質改變我的生涯決定；但與此相反地，我後來直接申請美國的醫學院。回首當時的經歷，我在面試過程中真切地表現榮格觀點中所謂的感覺型的人。我對於莫札特的喜愛表露無遺，我的感覺勝過了我的思考，因此壞了面試。現在的我把這當作是我人格結構的一部分，因為我有堅實的科學基礎，如果我當初堅持表現我在科學的興趣及努力，應該會在羅德獎學金的面試中有比較好的表現。我想我有些後悔當初沒走的那條路，但這個安排其實在很多方面來說都是個福分。那個時期的我，陷在過度追求成就的強烈企圖中，如果得到牛津大學的兩年羅德獎學金只會加劇這個企圖。反之，我則開始需要考慮到底要去讀哪一間醫學院。

　　大學生活是我人生第一次不再依附於猶太社群，經過大學的洗禮，我也能反思及比較圍繞在我身邊的世界及我所遺留在後的世界。慢慢地，我開始對於我的猶太傳承有一些自己的想法。在很多方面，我都將蘇黎士的赫維奇一家理想化，雖然他們生活中持守的猶太儀式僅限於週五晚上的安息日晚宴，但他們一家人在堅實的猶太傳統下相處融洽，而且他們會造訪以色列，與猶太教有緊密的連結。然而，就如同所有的過度理想化，我對於赫維奇一家的理想化也很難持久。他們的家庭看似親密，但西濟其實很情緒化、也讓人有些距離感，即便西濟晚年就住在他兒子以馬利的隔壁，他們父子

間並沒有真的密切連結。如果我想要尋求一個管道整合猶太特質及西方的精神科醫師生活，我想我需要看得更深遠些。

在赫維奇家我有機會結識哥舒姆・舒勒姆 [11]，他是個頗具魅力的人，也是我所見最聰明的人之一。每年夏季他都會到愛諾思講座（Eranos lectures）授課，而愛諾思團體的成員總是全神貫注地聆聽。十二年後我在洛杉磯有另一個機會和他共進晚餐，在晚餐席間他描述他是如何透過假裝成精神分裂症的病人而在第一次世界大戰時逃離德國軍隊。能夠如他一般機敏並使出這項絕招，世上少有！

在找尋統整猶太教與當代生活的過程中，我父親一位長期失聯的大學友人造訪洛杉磯，他的出現也給我帶來影響。我父親在海德堡大學時期，隸屬於猶太復國主義學生組織，他當時跟埃里希・佛洛姆及恩斯特・西蒙成為好友。西蒙後來成為耶路撒冷猶太大學的教育學教授，也是馬丁・布伯的親近同事。雖然我父親和西蒙有三十年沒見過面，但因西蒙到洛杉磯的猶太大學度學術休假的那一年而重拾友誼，兩人花了好多時間討論宗教、政治、哲學及心理學議題。西蒙教授深信榮格是反猶太份子，他跟我父親針對這一點討論熱烈。通常只要對方表態認定榮格是反猶太份子，在我父親眼中這就足以列為拒絕往來戶，但西蒙是少數我父親可以容忍針對榮格及猶太教持不同意見的人。西蒙的政治觀點相當開明，但同時他又是一個守戒的保守猶太徒，他在耶路撒冷的房子就因為他對於阿拉伯人所表達的同情而被炸毀了。

我母親深受西蒙教授所吸引；某個程度來說，我也隨著母親而

11　Greshom Scholem（1897—1982），在德國出生，移民巴勒斯坦，是十分偉大的哲學家和歷史學家，猶太神秘主義哲學的奠基人，許多思想家與他成為好友，包括本雅明。

認同西蒙及猶太教。一直以來我對於成爲猶太社群的一員都抱持著模擬兩可的態度，儘管父親對於我的成人禮靈性導師——德國猶太拉比桑德霖持有友好關係，但我在成長過程中從未加入任何猶太團體。另一方面，西蒙對於以色列的熱情、他的理想主義、以及他接納巴勒斯坦人的平等地位，都讓我更願意靠近猶太教。他是帶有中歐血統的德國猶太人，也是以色列猶太復國主義的主要領導者。

因這些讓我打開眼界的猶太智者的影響，我成爲紐約的新設學校艾伯特愛因斯坦醫學院（Albert Einstein College of Medicine）第三屆的學生，我很期待成爲這所具有理想性的新設醫學院的學生。其實我也想過要去蘇黎士的醫學院就讀，但我很清楚一個美國猶太人進入歐洲醫學院所需承擔的汙名，一般認爲進不了美國醫學院的人才會選擇歐洲醫學院就讀，我不希望被貼上這個標籤，因此在獲得入學許可的幾所醫學院中選擇了艾伯特愛因斯坦醫學院。

接受專業的分析（梅爾、莉莉安・費何）

在啓程到東岸入學前，另一件讓我備感困擾的問題就是我跟女人的關係。在里德大學時，我有兩任各爲期一年左右的交往關係，但我發現我對兩任女友都無法許下承諾。在里德大學大四那年，我的女朋友大我三歲，我決定到紐約就讀醫學院時，她希望與我同住紐約，我心中並沒有這個打算，但我又無法完全結束這段感情關係好讓她離開。這件事讓我極度焦慮，我認爲分析應該會有幫助，因此我人生中第一次決定要尋求專業的分析。因爲洛杉磯所有分析師都跟我父母有被督導及被分析的關係，父母建議我那年夏天前往蘇

黎士跟梅爾教授一週見三次面。他們幫我安排住在蘇黎士區一家旅舍的員工區，三餐一晚的住宿花費不超過四塊美元。

在完成生化學論文並從里德大學畢業數週後，我啓程前往蘇黎士。剛到不久就得知梅爾每年八月都會固定到義大利海岸，過去三、四十年來這個固定的行程規劃不曾間斷，這也導致我在歐洲多出將近一個月的空閒時間，我後來選擇在榮格學院旁聽一門由瑪麗一路薏絲・馮・法蘭茲教授的永恆少年（puer aeternus）課程，同時打了很多場網球，有時候跟球場偶遇的瑞士當地人對打，有時候則跟大衛・哈特 [12] 對打，他當時是蘇黎士榮格學院的學生，相當喜愛網球運動。

那年夏天我結識了帶著兩個孩子的一家人，這家父母決定跟我同遊瑞士法語區。但當我們抵達那裡之後，這對父母接到電話通知他們其中一個孩子生病了，因此太太就折返蘇黎士，我則跟先生單獨一起旅遊。很快地，我就得知他是同性戀，他在美國中西部的治療師慫恿他結婚並成家。那個年代的人通常會掩藏自己的同性戀傾向，他把自己的故事全盤托出反而讓我焦慮不安，我當時完全不想跟他有任何瓜葛。經過一晚的焦慮不安，隔天我們就返回蘇黎士。

在那之後，我更深刻感受我在開始正式醫學院的生活前一定要有些被分析的經驗，但現實是梅爾還在義大利，所以我致電給莉莉安・費何詢問她是否可以給我幾個小時。她同意見我，因此我開始接受她的分析，而不是原先預期接受梅爾的分析。在分析歷程中，

12　David Hart（1920—2011），二次戰後從印度前往中國的途中，他閱讀榮格而決定到蘇黎世追隨榮格。1955 年回到美國賓州，成爲當時美國最知名的心理治療師之一，也是賓州榮格學會創辦人之一，是傑出的童話研究者。

我們分析了我的夢，這也減輕了我的焦慮感，但那年夏天她只幫我做了幾次分析。

　　夏天結束前，我跟赫維奇家兩個孩子一起到佛羅倫斯露營，他們的母親則留宿於旅舍。那時候以馬利和內奧米並不會說英語，因此這一趟旅程讓我的德語有了長足的進步，透過他們的眼睛來看佛羅倫斯是個奇妙的體驗。夏天結束後，我回到紐約並住在艾伯特愛因斯坦醫學院附近，就位於紐約上布朗克斯區。我在里德大學的女朋友則住在曼哈頓，她同時是護理學校的老師和學生。

【第四章】醫學院與實習：入無主之地

　　離開里德大學那個受保護但充滿焦慮感的環境而走進紐約，在我心中幾乎是投下了震撼彈。艾伯特愛因斯坦醫學院位於上布朗克斯區，搭乘地鐵到曼哈頓約需一個半小時。這是一所新設的學校，我入學時正好是第三屆。來紐約前聽人說在紐約並不需要車子，但我發現自己其實住在曼哈頓很外圍的區域，幾乎已經遠到威斯特徹斯特郡（Westchester County）了，這是我在申請時完全沒注意到的。校內有一棟醫學院學生宿舍，但隔間薄得像壁紙一樣，而且房間也極小。九成的學生是猶太裔紐約人，而且他們幾乎都很習慣夜以繼日的學習。雖然我當初選擇艾伯特愛因斯坦醫學院有很大部分是因為這是猶太人為大宗的學校，但也是因為他們宣傳學校就如同里德大學一樣是一所不強調分數或測驗成績的學校。然而，當第一屆學生參加國家醫學考試表現不佳後，學校的教育理念大轉彎，從輕鬆學習轉變為以測驗及成就為導向的教育方針，每門學科每週都必須考試，學校行政專注在督促學生有好的測驗成績。事實上，在下了猛藥後，學生在國家考試上的表現也好多了，但對我來說這個學習氛圍反而讓我渾身不自在。我突然發現自己雖然身處生長之地的對岸而已，但學校的氛圍卻完全不是我原先想要的及期待的。

尤金・亨利的分析

　　第一年學習結束後，我很慎重地思考自己是否應該從醫學院中輟，並轉入心理學取得博士學位。我打了很多通電話跟母親討論我的生涯選擇。醫學系大體解剖課中所要求的背誦記憶，以及長時間待在實驗室的學習方式，對我來說一點意義都沒有。學這些到底有什麼用處？同時，我在曼哈頓的女友施加壓力希望我能常去看她。畢竟，她到紐約來是希望能跟我接近些，我當時並沒有阻止她這麼做，可是我也沒有對她許下任何承諾。我仍然對於她跟著我到紐約的決定感到舉棋不定。這之中其實有許多原因：我之所以選擇艾伯特愛因斯坦醫學院是因為在四年的里德大學生活之後，我希望能夠再回到猶太集體意識的一部分，而我當時的女友並不是猶太人。我那時候年紀尚輕，現在回想起來，當時我並沒有準備好要有一份相互承諾的關係，而她大我三歲也開始面對外在的壓力，因為一九五〇年代女人進入婚姻的年齡比現在早多了。學業及感情的雙重壓力讓我感到相當不自在，我發覺前一年夏天在蘇黎士所做的分析工作顯然不夠，我需要更多的專業協助。起初，我聯絡愛德華・艾丁格[1]，跟他見了一次面。那時他剛完成住院醫師訓練，看起來很年輕，感覺不太有經驗。此外，他沒跟榮格工作過，那時候的我認為這一點是至關重要的。當然，現在回想如果我那時跟著艾丁格認真做分析，我的人生會走向何方？可以確定的一件事是，我想我會留

1　Edward Edinger，榮格心理分析師，也是重要的理論家，目前的洛杉磯榮格中心最受他的理論所影響。

在東岸並進入紐約的榮格分析訓練。可是，當時我一心想要找曾跟榮格工作過的分析師，因此我再度聯絡人在蘇黎士的梅爾，他推薦了心理學家尤金‧亨利[2]，他的分析工作主要是由榮格做的，而他也是紐約少數的男性分析師之一。

我從一九五八年三月開始接受尤金‧亨利的分析，每週固定與他見面一次，這給我帶來很大的幫忙。他當時七十多歲，但是精力卻異常旺盛及健康。他跟他的妻子海倫娜（Helena）從一九二〇年代晚期就開始在夏季期間前往瑞士與榮格見面。我需要有人幫我決定是否該留在艾伯特愛因斯坦醫學院或是轉到其他醫學院，因為要從一間醫學院轉到另一間醫學院是相當複雜的過程，遠比從一所學校轉到另一所學校困難許多。在檢視了我的夢及意識判斷後，我們仍然找不到一個解決方案。因此這是有生以來我第二次將人生決定交給《易經》，得到的結論是我應該申請耶魯醫學院。耶魯的教育理念跟里德大學很接近，必修課不多，唯一需要通過的考試是在第二年及第四年結束時的國家考試。除此之外，學習重點在於醫藥而非考試。同時，幾乎所有耶魯學生都能通過國家考試，雖然仍然免不了有考試焦慮，但情況比艾伯特愛因斯坦醫學院不間斷的考試壓力好太多了。

一九五八年夏天，我決定回到蘇黎士繼續我和梅爾的分析工作，我發現我自己主要的移情對象仍然是他。那年夏天的前半段，我又留宿索南伯格酒店。我父親那年夏天也有部分時間待在蘇黎士，他一邊在榮格學院授課，一邊接受梅爾的分析。當他在那裡

2　Eugene Henley，美國榮格心理分析師。

時，我跟他同住在一間出租公寓。寫到這兒，我不禁思考當時對梅爾來說這應該是個奇怪的感覺，在同一時間分別見一對父子。當時這似乎是很自然的安排，我跟父親都不覺得有什麼不對。我們的分析並未安排在前後時段，因此我們從沒有在梅爾那兒見到彼此。這樣的安排如果發生在現在，鐵定是不被接受的。然而從五十年後的現在回頭看，我仍然好奇這到底是怎麼做到的。我猜，因為梅爾是榮格的嫡傳世子，這個投射已經超越了我們的個人關係。而且，如果榮格可以分析同一家的人，為什麼梅爾不行？唯一的解釋，就只能單純地假設梅爾應該可以將兩個分析區別開來。事實上我覺得他也真的做到了，我從來沒有感覺到在分析時有任何我父親的殘餘沾染。我想如果我是跟母親而不是跟父親共同分享梅爾這位分析師，要清楚區別的困難度將會大大提高。

　　經過整個夏天之後，我似乎對父親有較多的理解，我也開始了解到不論是留在愛因斯坦醫學院或是得到耶魯入學許可，我都需要跟里德大學的女友分手。一九五八年八月初，我收到耶魯大學的轉學生錄取通知書，對於這項改變我相當興奮。早知如此，最初就該申請耶魯大學，因為他們的教育理念跟里德大學很接近。那年夏天，梅爾要我做的其中一件事就是閱讀康德的《純粹理性批判》（*Critique of Pure Reason*），他認為對於一個感覺型的人而言，這本書將會有助於我的劣勢思考功能。那年夏天我讀了康德的書，雖然很艱深但我很享受書中所提及的練習。

第三次見到榮格

有一天，父親受邀拜訪榮格。但因為榮格邀他去的時間正好是他在榮格學院的授課時間，他撥電話給榮格的祕書安妮拉‧耶菲說明情況，並詢問我是否可以代替他前往。幾分鐘後，她回電告知榮格教授表示同意。因此我有機會一對一與榮格見面。我當時極度緊張，我該跟他說什麼？梅爾建議我談一些特別的夢，其中一個夢是有關一組交會的圓圈，其他的夢則是關於飛行的茶碟，這些都是榮格當時感興趣的主題。我在週五上午搭乘前往屈斯納赫特（Küsnacht）的火車，因為要去見榮格心裡緊張得要命。當我被帶入他的學習聖地時，榮格見我劈頭就說：「所以你想在這個老人家死掉前見他一面。」他的開場白嚇到我了，因此接下來一個小時到底發生了什麼，我完全不記得。我很確定我依梅爾所建議的告訴榮格我的夢，但不記得除此之外我們還說了什麼。我事後跟其他曾經與榮格共處一小時的人聊過，大家普遍一致都有相同經驗。雖然他們無法記得具體內容，但他們都記得和榮格共處一室的正向感覺，有些人甚至說這是轉化人生的經驗。我父母將他們對榮格的理想化情結轉移到我的身上，因此對我而言那一小時等同於一輩子的機緣。

離開榮格的辦公室之後，我想成為榮格分析師的念頭就再也斷不掉了，我什麼都不記得的這個事實一點都不重要。這是我第三次見到榮格，每一次我都被他的機智、聰明、魅力及廣無邊際的感召力所吸引。接下來幾年，在我的精神醫學訓練期間，一旦我聽見其他人對榮格抱持的負面評價都會讓我感到心煩，因為我個人對榮格

的印象是天差地別的。即便今日，在知道更多有關榮格及他的陰影面後，當我再聽見有別於我親身和榮格相處經驗的負面評價時，我仍然會覺得難過。

在榮格學院研習的幾位美國學生，包括：詹姆斯・希爾曼[3]、羅伯特・史丹[4]、馬文・斯皮格曼[5]會固定相約打網球，他們當時正在找尋雙打的第四位球友。我那時候算是網球好手，而我跟詹姆斯一組，對上羅伯特及馬文。一九五八年夏天，我們每星期會打兩到三場網球，打完後會坐下來喝喝聊聊，也談談蘇黎士榮格圈的生活。透過和他們的關係，我開始知曉榮格學院內部的事情。那時候這個圈子還很小。我遠比這三個人足足小了十歲，他們三人都即將完成榮格學院的訓練，後來成為一輩子的朋友。他們被認為是學院裡的少壯派，而且帶些反叛色彩。跟他們在網球場上及之後的閒聊，讓我看見當時榮格派的另一面。三個人那時都在尋找看待榮格心理學的其他方式，不同於一九五〇年代榮格學院內的聖徒風氣。

我在洛杉磯時就認識羅伯特及馬文，但那年夏天是我第一次跟詹姆斯接觸，他的卓越及機智將我團團迷住，而他的想法在我早年的榮格訓練階段提供重要的影響。就跟其他人一樣，我對詹姆斯產生了很深的連結，一直到現在都還是如此。有許多次，我們兩人對於同一件事有全然相反的意見，即便他後來拒絕了我，我還是深深地喜歡他。

3　James Hillman（1926—2011），美國心理學家，榮格分析師，是後榮格思潮中的原型心理學一派的發起人。他的著作《傾聽靈魂的呼召》（The soul's code，本書繁體中文版由心靈工坊出版）影響美國身心靈運動深遠。

4　Robert Stein，美國洛杉磯榮格心理分析師。

5　Marvin Spiegelman，在加州大學洛杉磯分校心理學博士後，他到蘇黎世成為榮格分析師，是洛杉磯榮格學會的重要成員，也任教於加州大學洛杉磯分校等校。他的著作甚多，包括《佛教與榮格心理學》。

第一屆國際分析心理學會蘇士會議

　　榮格分析師的第一屆國際會議是那一年夏天在蘇黎士召開的。那時我仍然接受梅爾的分析，但他強烈建議我在會議期間不要待在蘇黎士。他本人也不會留在蘇黎士，因為會議的時間和他每年前往義大利海岸的潛水度假撞期，而他絕不會因為任何事情而改變他的年假。某個層面上，我喜歡他那不以為然的態度以及他自認沒有必要出席第一屆國際分析心理學會會議。對我而言，這無異於是個解放。我不是很清楚為什麼他認為我必須離開蘇黎士，但當時的我的確不屬於那場會議。只有分析師及少數分析師候選人得以出席，即便是分析師的配偶都不被允許進入會場，當然也不會是我該出席的場合。

　　替代方案是，我的朋友蘇珊・杭特（Susan Hunt）邀請我前往泰晤士河畔亨利（Henley-on-Thames），她的父親約翰・杭特爵士（Sir John Hunt）曾經帶隊首度攀登聖母峰，那一次希拉里爵士（Edmund Percival Hillary）及諾蓋（Tenzing Norgay）攻上峰頂。我前一年在策馬特峰認識蘇珊和她的家人，那時我和魏堤叔叔（Welti）參加登山俱樂部慶祝第一次攀登馬特洪峰的百年紀念。後來蘇珊邀請我到他們家，她的家人很親切且盛情招待，在那之後我跟她書信往返一陣子，但一段時間之後我們各自走向不同的方向，也漸漸疏遠了。

　　在會議尾聲時，我回到蘇黎士，與我的父母、芭芭拉・漢娜及瑪麗─路薏絲・馮・法蘭茲共進晚餐。我父母很習慣帶著我出席同

僚的晚宴，因此我常常會聽到一些我不該聽到的祕密。那天晚上，他們一再談論那場會議，而法蘭絲與漢娜不能理解爲什麼榮格對福德罕如此友善，也不懂榮格爲什麼對心理分析發展觀點給予正面評價，他們認爲福德罕並不眞的了解榮格的思想。席間我只是在旁靜靜聆聽這些八卦，那是我唯一能跟一九五八年會議沾上邊的事件，雖然我聽說榮格當時出席了許多活動。不過，我父母在那次會議中都各自有論文發表，我母親在那場會議上的發表也是她唯一的公開論文。

那年夏天，澤樂一家人都在蘇黎士，麥克斯·澤樂剛從德國政府收到一筆豐厚的公僕欠薪結算金，這筆錢足夠他帶著全家人到蘇黎士生活一年半。我在洛杉磯時對他們認識不深，但在蘇黎士的那個夏天和他們一家人常在一起。透過他們，我認識了一個從洛杉磯來的年輕女生，她的名字叫夏娃·斯特恩（Eva Stern）。夏娃的父母是洛杉磯榮格社團（Jung Club in Los Angeles）的一員，我在十年前曾經短暫地見過夏娃，那時候我家跟澤樂家到太浩湖（Lake Tahoe）旅遊時共同分租一間民宿，夏娃當時是澤樂家孩子的保母。一九五八年夏天，我們兩人都剛結束一段長期的感情關係，在夏天結束分道揚鑣前，我們曾經短暫交往。隔年，當我在洛杉磯時，我將夏娃介紹給我哥哥傑瑞，他們在六個月內就結婚了，而夏娃成爲我的嫂嫂長達四十九年之久！令人感傷地，她在二〇〇九年三月因乳癌過世。

我家跟澤樂家的關係在蘇黎士那一年夏天有了改變。在他們搬去蘇黎士之前，我們兩家的關係密不可分，可是當他們在一年半後從蘇黎士回到洛杉磯時，關係就變了。根據我母親的說法，麥克斯

離開時將他的好幾個病人轉給我母親接手，但當麥克斯回來後，這些病人不想再轉回麥克斯。這件事帶來許多緊張，令人難過的是，後來一直都沒有辦法化解。

重新接受尤金・亨利的分析

一九五八年九月，我駕駛汽車從布朗克斯開了八十哩路，前往康乃狄克州的紐海文市（New Haven），開啓了我接下來三年的分析旅程和三年的醫學院學習。我重新接受尤金・亨利的分析，他的妻子在我去蘇黎士的那年夏天突然過世。

從紐海文市到紐約市並沒有比去上布朗克斯遠多少，搭乘紐海文鐵路到亨利博士位於紐約東城區的辦公室是個不錯的替代方式。那時我已經有一輛車，大約每月有一次我會被邀請前往亨利位於康乃狄克州里奇菲爾德市（Ridgefield）的度假屋，對我而言開車到那裡接受分析反倒容易。事實上，我不僅去那裡接受分析，還會和亨利博士及他在紐約的麻醉師女兒共進晚餐，之後再留宿一晚，吃完早餐後再返回紐海文市。無庸置疑，這是個很特別的分析安排，回頭看這段過往，其實效果挺好的。

雖然那時候分析關係的界線很鬆散，但這樣的分析安排也的確是界線的一大考驗，我將這樣的安排視爲我成長環境中所獲得的特權。那個年代的榮格分析師並不多，他們彼此都認識，既然我是其中兩位分析師的兒子，有時候我自然會受到特別的對待，這對分析關係可以是加分、也可以是減分。一方面我可以在特別的情境下見我的分析師；另一方面，因爲大家都對我很大方，我自然就難以有

評論的自由。

然而，在這樣的情況下，我仍然從尤金・亨利那兒得到很大的支持，這也是當時我所需要的，因為我在耶魯的生活很孤單。我和里德大學的女友分手了，而那時候紐海文市及耶魯的女學生都不多。我住在醫學院學生宿舍，宿舍鄰近醫院但和校本部分開，班上八十位學生裡女學生只有五位，其中有三位是猶太女生。在經過艾伯特愛因斯坦醫學院的經歷之後，想要成為猶太社群一份子的想法從原先的強大吸力轉為搖擺不定，因此我傾向於跟猶太女生保持距離。耶魯單身學生的社交生活就僅止於週六下午開車到麻州的女子學院，或是邀請女子學院的女生南下到紐海文市，但我對兩者都不太感興趣。如果你跟那個女生合不來怎麼辦？對雙方都是被綁住的情況，因此我極力避免這種事。我曾經到麻州參加一、兩次聯誼，除此之外我都盡量離得遠遠的。

初識第一任妻子

在一九五九年春季，我修了必修的藥理學，這門課的實驗課要求我們分成四人小組。課堂上的一個女生，名叫瑪格麗特・史丹（Marguerite Stein）正在找尋可以加入的小組，她問我們小組的其中一人是否可以加入。從轉學到耶魯之後，我就一直避開瑪格麗特，當她得知我是小組的第三個成員時，她已經準備好接受我的拒絕。但我希望自己被視為是持歡迎而非拒絕態度，所以我同意了，這也成為一個重大的決定。那年春天在實驗室共度無數的狗實驗後，我們對彼此有了認識，而我對她的態度漸漸地有了改變。我覺

得她有教養、聰明、而且性感中帶有幽默，幾個月之後我們發現彼此相愛，那年六月我們就訂婚了。

瑪格麗特出生於法國，她的父母是波蘭籍猶太人，她父親曾經是法國西南部的執業醫師，在德國占領時期，她的父母將她安置在法國新教派（Huguenot）家庭並且加入法國反抗活動。瑪格麗特的父親在法國解放前過世，但她母親倖存下來並且將她接回身邊。戰後，瑪格麗特的母親帶著她投靠當時住在紐約的舅舅一家，瑪格麗特就在紐約長大，她從紐約的法國國際學校（Lycée en France）畢業，後來在布林茅爾女子學院（Bryn Mawr）念了兩年，十九歲時接到耶魯醫學院的入學許可。

我們同時在一九五九年六月參加國家考試，之後瑪格麗特跟我一起回洛杉磯見我父母，並舉辦了一場小型訂婚宴。我父母很開心我選擇瑪格麗特，也歡迎她加入我們的家庭。但是，我們有各自的暑期計畫，她要回紐約做暑期工作，而我則在一間與加州大學洛杉磯分校合作的退伍軍人醫院的神經生理學實驗室工作。我在里德大學及醫學院時就喜歡科學，因為我一生都沉浸在榮格分析，能在從事生理精神醫學研究時也做臨床精神醫學很吸引我。我那時在老鼠大腦樂感中樞的定位研究計畫擔任研究助理，這項計畫主要是在老鼠腦部進行神經植入刺激手術，並依照所植入的不同電流位置去測試牠們對電流刺激的反應。我利用暑假收集數據完成我在耶魯的論文，這個經歷也確保我得到國家心理衛生中心（National Institute of Mental Health）的職位。

我很滿意那年夏天的經歷，除了研究工作，我也回頭跟之前的老師學鋼琴。奇妙地，研究工作與練琴兩者的結合提供了心靈的慰

藉，並讓我心滿意足。夏天結束時，我滿心想著如果能跟瑪格麗特再回洛杉磯繼續練一年鋼琴應該會很棒。

當我回到紐海文市後提出回洛杉磯的想法，然而，我們之間的問題也就此浮上檯面了。雖然瑪格麗特對於我們回去加州實習並擔任住院醫師沒有意見，但她堅決反對在洛杉磯待一年，因為她並不想要與我父母有這麼近距離的接觸。北加州是她唯一能接受的地方。她認為我跟母親太親近了，而這種親密關係對我們夫妻之間的感情關係是不好的。一九五九年秋季的爭論幾乎讓我們終止婚約，而我們都意識到兩人都需要再接受分析。

我的痛苦從關係延伸到我的學習，因此我在小兒科的臨床見習並沒有太好的表現。小兒科的教授米爾頓・尚恩[6]是一位卓越的兒童精神科醫師，也是耶魯學習中心主任及小兒科主任，他把我叫去他的辦公室問我到底是怎麼一回事，他是真心關心我的狀況，而被叫到辦公室給了我當頭棒喝，提醒我應該要專注在學習上。我重新振作，並通過了小兒科的臨床見習輪調，接下來的輪調單位則是在內科跟著主治醫師豪爾・斯皮羅（Howard Spiro）學習。我在前一年曾經因為「胃激躁」而在專業上與他會面，因此我們彼此認識。我在見習期間和他相處融洽，而在整個耶魯教職圈中就屬他對榮格心理學最感興趣。雖然豪爾是一位腸胃病學家，但他對人文的興趣逐年漸增，而他也成為將人文與醫學整合的先驅。在過了近五十年之後，二〇一三年我又再次見到豪爾，對我來說見到他真的有回家的感覺。他仍然繼續腸胃科的臨床工作，但他的焦點明顯放在身心

6　Milton Senn，小兒科醫師，但十分投入心理治療甚深，與安娜・佛洛伊德、約翰・鮑比等人相熟。

的連結。他有個兒子後來成為精神科醫師，而豪爾對於榮格仍然保持興趣。我真的很幸運在醫學院時遇見米爾頓・尚恩及豪爾・斯皮羅。在這之後，我還遇見斯蒂芬・法立科[7]，他是一位精神科醫師也是耶魯醫學院教職員，我在他的引領下進入精神科職涯。

更換分析師

雖然瑪格麗特和我都知道我們需要接受分析來幫忙解決關係中的問題，但卻沒能向我的前任分析師尤金・亨利尋求協助，因為他在砍樹時被樹砸傷了，導致硬腦膜下出血，這次意外的影響就如同腦中風。他很幸運地活下來了，但從此之後就大不如前。因此，我們聯繫了紐約的醫師兼榮格分析師艾絲特・哈丁[8]，由她推薦了另一位醫師兼分析師埃莉諾・伯廷[9]，而她又推薦一位住在康乃狄克州的女性分析師。我在這兒並不打算寫出她的名字，因為她當時對我的治療行為相當不專業。瑪格麗特先接受她的個人分析，但當尤金・亨利無法見我時，我也前去找她分析。這位康乃狄克州的分析師很明顯地站在瑪格麗特那一邊，當時我的心理強度並不足以對她的作為提出有效的抗議。這位康乃狄克州的分析師也認識我父母，而她揭露了一些我所不知道的事情，一些有關我父母歷史的負面故事。起初，她揭露的內容讓我很震驚，但後來這些內容讓我覺得被攻擊，因此變得充滿防衛心。顯而易見地，她不喜歡我的父母。我隱

7　Stephen Fleck（1912—2002），精神醫學家，任教於耶魯大學醫學院。

8　Esther Harding（1888—1971），出生於英國，美國榮格分析師。

9　Eleanor Bertine（1887—1968），美國榮格分析師。

約知道她揭露我父母的陰影故事是不專業的表現，但那時候我並沒有力量與她的攻擊抗衡。相反地，我持續去見她，因為當時我迫切地需要幫助。然而，儘管她的表現不專業，她仍然能夠讓我跟瑪格麗特冷靜下來，因此我們的婚禮在一九六○年六月於紐約舉辦，那是一場非常傳統的猶太婚禮，許多家人及朋友都出席了。

我父母送我們的結婚禮物是一趟歐洲長程夏季之旅。美元在當時仍然強勢，因此手頭的禮金足夠我們在歐洲旅行數個月。我們從維也納開始，但因為瑪格麗特過去在法國與納粹的經歷，奧地利並不是一個開啟旅行的好選擇。奧地利人和德國人太相近了，特別是那時奧地利才剛成為一個獨立國家，仍處在戰後恢復期，人民依然沉浸在戰時的心態。儘管佛洛伊德在世界各地名聲響亮，奧地利人似乎仍然不認同這位知名猶太醫師是維也納人。

我的雙親有個來自奧地利的病人後來回到維也納，這位病人幫我們安排了飯店及在奧地利的行程。這是天大的錯誤安排！每當瑪格麗特看見海關人員或穿著制服的奧地利人，她就嚇壞了。我很後悔讓我父母安排這趟旅程，沒有比這更糟的情況了。我們在奧地利待了可怕的兩週後，前往瑞士去見住在蘇黎士的家庭友人，也在阿爾卑斯山待了一些時間。旅程到這階段，兩人間的緊繃感已經高漲到必須取消西班牙帕爾馬（Palma de Mallorca）的行程。我們轉而前往蘇黎士尋求梅爾及莉莉安・費何分析三個星期。這給我們帶來很大的幫忙。在蘇黎士之後，我們拜訪戰爭時期曾經在法國西南部協助藏匿瑪格麗特及家人的朋友，這些朋友住在干邑鎮附近，用葡萄酒及餐點奢華地招待我們，他們送了好幾瓶葡萄酒當作賀禮。這頓午餐有四到五小時，接受法國鄉村最好的食物及飲酒的招待是個非

常特別的經驗。其後，我們從法國前往倫敦拜訪我在那兒的家人，而最後一週則正逢愛丁堡藝術節，我們聽了瓊・蘇莎蘭[10]的演唱，那時候她的知名度還不算高，我們也聽了其他精采的歌劇及室內樂演出。旅程中大部分的經驗都是美好的，但問題還是層出不窮。行程結束後，我們回到紐海文市並住進學校宿舍的已婚區，也完成醫學院的最後一年學習。這期間我們分別去見康乃狄克州的分析師，但分析時間並不固定。

在耶魯精神醫學中心（Yale Psychiatric Institute）六週醫學生輪調的經驗讓我收獲滿滿，我有機會在以心理分析為取向的環境中面談精神科長期住院病患。中心裡大多數病患並未服用鎮靜劑，這對當時的精神病患來說是相當新的治療方式。斯蒂芬・法立科是中心主任，他也幫我接下來的實習及精神科住院醫師訓練寫了一封相當具分量的推薦信。因他的推薦信讓我得以選擇我要的精神科住院實習單位。耶魯的精神科錄取我，但後續一些經驗則讓我明瞭我需要回到西岸。

那一年，喬・惠爾賴特是當時美國精神醫學學術界最重要的榮格派，他在耶魯大學學生健康中心有一場演講，我和他安排了一場私人會面，因為我之前已經從父母那兒聽到許多有關他的事。惠爾賴特和喬瑟夫・韓德森同是舊金山榮格學院的創辦人，也是大學學生心理衛生研究的重要人物，他是我在艾伯特愛因斯坦醫學院及耶魯兩間學校教授們所唯一知悉的榮格派。就如同我的先進們或後輩們當時的感受，我完全被他迷住了，而我也清楚認知我想去舊金山

10　Joan Sutherland（1926—2010），澳洲知名女高音。

接受精神科及榮格分析訓練。雖然有時候心裡還是會搖擺不定，但因為知道瑪格麗特對洛杉磯的反感，以及我想要離開東北岸的念頭，對我和瑪格麗特而言，加州灣區是最理所當然的地點。

在一九六〇年代，徵兵制還繼續執行，多數醫學院學生會選擇的生涯規劃是在完成住院實習後順勢入伍服役。我也選擇了這種方式，希望我的住院實習訓練不會因為服役而被中斷。在馬里蘭州貝塞斯達區（Bethesda）的國家心理衛生中心有兩、三個缺額，在那裡可以同時做學術研究並得到美國公共衛生部（US Public Health Service）的服役時數。如果我得到這個實習機會，會是滿足我服役時數的最理想安排。因此一九六一年春天，我前往貝塞斯達區兩天接受研究員的面談。我遇見大衛·漢堡[11]，他當時是精神科醫師，以及其中一個研究部門的負責人，他準備在當年七月份離職，並到史丹佛大學擔任精神醫學部主任。那次面談中，除了討論國家心理衛生中心的職位，我們也討論我到史丹佛大學擔任精神科住院醫師的可能性。我在一九六一年五月帶著清楚明確的職涯方向離開貝塞斯達區。我規劃在史丹佛完成三年的住院醫師，然後回到國家心理衛生中心兩年，如此一來我的職涯就定向了。在國家心理衛生中心的職位被視為一份好職缺，因此競爭也很激烈。我對於這樣的結果感到滿意，但仍不免會質疑「人怎能如此確信所有事情都會照計畫進行？這中間可能有太多變數！」而事實上也的確如此。

當我的目光瞄準舊金山，我跟瑪格麗特的關係也隨著改善。雖然我心裡仍然想著要在洛杉磯實習，但那將會造成兩人關係的大衝

11　David Hamburg，美國精神科醫師，後來曾任美國國家心理衛生中心主席、美國精神醫學會主席、和史丹福大學精神醫學部主任。

突，而我也知道這沒得談。替代方案就是我們同時申請了在波士頓、西雅圖、舊金山及奧瑞岡州波特蘭的實習機會。因為我們兩人必須錄取在同一個城市的實習機會，最終結果是落腳波士頓一年。我成為新英格蘭醫學中心（New England Medical Center）的實習醫師，在那裡我學到各種疑難雜症病患的治癒方式。在新英格蘭醫學中心有心臟科、血液科、傳染疾病科及內科等學科的世界級專家，因此中心收了許多罹患複雜醫學問題的病患。但是，有許多病患後來都診斷是罹患精神疾病，那時候治療處方是利他能（Dexedrine）或是巴比妥類鎮靜劑（Amytal），回頭看當時病患的處遇方式仍然讓我感到難過。

喬瑟夫‧韓德森的分析

瑪格麗特則在波士頓市立醫院（Boston City Hospital）擔任小兒科實習醫師。我們兩個人都是輪班三十六小時，然後休息十二小時，因此除了工作及睡覺外，很少有時間可做其他事。那一年可說是筋疲力竭，我們也只能做到維持平衡的狀態。

我們仍然計畫在隔年抵達舊金山，梅爾推薦了喬瑟夫‧韓德森的分析工作，而我們在康乃狄克州的分析師也認同韓德森會是適合我們兩人的人選。我寫了一封信到舊金山給韓德森告訴他我們的計畫，並告訴他我們跟康乃狄克州的分析師及蘇黎士的梅爾的歷史淵源，同時提及我跟瑪格麗特期待一週分析兩次的安排。喬瑟夫‧韓德森是個內傾型的人，他在許多方面是美國分析師中跟榮格最像的一個。他回信告知，考量我們的情況，他會從一週見我們兩次開

始，但他清楚表明在一陣子之後我們需要有個別的分析師，而我會是他的主要病人，瑪格麗特最終需要找到她自己的分析師。我跟瑪格麗特同意這樣的安排，因此，在我們規劃的抵達日（一九六二年七月）的一年前，就已經安排好我們在舊金山的分析。

在搬到舊金山之前，我的分析經驗是極為不正統的。有一次，我跟父親見同一個分析師；有一陣子，我跟妻子見同一個分析師；至於第三位分析師，我則經常到他鄉間的別墅留宿。固定見一位分析師是我從沒有過的奢侈經驗。在固定接受分析之前，某方面來說我所得到的是特殊禮遇，但另一方面這也顯現我的分析經驗是不足的。我在學習及處理其他日常事物之外，勉強擠出時間才能安排分析，要迢迢千里才能見到我的分析師。雖然那時候沒有意識到，但我很期待能有固定的分析，也期待能持續針對我的問題而工作。只有在回首過往時，我才認知到自己以前的分析是多麼不正統。

【第五章】精神科住院醫師與國家心理衛生中心

　　抵達帕羅奧圖並開始我的住院醫師訓練，是我人生的轉捩點。原來在東北岸及歐洲的生活就像是蜻蜓點水般，如今我回到我在加州的「家」。雖然我希望能在洛杉磯待一年，但帕羅奧圖顯然是加州境內讓我感到舒服及熟悉的城市，即便我之前從來沒有真正長時間地待在這裡。對我而言，移居帕羅奧圖代表我在精神科正式訓練的開始，也讓我在成為精神科醫師及榮格分析師的目標上更向前推進一些。這是我人生中第一次投入穩定的榮格分析，我不再覺得自己需要在一堆日常活動中擠出時間做這件事。我的新分析師喬瑟夫‧韓德森認識我父母，但他跟我父母的關係是疏遠的，我不需要擔心他把我的事情告訴我父母，也不需要擔心他針對我父母說長道短。我並不介意瑪格麗特和我一起見他，事實上我認為這有助於我們的關係。我的想法是正確的，因為三年後，當瑪格麗特開始見另一位分析師之後，我們的關係就開始崩裂。

　　能夠離開東北岸讓我鬆了一口氣，常春藤學校也好，紐約經歷也罷，對我而言這些都已經夠了，我已受夠了東岸的寒冬。與我的家人及瑪格麗特的母親遙遙相聚四百哩以上，讓我們得以聚焦在兩人的關係上。我們兩人都剛進入新成立的醫療單位，與我們在紐海文市及波士頓等歷史悠久的醫療院所的經驗是完全不同的。在加州的所有事物相對地都顯得新穎，而醫療院所及灣區的環境都還處在

演進中。雖然我們初到帕羅奧圖之時，這裡還是個靜謐的地方，但這狀況並沒能持續太久，關於迷幻藥 LSD 的研究、依莎蘭[1]、加州大學的學生抗議風潮及嬉皮運動等指日可待。

史丹佛醫學院精神科住院醫師

史丹佛醫學院是一九五九年從舊金山遷址到帕羅奧圖的。這時大衛·漢堡已經成為精神科主任，他正致力於建立一個以研究為導向的部門。那時候的史丹佛精神科跟美國大多數的精神科一樣，都是極度精神分析導向的。大衛·漢堡帶進了許多年輕的精神科醫師、心理學家以及各領域的研究員，期待這些新血能夠刺激整個部門的改變。

有一群來自舊金山老而不退的教師，還有亨利·馮·維茨萊本（Henry von Witzleben）主持門洛帕克退伍軍人醫院（Menlo Park Veterans Affairs Hospital），他們也提供住院實習。亨利是來自於柏林普魯士家庭的精神科醫師，他曾在華盛頓特區接受弗莉達·佛洛姆－萊克曼[2]的分析。他主持門洛帕克的住院實習計畫多年，那裡是公認的優質心理治療及心理分析訓練機構。馮·維茨萊本對我的家庭背景很好奇，我認為他在制式化德國人格面具下其實是位紳

1　Esalen 是美國最知名的身心靈中心，在舊金山南方大灣靠海的地方，1962 年由 Michael Murphy 和 Dick Price 設立，對家族治療、完形治療、新時代運動的靈修……皆有相當的貢獻。

2　Frieda Fromm-Reichmann（1889—1957），德國第一批女醫師之一，她放棄婦產科而投入精神科，後來在柏林成為精神分析師之一，與她的個案，也是後來相當知名的佛洛姆結婚。到美國後，她和佛洛姆、蘇利文等人成立 William Alanson White Institute，形成新佛洛伊德學派。她最為人知是，在改編成電影的小說《未曾許諾的玫瑰園》（《玫瑰園》，台灣志文出版）中的女心理醫師就是她的故事。

士。在柏林有條街叫做維茨萊本（Witzlebenplatz），而亨利的堂兄弟馮・維茨萊本將軍負責鎮守柏林，直到一九四四年希特勒政權被推翻為止，這段歷史在最近剛拍的電影《行動代號：華爾奇麗雅》（Valkyrie）中有提及。當我父親到史丹佛大學演講時，馮・維茨萊本在演講後親切邀我父親一聚。而我在實習訓練之後，不時會見到他跟妻子走在帕羅奧圖街上，他活到近百歲。

亨利・馮・維茨萊本每年故定舉辦弗莉達・佛洛姆－萊克曼紀念講座，一九六三年是最後一年。一九六三年的主講人是喬瑟夫・惠爾賴特，他是弗莉達的好友。喬瑟夫即席演講的功力比事前準備好的演講來得更精湛。雖然我不太記得那場演講他所說的內容，但我記得喬瑟夫的兩個好朋友，艾瑞克・艾瑞克森[3]及格雷戈里・貝特森[4]都出席了那場演講，那時候這兩人被視為精神醫學界及精神分析界最卓越也最有分量的人。考量那時榮格被邊緣化的情況，這兩位有影響力的思想家前來聆聽喬瑟夫的演講更讓我印象深刻。

另一位科內的資深精神科醫師是哈利・威爾默[5]，他當時是個佛洛伊德派，他是美國社區精神醫學及推動精神科住院病患開放病房政策的關鍵人物。威爾默是美國卓越的精神科醫師，致力於從事低社經地位病患欠缺適當治療處遇的相關研究。一九六〇年代初期，他的研究對象是聖昆丁（San Quentin）監獄的囚犯，這個研究是史

3　Erik Erikson（1902—1994），安娜・佛洛伊德訓練出來的精神分析師，後來移居美國。他的人生八階段的心理社會理論，成為發展心理學的最重要理論之一。

4　Gregory Bateson（1904—1980），英國人類學家、社會科學家、語言學家，妻子瑪格瑞特・米德是世界聞名的人類學家。他自己提出的系統理論影響包括家族治療在內的許多學科，重要著作《自然與心智》。

5　Harry Wilmer，美國精神科醫師，社會精神醫學方面的著作甚多。中年以後由佛洛伊德信徒轉向，成為全職的榮格分析師。

精神科醫師哈利‧威爾默，他是榮格分析師、大學教授及德州薩拉多人本學院（The Institute for the Humanities）的主席。照片攝於二〇〇三年加州馬林郡舉辦的喬瑟夫‧韓德森百歲誕辰慶祝會。

丹佛的一項計畫。他是精神科內讓人印象最深刻的一位醫師，而我對他也產生了很強的理想化移情。那時候完全想不到他會成爲一位重要的榮格分析師，更想不到我們後來會成爲朋友。

　　當我抵達史丹佛時，住院醫師實習課程正值轉變期，因此我能夠引介威廉‧艾力克斯[6]前來科內講授榮格相關主題。當時威廉剛從洛杉磯北遷，也願意每週從舊金山到帕羅奧圖授課。之前在舊金山院區時，喬瑟夫‧韓德森就曾經講授類似課程，但威廉‧艾力克斯是出席新院區的第一位榮格派。同期的實習醫師都對他的講座充滿好奇，有好幾位醫師後來都考慮接受榮格分析。然而，並沒有多少精神科醫師後來眞的去分析，因爲在當時成爲榮格派就意味著會

6　William Alex，美國舊金山榮格分析師。

有被邊緣化的風險。年輕的精神科醫師需要成家、也不能冒這個風險，我因爲有家庭背景的支持，所以知道情況並沒有大家所想的那麼糟或讓人害怕。

退伍軍人醫院

我們排定的第一個輪調階段是在史丹佛中心門診看病，但六個月後我們都轉換到退伍軍人醫院的住院病房工作。我的住院病房督導及共同病房主任是年輕的歐文・亞隆[7]，歐文跟我相處融洽，我們經常一起打網球，也一起帶精神分裂症病患的團體治療。歐文的安靜特質，讓他在大衛・漢堡所帶進的其他精神科醫師群中顯得失色。和歐文一起的共同病房主任是愛表現的喬治・所羅門[8]，他有一對顯赫的雙親，父親是舊金山的精神分析師，母親則是小說家，因此喬治生來就是要成大器，但歐文相較之下則顯得有所保留、不太有企圖心。顯然地，當時我對這兩人的評論是天大的錯誤！身爲一個年輕的精神科醫師，歐文算是非常得體的，他要求我們所有人每天工作時都要打領帶。他也建議我，一旦進入榮格分析就將丟棄前途看好的精神醫療學術界，因爲榮格分析在學術界向來不被看好的。如今我想他應該已經大大改觀了吧！這麼多年來，我跟歐文都持續維持友誼關係，對於他的工作及寫作我深感敬佩，而他也很支持我的創意性努力。

7　Irvin Yalom（1931—），美國精神科醫師、心理治療思想家，曾任教於美國史丹佛大學，目前是該校榮譽退休教授，仍在加州派洛艾圖及舊金山執業。著有《一日浮生》等多本著作。

8　George Solomon，美國精神科醫師，是神經心理免疫學的先驅之一。

這段時期，瑪格麗特跟我分別前往接受喬瑟夫‧韓德森的分析，我們在加州的生活開始步上軌道，與我們雙方父母之間的家庭議題也似乎較不成問題。一九六二年八月，在分析開始一個月左右，我們在一個週日深夜接到喬瑟夫‧韓德森的妻子海倫娜的電話，告知我們喬瑟夫因為心律不整而住院，因此他無法前去辦公室。當時我們兩人正計畫短暫前往歐洲旅行，並參加國際分析心理學會在蘇黎士的會議，一直到當年的十一月初才再見到喬瑟夫‧韓德森。我們老早就規劃好要接受他的分析，如今我們不確定他的健康狀況是否能支持他繼續執業分析。他看起來比實際年齡大一些，事實上那時候他才五十九歲。很幸運地，他病後仍然能夠繼續分析執業，而他的外貌在接下來三十五年都沒有太大改變，因此當他快要百歲時，他看起來不過八十歲左右，而我完全沒想到我們的關係得以持續長達四十五年。

我在當住院醫師時的高潮之一，是在一九六三年請到詹姆斯‧希爾曼前來退伍軍人醫院開講。自從他從蘇黎士的榮格學院畢業後，就成為學院的教學主任，那時詹姆斯和阿道夫‧古根別爾─克雷格[9]正在美國各地巡迴演講。一開始他並沒有打算要到灣區，但是我寫了封信給他而讓他改變心意，這趟巡迴演講之旅是我第一次與當時還年輕的阿道夫‧古根別爾─克雷格相見，不過直到十四年後我們才真正有機會認識彼此。

詹姆斯在那趟灣區造訪的行程中，分別到退伍軍人醫院、舊金

9　Adolf Guggenbühl-Craig（1923—2008），瑞士榮格分析師，曾任國際分析心理學會主席。Allan Guggenbühl-Craig 是他兒子，近年在華人地區訓練神祕劇。

山分析心理學社 [10] 及柏克萊三地演講。他一共提供兩場講座，場場出色。其中一場談情緒理論，這是他在蘇黎士的博士論文，後來整理成書出版；另一場則是談自殺，那時他正在著手撰寫《自殺與靈魂》（*Suicide and the Soul*）一書，直到今日這本書仍是我心中榮格派文庫中最深遠淵博的書籍之一。因為這本書深得我心，詹姆斯的書在一九六六年出版沒多久後，我就在洛杉磯分析心理學社（The Analytical Psychology Club of Los Angeles）對該書做了一場演講，演講的內容後來發表在《存在精神醫學期刊》（*Journal of Existential Psychiatry*）。在《自殺與靈魂》一書中，詹姆斯區別深度心理學對於自殺的處遇與其他治療取向的差別。他指出當醫學、社會學及神學將自殺視為絕對禁忌，分析心理學秉持著原型的基礎必須超越禁忌觀念。詹姆斯了解榮格的生與死的原型，而他也理解必須活過及經驗過死亡，重生才得以發生，人不可能繞過死亡經驗而期待重生。相反地，根據詹姆斯的論點，繞過死亡經驗實際上反而會讓自殺更具誘惑力。然而，他也認知到死亡經驗會導致實質自殺這個論點的隱含危險。

申請榮格學院的分析師訓練

在我第一年住院醫師中期，我決定申請榮格學院的分析師訓練。那時候的申請表只有一頁，只需要填寫個人的基本資料以及累積的分析時數。基本門檻是一百小時，而我在蘇黎士、紐約、康乃

10　The Analytical Psychology Club of San Francisco，在榮格學派的傳統，經常會成立學社，為非臨床工作者但投入榮格思想的人士提供活動。

狄克州及舊金山林林總總的分析早超過一百小時了。如果是以醫師的身分申請，要求的門檻是一年的精神科住院醫師訓練，而我已經完成一半了。當時的申請人並不需要撰寫論文也不需要推薦信，和今日的申請過程相比真有天壤之別，現在的申請表冗長到需要好幾週來填寫，那時的申請過程壓力不算太大，而我在一九六三年秋季開始正式接受訓練。

　　一九六四年榮格的外孫兼精神科醫師迪特爾·鮑曼（Dieter Baumann）前來灣區訪問。他是榮格家族中第一位訪問灣區的人，吸引了大批聽眾前來史丹佛、聖馬特奧醫學中心（San Mateo Medical Center）及舊金山分析心理學社。他的演講主題是恩培多克勒天體（Spheros Emoedocles），這是自性（Self）的擴大概念，地火風水四元素透過愛與爭吵兩股力量才得以在內部共同存在。這個概念對於一般心理學聽眾或榮格派聽眾而言都是深奧難懂的。鮑曼研究了現存有關前蘇格拉底時代的哲學家恩培多克勒 [11] 的文獻，但這反而讓聽眾們，特別是一般大眾們，對於它與心理學的關係摸不找頭緒。因此儘管鮑曼是個極度和藹可親及有魅力的人，這場演講卻不幸地深化了一般人對榮格學派研究等同於奧祕主義的印象，他的演講並沒有提高榮格學派在灣區的地位。

　　一九四三年與我父親在紐約有一段親密關係的瑪麗·克理爾後來搬到喀美爾，最後落腳於大灣，從她家可以直接步行到州立公園，站在森林中望向太平洋的景色震撼人心，而大灣的溫泉區也因而重新命名為依莎蘭，很快地就聲名遠播。瑪格麗特跟我都喜歡南

11　Emoedocles（西元前 490—前 430），古希臘哲學家。

湯瑪士・克許的父親與兒子，攝於一九八〇年代初期洛杉磯。左起：大衛・克許與詹姆斯・克許。

下到大灣跟瑪麗共度閒暇的假日時光。其中一個難忘的拜訪，正逢格雷戈里・貝特森在依莎蘭辦了一場工作坊之後前往瑪麗家中共進午餐，他當時談了使用大麻的經驗以及在大麻的影響下所產生的想法及感受。聽到這位智性巨人談論在大麻影響下所衍生的想法及理論是相當吸睛的，但他也表示即便他仍在體驗大麻的影響，他很清楚這些想法並沒有持久的價值。瑪麗是人類學家茉荻・奧克斯[12] 及他的伴侶伊莉莎白・奧斯特曼（Elizabeth Osterman）的朋友。在這之前，我從來沒有經歷過任何像大灣社區一樣的地方，而這次體驗讓我著迷。瑪麗開的車是我在北加州所見的第一輛豐田汽車，她在

12　Maud Oakes（1903—1990），美國藝術家、人類學家和作家，以印地安人部落的民族誌研究聞名。

豐田汽車首次進入美國後就買了這個品牌的車。瑪麗是個謙虛的人，但她的想法較同時期的人前衛。當我完成我的住院醫師訓練後，她第一次中風發作，後來接連多次中風，於一九六八年過世。

為了深化我的分析工作，我更投入於榮格分析師訓練，也就逐漸忘了原本預計回到東岸國家心理衛生中心接下那份讓人羨慕的職缺。而且，那時候我們決定要真正成家。我們的兒子大衛在一九六四年選舉日出生，那一年林登・詹森（Lyndon Johnson）大獲全勝贏得總統選舉。我想要留在灣區繼續接受分析及榮格分析訓練，國家心理衛生中心正巧在舊金山開了一個缺額，主要是在西岸九州的區域辦公室負責統籌分配區域內的心理衛生款項。我撥了無數通電話，始終無法聯絡上國家心理衛生中心內部人士來幫我確保能夠轉任舊金山。這段經驗完全是卡夫卡《城堡》一書的翻版，每個人都告訴我轉換單位是不可能的事。我最後聯絡上國家心理衛生中心的助理主任斯坦利・約爾斯 [13]，也安排好飛往華盛頓特區與他見面。當我抵達華盛頓特區時，正逢國會預算聽證會，斯坦利・約爾斯並沒有太多時間見我。我們兩人的見面只持續不到一分半鐘，但他告知我會將我的職位從馬里蘭州貝塞斯達區的國家心理衛生中心研究中心轉任到舊金山的第九區辦公室。我努力不懈嘗試轉換單位，最後的結果如同奇蹟般讓人難以置信。不久後，在我還是精神科住院醫師時，約爾斯專程前來舊金山促成這件事，我跟區域辦公室的職員在市場街的惠特科姆酒店（Whitcomb Hotel）有一場午餐會面。我兩位單身的叔公多年以前在這家酒店住了許多年，一九四三年我

13　Stanley Yolles（1918—2009），心理學家，和 Norman Farberow 等人被視為美國現代自殺學之父。

第一次造訪灣區時全家人就是住在這家飯店。對我而言這是個重要的場地，會面結果讓我鬆了口氣，我跟瑪格麗特得以繼續留在灣區。我們以不到三萬元的價錢很快地買了屬於我們的第一間房子，那是一間位在帕羅奧圖的小型加州平房，生活自此似乎開始有好轉的跡象。

國家心理衛生中心

在一九六五年七月，我開始在國家心理衛生中心的舊金山區域辦公室工作，但沒多久我就開始質疑我到底把自己帶到什麼境地。我的工作大部分是行政事務。我發現自己在做的事就是一般公僕所做的心理衛生計畫等組織性工作，但我真正想要做的是成為榮格分析師並執業分析。我不懂學習政府運作怎麼可能把我變成一位好的榮格分析師？當時壓根兒都沒想到在這裡的行政經驗，會對我未來的工作帶來極重要的影響。

第一年時，我一週有兩天會在聯邦公共衛生醫院治療海巡隊員及商船人員。我是國家心理衛生中心唯一的精神科醫師，其他人要不是心理學家就是社工或護士。雖然我是精神科醫師，但因為我是最年輕的，而且我只會待在那裡兩年，這讓我變成員工中最資淺的一個。這一點有時候讓我很生氣，但通常我都能輕易應付。我這份工作需要常常到外地監督國會通過的各項補助款項，一九六三年甘迺迪總統遇刺前通過執行的最後一項法案《社區心理衛生法案》（ *The Community Mental Health Act* ）是我們工作的中心準則。我們也需要監督區域內的數項研究計畫，並介入州立心理衛生醫院的補助

款。

國家心理衛生中心高度支持的一項計畫是在洛杉磯新成立的自殺防治中心（Suicide Prevention Center），這個中心是由愛德溫・史奈曼[14]、諾曼・法伯洛[15]及羅伯特・李特曼[16]成立，他們首開先例的防治中心在當時得到全國的重視。詹姆斯・希爾曼曾經在該中心演講，但他在自殺議題的論述是具爭議性的。我並沒有參加那一次會議，不過聽說很具爆炸性，因為詹姆斯的處遇方式，如同他在《自殺與靈魂》一書中所闡釋的，與自殺學中強調「預防為先」的概念是截然不同的。國家心理衛生中心後來成立了自殺學中心（Center for Suicidology），由年邁的亨利・莫瑞[17]擔任顧問。亨利・莫瑞是美國著名的心理學家之一，他創辦了哈佛的心理衛生診所（Mental Health Clinic），研發了標準化的心理測驗工具「主題統覺測驗」（Thematic Apperception Test），他也跟榮格維持長期工作關係。能夠與亨利・莫瑞見上一面是個特別且愉悅的經驗，所有人都很尊敬他。在我父親過世後，我才發現，亨利・莫瑞和我父親曾經針對小說家赫爾曼・梅爾維爾[18]的作品有過書信往返討論，這個主題是兩人的共同興趣。多年以後，我在一封寫給我父親的信件中發現，莫瑞跟我父親提及他在自殺學中心開幕沒多久曾經見過我。

在聯邦公共衛生醫院那一年的工作，因我所督導的實習生及我所見的病人而顯得生色不少。當時我的許多病人是商船船員，跟史

14　Edwin Shneidman（1918—），美國心理學家，專門研究自殺相關議題。

15　Norman Farberow，美國心理學家。

16　Robert Litman（1893—1988），美國心理學家。

17　Henry Murray，美國心理學家，波士頓精神分析中心創始人之一，TAT 研發者。

18　Herman Melville（1819—1891），美國小說家，著有《白鯨記》。

丹佛的學生及教職員明顯不同。我同時也督導在聯邦公共衛生醫院實習的實習生，其中一個實習生約翰‧畢比[19]至今仍然是我的朋友。約翰在他成為醫師前就對榮格多所涉獵，在督導約翰的過程中我得知他在找尋個人分析，我因此做了一件從未替任何人做過、後來也沒再做過的事，我當時主動打電話給約翰‧培利[20]，並把電話直接轉交給約翰‧畢比，當下就幫他約了診。約翰‧畢比多年來始終是榮格圈中卓越的人物之一。

在國家心理衛生中心區域辦公室的第二年，我前往阿拉斯加十一天，普查該州的心理衛生需求。普查小組包括來自華盛頓特區及國家心理衛生中心中央辦公室的其他人員，而我是唯一從區域辦公室前來的人。這是在阿拉斯加輸油管（Trans-Alaska Pipeline）架設前的事情，那時候的阿拉斯加仍是人煙稀少之地，更別說那兒心理衛生設施邊緣化的情況了。當地州立心理衛生主任是年事已高的卡爾‧鮑曼[21]，他曾在一九四一年在舊金山成立蘭格利波特精神療養院（Langley Porter Psychiatric Institute）。我們前往阿拉斯加時，他已經八十五歲了，但仍然隨著我們遊走於各個愛斯基摩及印第安聚落。因為我們是聯邦政府人員，得以被引介一般觀光客所見不到的設施及人物。那是一趟不尋常的旅程，我因此愛上了阿拉斯加。

我被派去阿拉斯加的原因之一，是當年我也處理內華達州的心理衛生補助款。當時公認這兩州面臨相近的問題，不僅資源稀少，醫師素質也不高。那時候的內華達州的確如此，而阿拉斯加的狀

19　John Beebe（1939—），美國精神科醫師，榮格分析師，南京出生，目前對中國榮格分析的協助甚力。
20　John Perry，美國舊金山榮格分析師。
21　Karl Bowman（1943—），美國哲學家，研究邏輯、語言哲學、形上學，以及心靈哲學。

況在我們參訪時的問題顯得更加嚴重。幾年後輸油管架設了，爲阿拉斯加帶進了許多專業的心理衛生人員，情況明顯改善。

分居、離婚的試煉

當我在替國家心理衛生中心工作的這段期間，瑪格麗特的分析工作從喬瑟夫・韓德森轉到伊莉莎白・奧斯特曼。伊莉莎白最初拿到微生物學博士學位，後來成爲醫師，之後又成爲榮格分析師。她是舊金山資深分析師中相當有魅力的前輩，她有著一頭白髮及銳利的眼神，當她聽你說話時總是相當專心，說話時嗓音低沉、很具權威性，因此是一位極受歡迎的分析師。雖然她的情緒多變，但當她過度反應時總會回過頭來承認自己的錯誤。自此而後，我單獨見喬瑟夫・韓德森，而瑪格麗特不再見他。這次轉變不僅改變了我跟喬瑟夫的關係，也改變了我跟瑪格麗特的關係。她當時已經完成小兒科的住院醫師訓練，但她並不打算正式在小兒科執業，主要考量是她在小兒科必須接受夜間執勤的傳呼，而我們當時家裡已經有大衛需要她照料，因此她決定跟著一位知名研究員在實驗室工作。

我每週都必須出差去內華達州一趟，也常常需要前往華盛頓特區。我同時在門洛帕克還有個小型的私人執業，週六則在自己的診所看病人；我還需要在國家心理衛生中心待六個月，才能全職在門洛帕克私人執業。我在我的家庭生活中高度缺席，跟瑪格麗特關係中原以爲已經過去了的父母議題這時又再次浮上檯面，住在哪裡、及時間要花在哪裡常是我們爭吵的焦點。她的母親希望我們能到紐約花些時間陪她，而我父母希望我們能更常去看他們。對於要去拜

訪誰的父母、及何時去，變成了兩人主要的問題，而顯然我們始終沒能搞定這件事。

最後，我們理解雙方必須分開一陣子，而我們在一九六七年二月開始分居。一開始時我們沒有讓家人及朋友知道這件事，我們希望在沒有其他人介入的狀況下自己處理這個問題。那年春天我第一次自己住，起初真的困難重重。我新成立的小家庭的分裂狀況幾乎把我支解了，而對外假裝維持正常也讓我內心備受煎熬。但是，幾個月後，我發現從分析的角度而言，單獨一個人的生活是非常重要的經驗。分居讓我得以與瑪格麗特及我的父母分離。套用「成年啟引」（initiation）這個概念來說，這似乎是我必然要經過的「試煉」。我不清楚這樣的狀況會持續多久，有時候我覺得這是我一生中最憂鬱、也最孤獨的時刻，而希爾曼《自殺與靈魂》一書中提及的重生原型幫助我走出暗夜旅程並堅持走向新的一天。那時候我跟瑪格麗特之間上演了許多痛徹心扉的對質，而這幾年讓彼此的傷痛記憶逐漸緩解。當時我就像是站在地獄的邊緣，這感覺持續了一年之久。後來瑪格麗特和我公開我們的分居事實，離婚手續也進行得很快。在那一年年底，我體悟既然這個痛苦無法自己痊癒，那我就必須要從婚姻中抽身，我的內心清楚我想要離開這段關係。這段期間我的分析扮演非常關鍵的角色，許多我人生中重要的分析改變都在這段時期發生。

我仍然認為一九六七年七月一日是我的人生轉捩點，同時間有三件事將我的人生帶入新的方向。首先，我完成了我在國家心理衛生中心及聯邦公共衛生服務的責任。第二，我在門洛帕克開始全職的精神科執業，後來正式成為榮格分析師。第三，瑪格麗特跟我第

三次分居，這是我們最後一次分居，但當初我們並不知道結果會是如此。

　　一九六七年七月是精神科執業的好時機。我並沒有設限選擇看哪些病人，因此不消幾個月，我的個案量幾乎就滿了。雖然所接的病人只有極少數適合榮格分析的治療方式，但我仍然喜歡那些來自門診或住院病房的多樣化病人。我也開始督導史丹佛住院醫師們的心理治療工作，這份工作讓我相當滿意。

與珍結婚

　　我督導的其中一位實習醫師是約翰・畢比的好朋友，我們的督導關係也非常舒服自在。在一九六七年十月，我所督導的住院醫師在跟我督導時段前正好督導一位醫學院女學生，他問我我是否在意讓她一起進入他的受督導時段。我並不介意，隔週她又前來，而這一次他們兩人假裝有緋聞，他們知道這是個能激發我的劇碼，因為我知道這位實習醫師已婚了。我雖然督導這名住院醫師，但對表現落落大方、聰明且有魅力的醫學院女學生頗有好感。我把她的名字歸檔，心想假如我跟瑪格麗特公開分手，我就要約她。在我跟瑪格麗特公開分手後的幾個月，我開始跟珍・佩內洛普・拉格爾斯（Jean Penelope Ruggles）約會。她從阿拉斯加前來加州就讀史丹佛醫學院，而我也剛跟著國家心理衛生中心在阿拉斯加享受了一段精采的旅程。藉由我們兩人對於阿拉斯加的共同喜愛，很快地就搭上線，但在其他許多方面我們是截然不同的。珍本質上是個中西部人，一心想要當名外科手術醫師，對於精神科不太有興趣，但是異性相

吸，我們兩人間有著強烈的吸引力。我原本並不打算在離婚不久就再婚，但珍想找尋的是一段長期的關係。因此，我們不顧一切地在八個月後決定結婚。

　　當然，我們兩人的差異在婚後持續存在。我們有著不同的心理類型，珍是內傾感官思維型，我則是外傾直覺感受型。而且，我們的文化及家庭背景也有極大差異。雖然在關係中時有衝撞，但我們都從掙扎中成長，到目前為止我們已經維持超過四十六年的婚姻關係了。

【第六章】榮格分析師訓練

　　自從我在精神科住院醫師第一年期中申請榮格分析訓練後，專業上同時進行的兩個訓練課程有很大的重疊。而且，因爲我在符合要求門檻後就立刻申請進入分析訓練，我是訓練團體中最年輕的分析師候選人，足足小其他人十歲。不過因爲我從公立語文小學以來就一直是班上年紀最輕的，感覺起來其實還滿正常的。

　　那時候美國只有三所榮格學院，而每家學院的訓練門檻各異。一九六〇年代全世界各地的榮格分析訓練機構也相對很少，大部分的訓練機構由幾位有影響力的女性所主導，她們通常不具醫師身分。即便在由女性醫師主導的訓練機構，如同：艾絲特·哈丁及埃莉諾·伯廷所主導的訓練課程，機構的取向就傾向於神學組織而非醫學院或醫院。而舊金山榮格學院是由醫師所主導，就這一點讓舊金山明顯不同於其他訓練機構。我因爲投入醫學學習多年，自然認爲在舊金山榮格學院會讓我感到自在。

預備分析師候選人

　　在填寫完並寄送那份簡要的申請表之後，我和評選委員一一見面。當時評選委員會負責分析師候選人從錄取到認證的整個過程。今日，學院裡有不同的委員會分別負責徵選、年度評鑑及最後的認

證。當時面試的過程是非正式的，也不會提問尖銳的問題。我順利錄取為預備分析師候選人，並從一九六三年秋季開始接受訓練。

　　預備分析師候選人的身分只意味著我的第一年訓練，對我個人及訓練機構雙方都是暫時試驗性的。一年之後，專業社群及分析師候選人雙方還要再共同決定是否該晉升為正式的分析師候選人。我是一九六三年被選為預備分析師候選人五人中之一，學院將我們五人跟前一年的分析師候選人共組為聯合研討小組。那時候舊金山的訓練機構還不是學院，仍然只是專業社群。

　　我依然記得在第一次研討會上，喬瑟夫・韓德森使用當時在瑞士聯邦科技學院（ETH）的研討會課程內容上課。榮格是主講教授，這場研討會主要是榮格對工程學院的學生講授心理學課程。那些課程在今日仍未被公開出版，不過斐樂蒙基金會（The Philemon Foundation）已著手蒐集並預計於未來出版。榮格在瑞士聯邦科技學院的演講展現他精博的學識，他避免使用艱深智性的語言來闡釋他的心理學，很適合只有些許心理學背景的學生。喬瑟夫運用其中一場講座內容來展現榮格心理學是個開放系統的概念，並將之與佛洛伊德的封閉式心理學作對照。當時他對榮格心理學的陳述在我心中留下深刻印記，直到今日聽到分析心理學的新發展時，我仍會套用他所教的原則。那一年的其他訓練主題還包括：由約翰・培利所主講的原型理論、梅爾文・克特納（Melvin Kettner）主講心理類型、道格拉斯・卡特賴特（Douglass Cartwright）談夢的理論及實踐、伊莉莎白・奧斯特曼則談大母神原型，以及由朵拉・卡夫（Dora Kalff）所引介進入加州的沙遊治療導論。

　　我們的研討團體共有九個人，其中有一位女性的心理學家，另

　　　　　　　我的榮格人生路：一位心理分析師的生命敘說 ｜

一九七〇年代蘇黎士晚宴。左起：沙遊治療創始人朵拉‧卡夫、詹姆斯‧克許、希爾德‧克許、當代畫家山姆‧弗朗西（Sam Francis）及榮格分析師莉莉安‧費何。

外八位則是男性精神科醫師，成員們年紀介於二十七到五十五歲。身為研討團體中最年輕的成員，我是唯一沒有私人執業經驗的。事實上，那一整年，我是精神科的住院醫師，因此我並沒有太多時間完成文獻閱讀。一直到後來，我才得知其他人那時候也沒有完成閱讀。這也反映了喬瑟夫‧惠爾賴特的哲思，他認為個人的發展遠勝於學術上的精進。因此，閱讀文獻基本上是建議閱讀而不是指定閱讀，而分析訓練所強調的重點幾乎全放在非正式環境中所激發出的個人發展及成長。一般而言，講師們把我們視為同僚。然而，研討會通常會帶出每個成員的個人情結。起初，我很難吸收喬瑟夫‧韓德森以臨床個案實務引介父親情結及母親情結的概念，畢竟我正在分析中努力處理的就是家庭議題。在聽他的講授時，我覺得他的話

都是針對我而說的，這也變成我個人分析的好題材。多年後，因為覺察許多分析師候選人在研討會的場合中顯得脆弱易受傷，申請成為分析師候選人的個人分析門檻就從一百個小時提高為兩百個小時。希望藉由增加的分析時數，分析師候選人在進入分析訓練前，能夠有機會處理更多的個人議題。這聽起來很合理，但顯然沒有解決問題。情結永遠都在那兒，也必然會在研討會中被激起，候選人是否參加他的分析師所講授的研討會，後來的共識則是交由分析師及被分析者協商決定。

正式分析師候選人

在第一年的研討會之後，我順勢從預備分析師候選人晉升為正式分析師候選人。我並不記得這中間有任何面談及儀式，但訓練機構本身則經歷了實質的改變。榮格分析師社群在喬瑟夫·惠爾賴特辦公室的轉角街口購置了一間房舍，該建物後來成為學院所在地，正式命名為舊金山榮格學院。從此以後，位於企李街（Clay Street）的三層樓維多利亞式建築就成為榮格分析的訓練中心。

第二年的研討會在學院新建物開始，由約翰·培利主講情結理論，他總共談了八次，每次兩小時，這是我所聽過最好、也是最完整的分析心理學基礎研討會。研討課程內容包括約翰自己對原型一詞的意義闡釋以及原型的臨床實務運用，他將之命名為「情感意象」（affect images）。他指出，在分析時一定要將焦點放在情緒所在。唯有在情感經驗中，個人才能找到原型意象，最好的方式就是透過夢或積極想像。從那時開始，這就成為我分析工作的基石。約

翰是無人能出其右的老師，他大概是那個時代最受歡迎的分析師。不幸地，儘管他對情結理論了解甚多，他卻成為自己情結的受害者，在一九八一年被學院無限期停權。

第三年及第四年的研討會同樣令人印象深刻。喬瑟夫‧韓德森提供了為期八次的講座談論榮格的「移情心理學」（Psychology of the Transference），而那篇論文成為我思考分析歷程的基石，也指引我所有的人際關係，無論是分析或是其他的關係。在這篇文章中，透過一系列的煉金術圖像，榮格描述了所有人際關係中，都是如何從一個層次再進入下一個層次的。而伊莉莎白‧奧斯特曼也做了一場演講，關於母親原型和龐貝城壁面上描述女性成年啟引的一系列稱為祕密莊園（the Villa of the Mysteries）的畫作。

同一時期，朵拉‧卡夫每年都會到加州一趟，許多分析師也因此開始在分析中使用沙盤。我在更早十年前就隨著父母拜訪她位於蘇黎士城外的十二世紀房舍。我母親跟朵拉特別親近。每年當朵拉前來洛杉磯講課時，她通常會在行程結束前跟我的家人共度數週。唯一的問題就是朵拉通常都不會事先告知她實際抵達的日期，總是在來訪前幾天才臨時通知。朵拉是個很特別的人，跟我之前所認識的人一樣具有高度直覺力，她同時身兼歌劇首席女主角及優秀音樂家等角色。她是一位真正的療癒者，她對於東方的宗教有極高的興趣，和達賴喇嘛也關係密切。

個案督導與個案報告

在我接受榮格分析訓練的頭幾年，我都是依循著每年與認證委

員會的年度面談建議而在專業上向前進。因此，當我依照訓練課程的規劃需要開始接受督導時，我見了喬瑟夫‧惠爾賴特。我本以為可以像之前一樣輕鬆通過每道關卡，輕易地在這個階段向前進。但是，喬瑟夫說我太年輕了，而且也沒有累積足夠的長期分析個案經驗來開始管控下面的個案督導。他建議我等一年再進行我的管控個案分析督導。我嘗試為我自己申訴，但最終還是失敗。我對於訓練必須要延遲一年感到極度失望，這對我是前所未有的情況。但是，對於需要延遲一年的決定，我除了接受以外別無他法，因此等了一年後才開始管控個案督導。我後來選了約翰‧培利作為我的管控個案分析督導，主要因為他是位好老師。但當時我的直覺提醒自己關於他跟女性病人的問題，因此在督導時段我通常只談我的男性被分析者。

在管控個案督導期，約翰‧培利是我個別實務工作的主要諮詢對象。在督導時段，我並非只針對單一個案固定討論，而是交錯提出許多個案。每一次督導，我會依照我當時最感興趣的主題，聚焦討論手邊一到兩個個案。有時候我也會從三到四個不同個案的狀況中，選擇最具有迫切臨床資料的來討論。我發現這樣的督導方式非常有價值。我當時並不急著完成分析師候選人的階段，因為在這段時間，我大部分心力放在國家心理衛生中心的工作。後來，在接受管控個案督導一年後，我的婚姻開始崩解，我的督導也停止將近一年以便專心處理我的私人議題。約略過了一年，我覺得對自己的整理已經達到一定程度，才重新開始管控個案督導工作。基本上我跟著約翰‧培利又做了一年的管控個案督導，這遠比當時學院的要求多了一倍。今日的訓練要求，一百個小時的督導是基本門檻。我從

來都不後悔自己多做了一年的督導，因為這對我的臨床工作極具意義。在第二年的管控個案督導期，我已經開始全職的私人執業，而約翰幫助我釐清了私人執業的方向。一九六八年夏季，約翰認為我已經可以開始撰寫個案報告了，我才著手這項工作。當時，約翰並沒有建議我該選哪個個案或是堅持我應該寫哪個個案的分析報告，相反地，他讓我選擇我最感興趣的個案來論述。我所選擇的個案是一名跟我年紀相近的男性個案。這位個案在治療期間面臨離婚，對離婚後的方向感到困難重重，他很想念孩子，也覺得孤單。他的狀況顯然跟我有很多相似之處，因此移情及反移情是分析歷程中最重要的議題。我喜歡這位個案的另一個原因是他來找我並不是刻意要找榮格分析師，而是要找一般的治療師。他治療多年後才知道我是榮格分析師。他在治療過程中逐漸能記得他的夢，而我也可以免去榮格分析師的標籤，在治療工作中看見原型意象。我們在治療時直接處理意象以及它可能帶有的意義。他的經歷在許多方面都別具吸引力。在我寫完個案報告後，我將報告交給約翰・培利審閱，他審核通過我的報告。一九六八年十月，我當著南北加州聯合委員會面前提出我的個案報告。在當時，並不需要在見聯合委員會前先向北加州委員會提出個案報告。

　　我所受的訓練模式跟今日的訓練模式已經有很大的不同。第一，我寫我想要寫的個案報告，而且我在督導極少的協助下，憑一己之力完成個案報告。我建立自己的工作方式，不受權威糾正我該如何撰寫個案報告。在我見南北加州聯合委員會之前，我並不需要另外先見北加州委員會。跟今日相比，當時需要經過的審核迴圈少多了，但如今所有的流程都很結構化。從我個人角度而言，我不希

望訓練的過程變成如此結構化，因爲結構化之後會讓訓練過程失去經驗中的自發性及創意性。

　　一直到這個階段爲止，我的訓練過程進行平順。在我第二年的管控個案督導中段，我跟珍結婚。她剛完成醫學院的最後一年課程，致力於婦產科學習；而我則正準備在聯合委員會前提出我的個案報告。爲了準備報告，我閱讀了格爾哈德·阿德勒[1]的《生活象徵》（*The Living Symbol*），這本書是我當時所知唯一針對長期的榮格派分析個案所寫的專論。榮格跟他的後繼者從來都沒有寫過完整的臨床個案報告，他們當時的關注焦點是對被分析者夢中所出現的特殊原型意象進行擴大深化，而不在於呈現長期的系列整合分析。因此，我能找到的個案報告指導架構相當有限，而這讓我的焦慮感加深。這股焦慮感隨著與聯合委員會會面時間的接近而逐日升高，我開始出現睡眠障礙。會面地點是在洛杉磯市內我所熟悉的區域，那是一處充滿兒時記憶的區域，但這不過只是增加我的憂慮感罷了。

　　聯合委員會的成員包括來自舊金山的盧·史都華（Lou Stewart）、道格拉斯·卡特賴特及喬瑟夫·韓德森以及洛杉磯當地的麥克斯·澤樂、馬爾科姆·達納（Malcolm Dana）及以西結·克盧格爾。道格拉斯·卡特賴特是委員的主席，而喬瑟夫·韓德森曾和我討論過他是否應該在場，我們一致認爲他在場是可接受的安排，而且當時也沒有人建議他應該迴避。時至今日，喬瑟夫在場將被視爲違反界線而不被允許。我跟卡特賴特及史都華並不熟識，但洛杉磯的三位委員和我家保有相當親近的友誼關係。洛杉磯的榮格分析師

1　Gerhard Adler（1904─1922），德國猶太人，榮格分析師，移居倫敦，將《榮格全集》翻譯成英文。

謹守分際，因此大多數的問題都是卡特賴特及史都華提出來的。他們兩人問了有關個案概念化及頗具洞見的臨床問題，問我是如何與病人工作，也挑戰有關移情及反移情的議題。在一到一個半小時的面試過程後，我帶著良好的感覺離開，覺得自己在過程中應對得體。幾分鐘之後，我就被告知我通過了，著實大大地鬆了一口氣。結束後我全身濕透，整個過程對我的影響比我意識到的還深刻，而我相信部分是因為自己清楚知道這是我以學生身分最後一次應考了。

成為榮格分析師

榮格派分析訓練經歷了五年半，這其實算稍快的，不過還是很接近分析師訓練的年限。我當時三十二歲，是舊金山的第二十二位榮格分析師。但是一直要過了好些年之後，我才真正覺得自己是榮格分析師。正式的訓練雖然到此已算完成，然而成為這個讓人帶些敬畏感的榮格派團體的一員，加上團體裡大部分成員都年長我許多，這仍然讓我有些招架不住的感覺。

回溯過往分析訓練經驗，我認為我在專業生涯中太早開始榮格派分析訓練。如果能等自己成為資深的精神科醫師後再開始分析訓練，可能會好些。但從我有記憶以來，我就知道自己想要成為榮格分析師，單單只因為我是團體中最年輕的人而必須慢下來的想法從來就沒有在我心中出現。我相信學院的評鑑委員會委員應該有這層顧慮，但是當時申請接受分析訓練的人並不多，要拒絕我的申請就顯得困難許多。

然而，整個訓練過程讓我極為滿意。我對於訓練過程所擁有的

非制式學習空間感到輕鬆；但是在非制式之餘仍有足夠的結構性，因此似乎是最理想的學習環境。雖然我希望能有更多的指定閱讀，但因為自己的學習動機夠強，能夠主動去閱讀坊間可得的任何有關榮格派的文獻。在一九六〇年代，要跟上當時英文出版的榮格文獻並不算困難，因為也沒有多少。而今日有太多新的榮格派相關書籍了，想要跟上英文文獻出版的速度根本是不可能的任務。

有鑑於我父親早期在洛杉磯身為德國精神科醫師及榮格分析師的經驗，我深刻理解他的能力是如何被輕視，也因此明白我如何幸運得以在舊金山建立自己的專業。舊金山榮格學院和舊金山（佛洛伊德）精神分析學院兩者之間維持著相互切磋的關係，而我也很珍惜自己並沒有因為是榮格派而遭到邊緣化，這也讓舊金山的專業景況顯得獨一無二。那時候洛杉磯及紐約的榮格學院都被排除在當地大型心理治療及精神醫學社群之外；而舊金山的榮格學院毫無疑問地是屬於灣區整個治療社群。然而我在訓練過程中所感受到的較不制式刻板的氛圍，則是跟精神分析同僚所經驗的訓練有著顯著的不同。舊金山榮格學院並沒有特定的訓練分析師，只要是被認可的分析師都能提供分析。學院內所有的評選委員每一年都會輪調，分析師只要維持五年優良紀錄都能成為管控個案的分析師。個別分析師的權威是建立在心理敏銳度，跟權力位置無關。我覺得自己很幸運地能夠擁有那些研討會的帶領講師，同時也有約翰‧培利的督導。當我看到今日分析師候選人所經歷的權力及權威掙扎，以及分析師候選人及各個委員會之間的緊張感，我更感恩自己所擁有的訓練。從這一點來說，我的分析訓練可說是正逢其時。

【第七章】私人執業肇始

一九六七年七月一日，我的人生經歷三件重要轉捩事件：我與國家心理衛生中心旅程的終點、在門洛帕克開設全職精神科私人門診，以及我跟瑪格麗特的永久分離，這也意味著我有更多時間專注在建立我的私人執業個案量。一九六〇年代的帕羅奧圖及半島區中段（mid-peninsula）發展迅速，而精神醫療社群也隨之改變。當史丹佛醫學院在一九五九年搬到帕羅奧圖時，那一區私人執業的精神科醫師不超過十位。到了一九六七年，已經有好幾屆精神醫學住院醫師從史丹佛完成訓練，在該區開設私人診所。而醫學院的設立也吸引了來自國內其他地方的年輕精神科醫師。半島區中段這個區域是一個快速發展的社區，這些新住民很快地就發現自己的生活開始忙碌起來。除了史丹佛之外，大型的電腦公司像是惠普、IBM、瓦利安（Varian）、全錄（Xerox Parc）及後來的蘋果公司都有極好的醫療保險計畫。它們提供的醫療保險給付包含了長期心理治療費用，因此對大部分的病人來說治療費並不是問題。

在帕羅奧圖私人執業

在帕羅奧圖最初只有一位認證的榮格分析師，那就是喬治・賀格爾（George Hogle）。他當時並沒有全職私人執業，只接一些分析

個案及住院醫師的個別督導，儘管他從沒有正式講授有關榮格的演講或課程。

然而，當年有一位個子嬌小但很具個人魅力的學齡前兒童教師貝西・波爾頓（Besse Bolton），她把榮格的思想引進到學齡前兒童的家長團體中。她在帕羅奧圖的學區頗具影響力，甚至在過世後，有一所托兒中心就是用她的名字以表達對她的崇敬。貝西和她的丈夫威爾博・波爾頓（Wilbur Bolton）在一九二〇年代初期從愛達荷州搬到半島區中段。她起初是一位老師，後來才開始推展她為學齡前家長開設的創新課程。貝西曾經在舊金山接受喬瑟夫・韓德森的分析，並在一九五〇年代初期，每年都在年間最好的時節前往蘇黎士榮格學院進修。她的個人經驗讓她相信大部分的人都能藉由榮格分析得到幫助，而她數次嘗試邀請舊金山的榮格分析師南下帕羅奧圖講課。但很可惜地，當時沒有人願意固定花一個小時的車程前來授課。

貝西具有高度熱情，總能夠讓人們朝著她的願景共襄盛舉，可以說數十屆的學生家長幾乎都是深受她的影響。當我在一九六七年開設私人診所時，她已經從學區退休，但仍然為我引介許多帕羅奧圖的重要人士。她的人脈之廣，就好似認識每個人一樣。

因為我和史丹佛的連結及貝西・博爾頓的後盾，我得以迅速地開設結合精神醫學及榮格分析的診所。兩個月之後，我就有穩定的個案量讓我一週工作三十個小時。我當時各種病人都看，當然也包括住院病患。九成的病人是女性。我也接很多青少年病人，幾乎從七月開始生活中所能有的閒暇時光都消失無蹤了。

除了私人執業外，我也接受約翰・培利的管控個案督導。此

外，我也是史丹佛精神醫學部的臨床教員，並為州立艾格紐斯（Agnews）精神療養院住院醫師提供心理治療訓練。當我還在國家心理衛生中心時，我就見過艾格紐斯療養院的住院醫師訓練主任伊莉莎白·傑夫里思（Elizabeth Jeffress）醫師，因為早先的一面之緣讓我得以在他們的部門謀得教職。我在那兒授課長達六年，每週授課一個半小時，深切感受住院醫師們都渴望有更多的心理治療經驗，這是他們在當時所無法得到的訓練。同時，我在史丹佛精神醫學的教學職責是督導兩位住院醫師，每名每週一小時，這份督導工作持續了二十年之久。

一九六七年秋季，我獲邀參加舊金山州立大學贊助的一場有關自殺的大型會議。來自世界各地的講者受邀與會，而舊金山州立大學則請我幫他們規劃這場會議。這要歸功於我曾經撰文評論詹姆斯·希爾曼的書，也曾經是國家心理衛生中心自殺防治顧問。會議籌辦期間，我接受卡斯珀·溫伯格（Caspar Weinberger）的電視訪談，他當時是灣區公共電視台的採訪記者，後來被延攬而接手雷根總統團隊中的國防部長一職。我安排詹姆斯·希爾曼從蘇黎士前來參加這場會議並擔任專題報告人。這場有關自殺的會議相當成功，而我也很開心再次見到詹姆斯，雖然當時的情況有些複雜。

在會議當時，詹姆斯在榮格學院的教學主任身分頗受抨擊。他私下跟一個女性病人的往來書信被女病人的丈夫截獲，而女病人的丈夫要求詹姆斯辭去主任一職（有關這次事件的細節請參閱《榮格學派的歷史》一書）。出乎許多學院贊助人及榮格大老們的意料，詹姆斯堅持了幾個月還不下台。不過，最終他還是不得不從蘇黎士榮格學院教學主任一職下台。但令人難過的是，其實許多要求詹姆

斯辭職的榮格學院贊助人本身跟病人也有許多嚴重破壞界線的問題，其中一人就是我的父親。他極力宣揚要詹姆斯離開學院的職位。當時我對事件的了解並不像今日的我這麼了解；但即便如此，當詹姆斯被這些自己也行不正的第一代分析師們如此無情的抨擊時，我並不吝於表達對他的支持。詹姆斯雖然接受我對他的支持，但我很清楚他並不完全相信我是真心支持他的。對詹姆斯而言，他似乎很難將我和我的父親分開。

不幸的是，我沒能讓詹姆斯相信我對他是真心支持的這件事，也為我們往後的關係帶來長遠的影響。詹姆斯懷疑我對他表態支持的背後動機，這促發了他對我的情緒抽離，而後續發生的事件又加深兩人之間的嫌隙。儘管如此，他在一九七一年時仍然提名我擔任國際分析心理學會第二副主席；就此而論，他對我仍然表達支持之意。我們兩人最大的理論差異在於我強烈的臨床取向，而詹姆斯相較而言則是比較學術的。

我們兩人之間的關係時而和風煦煦、時而冷風陣陣，往往是一百八十度的態度大轉變。起初，我對於他難以捉摸的態度感到有些不知所措。每隔幾年，我都會在榮格派的會議或古根別爾家中見到詹姆斯，他有時候很友善，有時候則顯得有些拒絕。一直到後來，我才把我跟詹姆斯日益增加的嫌隙感追溯到當年我父親對他極盡非難及批評這件事上。

我在一九六八年成為認證的榮格分析師，整個過程中我都持續接受喬瑟夫・韓德森的分析。從一九六六年開始，喬瑟夫就將他的分析執業減為每月三週，每月預留一週的時間作為他旅遊與書寫的時段，因此我一個月只跟他見面三次。接下來三十六年他都是維持

這樣的模式，直到最後的五、六年間因為身體日漸虛弱，這個模式才不再繼續。

一九六八年，我首度符合參與蘇黎士國際會議的資格，因此規劃偕同珍一起前往，趁機帶她去看看歐洲境內我最喜歡的地點。然而，出發前做的夢為我這趟旅程預示警語。在其中一個夢裡，我發現處在好似瑞士阿爾卑斯山脈一樣的高山頂峰，因此體悟到站在這麼高處的危險性。我還有很多的夢都是類似的情境，在夢中我要不是騎在海浪的高點就是站在山頂，而我清楚這些夢所傳達的是我走得太快了，同時也面臨危險。我需要慢下來！雖然心裡滿是不情願，但我還是決定放棄參加一九六八年的國際會議。

然而，在一九六九年時我認為我已經準備好回去歐洲，這是我從早些年那場災難性的第一度蜜月旅行後再次重返歐洲。珍的家庭源於美國中西部，後來移居阿拉斯加，在這之前她從沒拜訪過歐洲。我們拜訪了我在倫敦的家人後前往蘇黎士，我將珍介紹給梅爾一家人、莉莉安·費何、安妮拉·耶菲及赫維奇一家，他們全都是我父母的好朋友。雖然珍除了英文之外並不會說任何的歐洲語言，但她似乎很喜歡歐洲的環境。這趟行程成為我們兩人後來多次歐洲行的首航，我們倆每次的歐洲行都會納入瑞士或英國的行程。

在這段時期，灣區的嬉皮運動及心理迷幻藥風潮正值高峰。榮格也被這些透過使用心理迷幻藥物來體驗集體無意識的人奉為上師。此外，加州大學柏克萊分校及聖塔克魯茲分校的附屬課程都相繼開設一系列課程，有關榮格的不同主題。其中最早一堂課的主題是夢，我將自己一九六七年在美國精神醫學學會（American Psychiatric Association）底特律會議中所做的報告加以修訂來講這堂課。那

堂課吸引六百名聽眾參加，是我授課有史以來最多的聽眾群。要在這麼多人面前演講，心中滿是擺脫不了的焦慮感。演講過程還算差強人意，但我知道我應該可以講得更好。我後來又參與了其他兩、三個課程，分別在加州大學聖塔克魯茲分校談「榮格派分析」及「榮格」，這兩次課程報名參加的聽眾較少，緊張感也降了不少，講授的結果相對地比較滿意。

舊金山榮格學院

　　這時我開始投入舊金山榮格學院的各項委員會工作。一九六九年開始，我成為推廣教育委員會的一員，跟著唐‧桑德納（Don Sandner）及湯姆‧帕克（Tom Parker）一起工作。當時推廣教育委員會是個小委員會，但卻是學院裡充滿情緒爆點的地方，因為這是學院少數跟外界接觸的空間，委員們對於我們該提供給外界什麼課程、以及由誰來代表學院有許多情緒性的想法。有一次，我們計畫邀請知名靈媒的兒子愛德加‧凱西二世（Edgar Casey, Jr.）到學院講課，但喬瑟夫‧惠爾賴特認為這對我們定位為科學學術機構的形象會有不好的影響。他在我們的委員會上施加許多壓力，要我們收回對凱西二世的邀請，我們最後只能滿不情願地收回邀請。

　　一連好幾年，我都持續待在推廣教育委員會，也似乎很難離開這個委員會。我與世界各地榮格分析師的連結關係，讓我成為這些想要到舊金山發表著述及提報告的人的聯絡窗口。因為委員會本身具有與外界集體社群接線的功能，因此成為吸納學院衝突能量的避雷針。學院早年有專職人員負責整個部門的組織工作；但是過去二

十五年來，這份工作改由分析師委員們接手運作。事實上，這樣的安排效果相當好。雖然這些年來，我的妻子總希望我能夠結束推廣教育委員會的工作，不過我總會想要再緩一年。

舊金山榮格學院有每月舉辦一次會員晚宴的傳統，多年來我們都是由鄭喬（譯音，Joe Jung）提供中式外燴。在我成為晚宴會員的頭幾年，晚宴同時進行許多的交易，有時整場晚宴會因此而情緒緊張，喬瑟夫‧惠爾賴特及珍‧惠爾賴特最常成為風暴的中心點。後來學院進行兩項變革，首先我們決定將大部分的交易往來委派由執行委員會處理，如此一來可以將交易拉出晚宴場合。其次，我們將餐點從中餐改為當時新開發的加州風美食。透過這兩個改變，每月一次的晚宴會面焦點也得以轉往臨床或學術興趣。

我對在榮格學院授課有極大的興趣。一九七○年，我在分析師候選人的研討會中講授夢及永恆少年之原型這兩個主題。在夢的研討會中，我會先提供一些夢，再要求分析師候選人去推想做夢者的意識狀態。這是示範無意識如何進行補償功能的不尋常方式，卻讓分析師有機會以直覺來理解做夢者。我在學院的課程持續到一九七五年，當珍成為分析師候選人才停止。我們兩人一致認為，我和她的訓練團體如果能區隔將會是較好的安排。那時我並不知道，一旦離開後，要經過漫長的等待才能再度回到學院的教學輪調。除了珍的分析師候選人身分因素外，一九七五年起我開始投入國際分析心理學會的工作，在國際分析心理學會有相當多的講授及督導職責，因此就現實面而言，我並無法兼顧國內外的講課要求。

一九七○年開始，我發現對於那些想要更了解榮格、但並不想要成為榮格分析師的專業工作者而言，社會上並沒有任何的訓練課

程，學院因此開始每學期提供一門與分析心理學相關的課程滿足這些需求。這項訓練規劃在過去這些年來不斷成長發展，如今已成爲推廣教育課程的主軸。

購買房舍與辦公室

一九七〇年十二月二十二日，我們的女兒蘇珊娜出生。那時珍已經完成了她的實習，也是第一次全職在家照顧蘇珊娜兩年。其後，她在舊金山開始她的住院醫師訓練，而她每天大部分時間都需要離家工作，我們因此請了一位很有愛心的保母來照顧蘇珊娜。因爲我的辦公室就在住家附近的門洛帕克，所以白天常會回家確認家中一切狀況。

珍擔任住院醫師的這段時間是我們婚姻關係中很大的壓力源，而我們因此在一九七三年十月到一九七五年一月這段時間分居，嘗試處理兩人的問題。分居期間痛苦掙扎，但也帶來深刻的心理成長，並讓我們在這三十四年的婚姻關係中持續穩定進步。當時雖然身處關係黑暗期，但也發生了許多正面的事情，其中一個就是從阿色頓（Atherton）那棟設計不良的房子搬到帕羅奧圖的傳統兩層樓房舍。雖然阿色頓的房子有漂亮的自然地景，但並不適合有孩子的家庭生活；而帕羅奧圖的房子則提供適合養育蘇珊娜的環境。直到三十九年後，我們還是住在這棟房舍中。然而，住家附近的區域在這些年來卻有了很大的改變。當我們剛搬進來時，這是一處以中產階級或是中上階級爲主的區域，但隨著矽谷的快速發展，社區新住民免不了會包括律師或軟體公司的高層領導者。這個社區目前混和了

舊時代的居民及近期移入的新血，但有些傳統仍然得以維持，其中包括在前院擺放耶誕樹這項可以追溯到一九四○年代的傳統。在耶誕節期間，人們會開車或走路到我們的社區街道，欣賞家家戶戶的耶誕裝飾。對於年輕的家庭來說，這是個可愛的傳統，雖然這對我的猶太心靈多少帶來了困擾。

在珍完成她的精神科住院醫師訓練後，我家也空出了一間房間作為治療室。珍從此使用這間治療室長達十年之久，直到她後來搬入我們在米德菲爾路（Middlefield Road）的聯合辦公室。

我的生活持續聚焦在分析生涯。我在學院的頭幾年，約莫是從一九六八年到一九七六年，這段期間的專業生涯是令人興奮的。我幾乎從未錯過每月的晚宴聚會，會員在晚宴期間所建立的友誼及同僚情誼都讓人心滿意足，參與晚宴聚會也讓我有機會與伊莉莎白・奧斯特曼、喬瑟夫・韓德森、喬瑟夫・惠爾賴特及威廉・艾力克斯等人在社交場合見面，雖然在前十年期間我顯然是學院裡最年輕的分析師。

在成為學院會員的最初階段，我被交付執行一項計畫。喬瑟夫・惠爾賴特被邀請編輯一本總計約有十萬字的榮格學說介紹，編輯成果將被收在一套心理學系列叢書中。他把這項編輯工作交給湯姆・帕克及我負責，我們一起編輯。所有的榮格派經典詞彙，如：阿尼瑪（anima）、阿尼姆斯（animus）、原型（archetype）、心理類型（psychological type）等等，都編成大約二千至三千字左右的獨立文章。湯姆和我親自挑選學院的會員來撰述個別的主題。不幸的是，當我們完稿時，內容分散在《精神醫學、心理學、精神分析及神經病學國際百科全書》（*The International Encyclopedia of Psychiatry,*

Psychology, Psychoanalysis, and Neurology）的六冊裡，不僅文章查閱不易，還必須整套購買。這套書每套定價六百美元，在當時是極龐大的費用，因此最後售出的套書相當少。百科全書裡的文章對於榮格社群也沒有帶來多大的影響力。當百科全書在一九七七年發行時，主編班傑明·沃爾曼（Benjamin Wolman）不允許我們將榮格相關的文章單冊發行，他威脅如果我們打算把這些論文另外集結成書將會對我們提出告訴，這些論文因此就隱沒書海。

一九七二年，珍跟我決定在帕羅奧圖購置一間辦公室，這將會是我們安定下來的地方，而我從喬瑟夫·惠爾賴特的經驗中學到如何將一般住家輕鬆地變更成心理治療工作室。我需要找一處適合商業活動的地點，但建物看起來必須像是一所住家。我的朋友拉得森·辛頓（Ladson Hinton）的妻子達琳·辛頓（Darlene Hinton）剛開始從事房屋仲介，她走遍帕羅奧圖的大街小巷找到這間我跟珍目前還繼續在那執業的房子，一間乍看是一般的房舍，但其實是可以輕鬆地規劃成一間心理治療室。在得到房東瑪麗喬·思賓塞（Mary Jo Spencer）及拉得森的五年承租承諾後，我們就將這間房舍小幅度地改建，改裝為辦公室。那時候，我對於要做房屋租賃相關的事務十分不自在，因為我只要單純地做分析師就好了。但就長期來說，這件事其實進行得不錯。帕羅奧圖市有很嚴謹的建築法規，連院子裡栽種植物的大小都規定得清清楚楚。幸運的是，這是在矽谷房價大漲之前的事，因此我們只花了四萬四千二百七十美元就買了這間房子，算是非常實惠的價格。有了穩定的工作空間也讓我對財務比較不擔心，因為有了辦公室固定的租金收入，我開始接一些回收不高的計畫。

拉得森・辛頓三世與他的三個兒子攝於二〇一〇年於蒙特婁舉辦之國際分析心理學會會議。左起：拉邦・辛頓（Laban Hinton）博士，他是人類學與全球事務的教授，也是聯合國教科文組織預防種族滅絕委員會主席，他任教於羅格斯大學（Rutgers University）。拉得森・辛頓三世是西雅圖榮格分析師、同僚兼友人，也是舊金山榮格學員四十五年會員。拉得森・辛頓四世是精神科醫師暨教授，任教於加州大學戴維斯分校。戴文・辛頓（Devon Hinon）是精神科醫師，也是麻州總醫院及哈佛大學精神醫學助理教授。

一九七二年，舊金山榮格學院收到一筆從法蘭西絲・威克斯（Frances Wickes）地產的捐款。法蘭西絲・威克斯是紐約的榮格分析師，她的主要工作對象是藝術家，她原本的專業是學校教師，後來才到蘇黎士接受榮格分析。她在一九二七年出版了一本暢銷書《兒童的內在世界》（ *The Inner World of Childhood* ）。她早年守寡，之後把她的所有商業事務交給紐約的證券交易商。她享壽九十有餘，在一九七〇年代初期過世，過世時累積的地產價值兩百萬美元，在當時算是相當龐大的數字，這筆錢該如何分配是一大問題，為此成立了遺產委員會處理她的身後事，委員會成員包括：威克斯女士的律師、阿扎爾・格勒斯比（Hazard Gillespie）、傑出的哈佛心理學家亨利・

莫瑞、《榮格全集》的總編輯比爾‧馬奎爾（Bill McGuire）、以及威克斯女士一九四〇年代到一九五〇年代在灣區的分析師喬治‧霍格爾。喬治在任何有關舊金山榮格學院的討論事項中都避嫌離席，但其他的委員考慮把剩餘的一百五十萬美元捐贈給舊金山榮格學院。在威克斯女士遺產委員會做最後決定前，他們決定交由專門從事企業評估的麥坎錫企業（McKenzie Corporation）評估學院的健全性。我們這種非營利機構不是他們所中意的，但他們還是訪談了學院包括我在內的許多人，並將他們的建議交給威克斯董事會。他們在評估訪談過程中提出富有深度的問題給我留下相當深刻的印象，而我們的學院也得到體質健康的報告，並從威克斯基金會得到最後的財產分配金，其中十五萬美元用來購置我們目前在歌賦街（Gough St.）的建物，其餘則成立基金支付過去這些年的開支。一開始接受這筆捐款時，學院能以不動用本金的方式僅靠基金股利支付相關費用，但很快地就發現有越來越多的計畫需要資金，沒幾年的時間我們就開始動用本金。一九九〇年還發生了一起小小的財務危機，自此之後我們更嚴謹地使用學院的財務資源。

美國精神分析學會

一九七三年五月，喬瑟夫‧惠爾賴特受邀到檀香山舉辦的美國精神醫學會會議中帶領榮格派的小組論壇，我被選為論壇中的其中一位與談人，所有的論壇成員都是精神科醫師，在會場中我們討論榮格分析工作的不同面向。那場論壇定在早上七點舉辦，但是整個會場爆滿，那是榮格派在美國精神醫學學會聽眾前的第一場正式報

告，也是極爲成功的論壇。

喬瑟夫後來跟里昂・薩茲曼[1]接上線，薩茲曼是美國精神分析學會中頗具影響力的會員，這個學會是當時兩個國家級學會中相對較開明的一個。喬瑟夫遊說薩茲曼博士將我們這群參加美國精神醫學會會議的小組論壇成員都納入美國精神分析學會中，當時只有喬瑟夫是學會的會員，而我們全部都能獲選成爲會員在當時是頗轟動的一件事。後來有許多學會會員反悔讓我們進入學會，主要是因爲在入選爲會員時他們並沒有確認我們這些人到底受過多少督導及分析。但我以自己能成爲會員感到自豪，我也盡可能在我所參加的會議中自願擔任小組論壇成員。我在論壇中總會提出榮格派的觀點，而我分享觀點時也都能得到尊重的聆聽。每每看見他們對於分析心理學有限的了解以及他們對榮格與心理分析歷史的曲解，都讓我深感訝異。我曾經出席好幾場學會的論壇，包括夢、移情及心理分析歷史等主題。有好幾位學會會員對於我的報告「分析師性別的影響」（The Effect of the Gender of the Analyst）表示興趣，我在這場報告中呈現榮格及托妮・沃爾芙[2]所發展的原始榮格派的分析模式，在這個模式中被分析者同時接受男性及女性分析師的分析，分析可以安排在同一天或緊接著在隔天進行。那時候我手邊有一個病人就是在不同的時間見我跟另一位女性分析師，在這樣的安排下病人的進展良好。對於這個分析模式的批評，主要來自於移情反應會因此而被稀釋。隨著時日推展，批評的聲音最終贏得勝利，我不認爲當

---

1   Leon Salzman（1915—2009），美國精神科醫師，榮格分析師，以強迫症知名。

2   Toni Wolff（1888—1953），瑞士榮格分析師。托妮出身瑞士一古老家庭，21歲時因父親去世憂鬱而接受榮格分析。她成爲榮格助手，更而發展出親密關係，與榮格妻子一起陪榮格渡過與佛洛伊德分裂後的黑暗期。

代仍有分析師是如此工作的。然而，我在報告後獲邀將這項分析技術撰述發表，這篇文章後來也成為《當代心理分析期刊》（*The Journal of Contemporary Psychoanalysis*）的主題文章。麥可・福德罕是當時英國的首要榮格派分析師，他針對我發表的技術撰寫了一篇措詞強烈的評論。我很開心這篇文章被精神分析期刊所接納，麥可雖然不同意這個技術，但他仍然感激我清楚陳述這個技術。在這之前從來沒有人將這個技術書寫成文。

最近這些年，精神分析學會對於榮格派的態度更顯友善，他們鼓勵榮格派出席所有的會議，也鼓勵我們加入理事會。這景況與四十年前相較真是一大轉變。

但多年來美國精神分析學會逐漸變得保守，他們限制只有醫師才能加入會員，曾經舉辦兩次公投來決定是否開放心理師成為會員。目前，組織成員仍然限於精神科醫師成員，但當代少有精神科醫師會追求精神分析的生涯，因而學會的會員也在遞減中。他們因此改變政策，接受任何對動力取向精神醫學有興趣的精神科醫師，把名稱改為美國精神分析與動態精神病學會（The American Academy of Psychoanalysis and Dynamic Psychiatry）。

我在那幾年非常投入於臨床工作，工作重點主要放在與病人的實務工作。在我的執業初期，我的許多病人都不知道我是榮格取向分析師，而我挺喜歡他們的不知情。我對於病人的無意識產物始終保有極大的興趣，我也能藉由持續接受喬瑟夫・韓德森的分析來追蹤我自己的個人歷程。我發表了好幾篇談夢及夢療程的文章，也著手分析心理學歷史的書寫工作。

一九七四年，我發表了一篇可能是我臨床生涯中最讓我滿意的

文章，那是一篇個案報告，標題是「永恆少年認同個案討論」（A Case of Puer Identification）。這個病人的夢驗證了法蘭絲永恆少年原型專論中所談的內容，這在榮格社群中是很受歡迎的主題。它描述了一個年輕人被母親情結所掌控，因此難以在關係中安定下來，跟彼得潘症候群很像。永恆少年的生活總是暫時的，他難以對關係或是工作許下承諾。

在寫這篇報告時，我很幸運地能夠與《分析心理學期刊》（*The Journal of Analytical Psychology*）的主編佛瑞得・普勞特（Fred Plaut）見面，他當時在舊金山有一場演講。事後針對我的個案和我當面談了好幾小時，因為加入了他所分享的精神分析觀點，我的報告得到大幅改善，跟佛瑞得一起工作的這幾小時讓我得到最好的編輯教育。我的這份報告維持古典榮格分析的架構，但因為加入他的發展觀點讓我的報告得以扎根於臨床語言。

一九七三年秋季另一個機會也找上門。我在蘇黎士的分析工作始於一九五七年，當時所見的第一位分析師就是梅爾，他在一九七三年正打算從瑞士聯邦科技學院教授職退休。瑞士聯邦科技學院就等同於瑞士的麻省理工學院（MIT），榮格在那裡擔任教職直到一九四一年退休，梅爾則接續榮格的教職。當時梅爾徵詢我是否有意移居到瑞士擔任教授職，那將會是一個改變我人生的決定。雖然我的德語說得並不好，但我認為可以在幾個月的練習後就跟上。不過，我跟珍才剛購置了作為治療辦公室的那棟房舍，才開始扎根帕羅奧圖。我深愛蘇黎士，但我也知道要定居在那裡完全是兩回事，雖然身為遊客的我們總是受到熱情歡迎，然而我們那時跟住在蘇黎士當地的人並沒有太多的社交互動。我最終回覆梅爾，我覺得自己

很榮幸被徵詢考慮，但搬到蘇黎士並不適合我的人生。有趣的是那份教授職懸缺多年，多年後終於有人遞補上那份職缺但卻不是榮格分析師。我把失去榮格曾經任職多年且備受尊敬的這份職缺，視為榮格社群的一大損失。

專業生活侷限在臨床事務上的日子在一九七四年終於結束，我在那一年開始在榮格圈中擔任領導角色。

舊金山榮格學院主席

一九七四年，我在出乎意料的情況下被舊金山榮格學院提名委員會告知我當選學院的主席，我深感榮幸也馬上接受。這意味著我將擔任接下來兩年任期的主席。當選主席表示我必須出席每星期五在舊金山學院的執行委員會會議。現在回想起來，那算是一件挺容易的事。

在我當選主席時，學院剛搬進新址，也急速擴張。起初我並沒有意會到擴張的影響，也不清楚我到底該做些什麼。突然間，每個行政決策似乎都交付到主席肩上。不幸的是，我在任內時下背及腰部疼痛發作，在兩年任內從來都沒有康復過。

那是個改變迅速的時代。首先，學院原本的常務董事莫里·范絡本瑟斯（Maury van Loben Sels）在我第一年任期結束時退休。直到當時為止，學院一直都是以家族的模式運作，莫里熟識許多資深的老會員，因此很適宜這樣的架構。我們當時並沒有一個既有的機制來聘任新的常務董事，但喬瑟夫·韓德森知道一位適合這個職位的理想人選。喬瑟夫建議的人選是約翰·利維（John Levy），他在

舊金山有相當豐富的非營利組織運作經驗，對於榮格的心理學非常
熟悉。我們找了三位分析師邀請約翰共進午餐，大家都非常喜歡
他，更加確信他將會是接續莫里的人選，他在一九七七年秋季接下
這份工作。在面試過程中，我們對他解釋學院是由委員會主導，而
委員會們有很高的自主性，他說他了解這個部分，但在接下來的幾
年中，我們的委員會架構讓他吃足了苦頭。

因為當時我已經擔任主席一年之久，所以由我指導他的工作職
務，而我們一開始合作愉快，但是十二年之後，在約翰擔任常務董
事任期結束時，他心中應該已經打定主意要離開。在結束前，只要
是任何有關學院的事情或學院的運作模式都讓他受不了，他待在這
個位置上十二年了，已疲倦不堪。今日，聘僱學院的主要職員不會
以如此非正式的方式處理，應徵人選必須經過學院各委員會一系列
的面試，整個過程很冗長乏味。

榮格分析跨區學會

在一九七〇年代初期，美國的榮格派教育基本上是沿海區的
事。在美國有四所認證的榮格學院，分別位於紐約、舊金山、洛杉
磯及波士頓。一九七三年秋季，美國境內第五所榮格學院成立了，
這個團體跟現有的學院最大的區別在於它並沒有一個既定的地理中
心。這第五個團體，名為榮格分析跨區學會（The Inter-Regional So-
ciety of Jungian Analysts），聚會的地點是在美國境內各地輪替。成
立這個團體的主要理念在於提供一個組織架構，讓從蘇黎士完成訓
練返回美國的分析師以及不屬於四所學院的分析師，有相互交流及

接受訓練的管道；而這個新團體很快地就成立了全國協會，也快速擴展至美國各地。

　　一九七七年，有一群榮格分析師受邀前往紐約市郊的塞耶・格林（Thayer Green）家中聚會。身為舊金山榮格學院的前任主席，我也出席了那場會議。四所老學院非常關心榮格分析跨區學會的發展，因此召集大家出席討論。事實上，洛杉磯及波士頓代表並不特別在意榮格分析跨區學會的作為，可是紐約及舊金山的學院則相當在意。榮格分析跨區學會的代表詹姆斯・荷爾（James Hall）本是態度溫和的德州人，但他在會議中因為接收到太多的火氣而情緒爆發。我們當時都試著要拉慢榮格分析跨區學會的擴展速度，對於他們是否真的提供合宜的訓練也感到質疑。

　　紐約的那次會面後來成為美國、加拿大及墨西哥各地學院主席的年度會議的肇始。如今許多散布在美國各地的本土榮格學院都會固定聚會，也有許多人嘗試要籌組近似於歐洲組織架構的全國性榮格學會；歐洲所有的榮格學會都是全國性的，但這在美國是行不通的。個別的學會並不願意將自主權交給全國協會，因此個別的美國學會跟國際分析心理學會的連結都有些鬆散。

　　對我而言，第一次出席美國境內榮格學會的集體會議本身就帶有過渡性。我是以國際分析心理學會代表身分出席，但同時我也是當時舊金山榮格學院的前任主席。不過從那次會議開始，我的專業生涯焦點就轉至國際團體；我並沒有背棄本土或美國現場，但我的能量顯然地已經轉向國際議題。

【第八章】國際分析心理學會之早年淵源

在一九七七年，國際分析心理學會會議在羅馬舉辦，我當時受邀擔任大會演講的報告人之一。那次會議主要談論夢，而我所講的主題是「夢與心理類型」（Dreams and Psychological Type），講座相當成功。在演講後，我接受義大利當地多家報紙及雜誌的訪談。委員代表大會通常在會議的最後一天召開，學會的選舉工作就在大會中舉辦。那一天我跟珍接受梅爾邀約共進午餐，席間喝了許多紅酒，純粹就是一場社交午宴，完全不談公事。

第二副主席

午餐後我們都前往參加委員代表大會，那天唯一具競爭性的選舉是第二副主席。喬瑟夫‧惠爾賴特提名我角逐那個職位。根據瑞士的法律，被提名者不需要附議，但梅爾當時起身附議提名我角逐，著實讓我嚇了一跳。場內還有其他人也被提名角逐。有些委員質疑我被提名是因為我的雙親都是分析師，而我的姓氏本身也具有識別性，顯然他們並不認為我夠資格參加角逐。之後，以西結‧克盧格爾起身為我說了一段讓我感激不已的話，他說他從我八歲時就認識我，也說不論我在任何地方都有優秀的表現，因此他認為我絕對有資格承擔這個工作。我在初選時就贏得了選舉。

會議的慶功晚宴在那天傍晚舉辦，詹姆斯‧希爾曼在晚宴時上前找我，我知道他跟梅爾兩人鬧翻了，雖然我跟梅爾的關係良好，但對於兩人之間的爭執不下，我是站在詹姆斯的立場並對他深表同情。但詹姆斯顯然對我盛怒不已，情緒之強讓我呆立在那兒不知該做何反應。

　　他質問我怎麼能夠繼續跟梅爾做朋友，又怎麼能夠讓他提名我擔任第二副主席。他暗指我現在這個階段，應該要撇清我跟梅爾的關係。我不記得我是如何回應的，雖然我本身也很驚訝梅爾會提名我，特別是我才剛在委員大會前跟他共進午餐，而他在午餐席間完全沒有跟我們提到這件事。然而，我才剛被選為第二副主席，而且詹姆斯跟我在未來的三年內要維持共事關係，因為他是主席阿道夫‧古根別爾—克雷格所選定的榮譽祕書。雖然他對於跟我在一起感到不自在，但我們兩人還是設法維持良好的共事關係。在阿道夫的第二任任期，他改聘尼爾‧米克樂姆（Niel Micklem）為他的榮譽祕書，自此而後我就不太有機會見到詹姆斯了。但這次事件造成了我跟詹姆斯之間無法修補的傷害，也帶來彼此持久的矛盾關係。

　　那一次選舉開啟了我跟國際分析心理學會執行委員會長達十八年的關係。我以每三年一輪來看這段關係，因為一開始我壓根兒沒想到會投入其中十八年之久。每一次選舉，我都問我自己是想要繼續留下來或該是做其他事情的時候了。起初，我期待選舉會為我的人生帶來具有紀念性的改變，但事實上，第一年時幾乎什麼改變也沒發生。我是團隊裡年紀最輕的一個，而阿道夫‧古根別爾—克雷格和詹姆斯‧希爾曼在蘇黎士處理了大部分事務，我完全插不上手。此外，我當時仍然是舊金山榮格學院的主席，學院裡的行政及

政治公務幾乎占用了我所有的能量。

在國際分析心理學會最特別的經歷就是認識阿道夫美好的一家。在我獲選爲第二副主席當下，他跟妻子安妮（Anne）就邀請我凡是到訪蘇黎士時都可留宿他家，他們對我的盛情招待長達三十年之久。在這段過程中，我認識了古根別爾家的兒孫輩。當我第一次留宿在阿道夫及安妮家時，他們的五個孩子尚未結婚成家，他們還沒有孫兒，但在阿道夫晚年時，他總共有十八個孫兒。其中有許多年，這些孫兒都會在星期三固定到爺爺奶奶家，屋子裡有時候一團混亂，不過有這麼一大群孩子也讓人感到無比溫暖。我很幸運可以這麼多年有不少星期三都待在那兒，即使只是參與這個家庭的一小部分都讓我覺得這是人生中最有意義的經驗。

在專業層面，阿道夫也成爲我身邊的良師益友。雖然我們各自的心理類型是很不同的，但我們在許多事情的作爲上卻很相似。我們都是精神科醫師，我們對於分析心理學及世界政局都有強烈的國際觀。阿道夫多年在蘇黎士的行政經驗及國際榮格社群的經驗讓他累積了許多智慧，他也對蘇黎士的大眾文化保有敬意。他來自於一個優秀而傑出的家庭，家族歷史跟瑞士有很深的淵源。他的父親是一九三〇年代晚期一家知名且具影響力的週報編輯，他們的刊物對納粹表達強烈的反對意見，在當時是處於很不受歡迎的位置。阿道夫除了與榮格派分析師維持深度互動外，他持續擔任一般精神科醫師的角色。他喜歡接受蘇黎士的法庭召喚爲專家證人。他也能將個人及家庭生活與專業生活區別開來。比方說，當我出席他的兒子阿拉斯泰爾（Alastair）及他的土耳其新娘永奇婭（Yoncia）在伊斯坦堡的婚禮時，多數賓客都不知道阿道夫是榮格分析師。這跟我從小

生長的家庭中專業與社交生活混雜的情況是很大的對比。然而，阿道夫與安妮非常慷慨地邀請從外地來訪的榮格分析師們到他家作客，這算是他專業與個人生活交疊的部分。

我很快就發現在國際分析心理學會中常會聽聞分析師的陰影面事件，而這也是國際分析心理學會重要的常態功能。阿道夫在協助我釐清這些陰影面事件上幫了很大的忙。他對於榮格分析師輕率行為的寬容度，遠大於我所能接受的，而我也在他的提攜下修正了一些態度。

阿道夫和詹姆斯・希爾曼是摯友，而他們的理論觀點也非常接近，特別是在分析心理學的靈性層面，這大概跟阿道夫早年神學的研究有關。然而，身為精神科醫師，阿道夫比詹姆斯更臨床取向。我個人的理論觀點跟他們兩人的觀點都有些不同，我更專注於人際的對話，這是舊金山榮格學院分析訓練過程中所植入的重要態度，我在這個部分的關注遠甚於詹姆斯與阿道夫。多年來我們針對榮格派議題有很多討論的機會，在許多議題上我們也得到一致的觀點。阿道夫跟我在外顯行為上都是實務的人，而且我們兩人都不善於空論教條。雖然我們的背景有很大的差異，但在很多方面仍能找到相似性。我們兩人間唯一的衝突發生在多年後我寫書的時候。

一九八〇年國際分析心理學會舊金山會議

一九七八年五月，阿道夫召開國際分析心理學會執行委員會及策劃委員會的會議。我們在蘇黎士郊區阿道夫家的花園開會，這兩個委員會的事務都在同一天討論處理。下一屆國際分析心理學會會

議將在一九八○年九月於舊金山舉辦，而會議的主題定為「財富、美食、美酒、時尚與分析訓練」（Money, Food, Drink, and Fashion, and Analytic Training），我們決定舊金山國際會議將不邀請過去曾經在國際會議提出報告的熟面孔。在美國舉辦國際會議是個大冒險，因為當時美金還很強勢，這對其他國家的會員而言將會是筆昂貴的支出。當時我們懷疑歐洲人是否會願意到美國一趟，但阿道夫及詹姆斯願意冒這個可能的失敗。一個以地震威脅聞名的城市，特別是在一九○六年那一場大地震後，對必須從世界各地遠道而來的人而言將會是個很大的威嚇。

在那個週六傍晚，執行委員會及策劃委員會共同在阿道夫家接受晚宴招待，阿道夫的妻子為我們準備了一頓豐盛的晚餐。不幸的是，來自德國的分析師漢內思・迪克曼[1]席間喝多了。在那天稍晚的時候，我們少數幾個人繼續留下來閒聊，他開始挑釁詹姆斯・希爾曼，淫穢叫囂，並說詹姆斯不喜歡他而且反對德國人。面對當下的狀況，我渾身不自在。那天晚上結束後，漢內思站都站不穩，需要他人攙扶才能坐上計程車。而那天晚上的突發狀況也給阿道夫的第一任主席任期蒙上一層陰影。

決定在舊金山舉辦國際會議時，也意味著國際分析心理學會主席及榮譽祕書必須與舊金山當地的分析師及當地學會的執行委員會見面。這場會面在一九七九年舉辦，阿道夫、漢內思及詹姆斯前來舊金山，而阿道夫跟舊金山的皇宮酒店（Palace Hotel）協商在酒店內舉辦國際會議。那時候，皇宮酒店仍然是高級酒店，但酒店內裝

1　Hannes Dieckmann，德國榮格分析師。

潢已糟到需要重新粉刷。酒店因爲倖存於一九○六年的大地震而聞名，多年來許多任總統都曾下榻這家酒店，酒店的中央庭院是一處華麗的用餐地點。

因爲我是國際分析心理學會執行委員中唯一來自舊金山的委員，也就順勢成爲非正式的會議聯絡窗口，負責跟本地的場館會面討論，再將討論結果回報給蘇黎士。會議前兩個月，酒店上演一場罷工事件，我們很擔心會議會因此被迫取消，但幸運的是罷工很快平息了，沒有對我們造成影響。與我們原先擔憂沒人來參加的情況正好相反，出席人數相當踴躍，很多歐洲的分析師藉著前來舊金山參加會議的旅程順道參訪美國其他地方。在準備會議期間，我結識了尤蘇拉・埃利（Ursula Egli），她從瑞士移居舊金山，精通英語、德語、法語及義大利語。她是個優秀的籌辦人員，也是會議的聯絡窗口，負責處理報名及會議流程相關事宜。

我們在這次的會議中有一項新創舉，後來幾屆的國際會議也微調沿用辦理。在會議期間的某個晚上，我們安排所有與會人員接受本地分析師的家庭晚宴招待。與會人員被隨機分配到不同的小組，來自不同國家的分析師得以相互交流。每一小組的分析師被分配前往本地的分析師或分析師候選人家中。這涉及安排交通接送，將與會人員送到灣區的各個地點，即使有些地點距離舊金山市達四十英里遠。那時候舊金山的分析師會員很多，因此能夠支應五百人的家庭晚宴招待。過程中雖有小小插曲，但我們仍然完成這項不可能的任務。這項創舉成爲那次會議的亮點，因此後來的會議多少都會在與會期間安排這項私人的娛樂活動。

尤蘇拉在會議期間統理了大部分的事宜，從那時開始我們兩人

共同合作了許多計畫。我逐步投入國際分析心理學會工作時,她成為我的祕書,於是她這些年來跟國際分析心理學會的其他幹事們也一起工作過。尤蘇拉能力非凡,而我也無法想像如果沒有她的幫忙,我的專業生活會面臨多大的困境。她也是優秀的書籍及文字編輯人員,最近的一項任務是將我父親與榮格的書信往來從德文翻譯為英文。我很幸運能與她相識,從一九七九年到現在這麼多年來她也成為我最親的摯友。

　　一九八○年的國際會議相當成功。許多在那場會議中發表首次演說的分析師,後來在分析心理學界都有舉足輕重的影響,這其中包括：約翰・畢比、安德魯・沙繆斯（Andrew Samuels）、拉斯・洛克哈特（Russ Lockhart）、索婭・馬亞緒（Sonja Marjasch）,我們也開放一場傍晚的大會演講給一般大眾參加,由約翰・培利、詹姆

安德魯・沙繆斯,榮格分析師、友人兼同僚。攝於一九九二年倫敦,當時他與喬瑟夫・韓德森受邀至倫敦的四個榮格社群演講。

斯‧希爾曼及阿道夫‧古根別爾—克雷格共同講授時尚、美食及財富。那場演講共有一千一百人出席。這場會議無論從專業、財收或社交等層面都帶來正面的結果，自此而後，在美國舉辦國際分析心理學會會議也不再是讓人害怕的事情。

一九八三年國際分析心理學會耶路撒冷會議

會議結束時，下一屆會議的地點就有些舉棋不定。柏林殷切爭取主辦會議，但就在最後一刻以色列學會也表達意願，與會的德國會員立刻決定讓以色列先舉辦，最後決定下一屆會議在耶路撒冷舉辦。因為考量耶路撒冷那聞名於世幾乎讓人窒息的夏季熱浪，我們決定改變八月底舉辦會議的慣例，下一屆會議定在一九八三年三月舉辦。舊金山會議中舉辦的選舉只是徒具形式，我們所有人都獲選繼續連任。詹姆斯‧希爾曼辭去榮譽祕書一職，由出身英國但當時在蘇黎士執業的分析師尼爾‧米克樂姆醫師接續詹姆斯的職責成為榮譽祕書。

為了準備下一屆會議，主席及副主席們在一九八一年春天與以色列耶路撒冷的籌辦委員會見面。身為猶太人，心中總有想到以色列一遊的念頭。但在那次會面之前，我從沒真的成行過。我藉著這個機會帶著正值青春期的兒子一同前往，並花了一些時間遊覽以色列。一九八一年的以色列仍然是一個充滿理想色彩的國度，而當時以色列與鄰近的阿拉伯國家之間的緊張感並不若後來這幾年的對立。我們提前幾天抵達，讓我們有時間遊覽以色列，我兒子跟我住在耶路撒冷境內巴勒斯坦區的美國殖民地飯店（The American Colony

Hotel）。有一回我跟我們的家庭摯友以西結‧克盧格爾提到那次的以色列之行，他跟他的妻子麗芙卡（Rivkah）在十二年前返回以色列定居。我因為留宿在阿拉伯區而不是在猶太區的飯店而被以西結強烈斥責，即便當時那裡相當的安全，在街上自由行走也完全不是個問題。跟以色列的籌辦委員會見面時，我們原先計畫住在猶太耶路撒冷的希爾頓飯店，但有許多的猶太人當時也住在阿拉伯區的美國殖民地飯店。而且，當我們在那裡時，正巧我早先在紐約認識的傑出猶太古典鋼琴家克勞德‧法蘭克（Claude Frank）也住在那裡。他當時剛好在以色列遊覽。

以色列會議籌辦委員會有兩位當地會員原先是舊金山榮格學院的會員。較資深的一位是蘇黎士榮格學院的第一批畢業生，他曾經在洛杉磯及舊金山執業，後來移居耶路撒冷，他原以為會永久待在那裡。然而，當他的孩子搬回舊金山時，他與他的妻子瑪利亞（Maria）也跟著孩子搬回舊金山。不過回來之後，因為無法再拿回加州臨床執業的證照，他始終沒能重新回到加州的生活。

另一個籌辦委員會會員是伊萊‧魏斯塔博[2]，他是加拿大的精神科醫師，在史丹佛接受住院醫師訓練，後來完成舊金山榮格學院的分析師訓練。在完成他的訓練之後，伊萊搬至耶路撒冷，他與兒童精神科醫師及後來也是榮格分析師的埃斯蒂‧加利利（Esti Galili）結婚。伊萊後來成為國際分析心理學會的副主席，他的專業興趣主要在於教育訓練相關事務及發展國際分析心理學會的倫理準則。

會議的籌備進行得很順利，會議的主題是「實務與理論中的象

2　Eli Weisstub（1943—2015），加拿大籍精神科醫師，榮格分析師。

徵取向與臨床取向」（Symbolic and Clinical Approaches in Practice and Theory）。一九八三年，原先衍生於英國的發展理論與臨床實務的爭議已經擴展到許多其他榮格派中心，當時各中心對於兩種取向都有許多爭論，我們於是就將整場會議聚焦在這個議題上。

一九八三年三月會議召開之前，整個世界及國際分析心理學會都經歷了許多變動。一九八一年，阿道夫・古根別爾─克雷格歷經了一場嚴重的心臟病發作，並開始了一段很長的休養期。漢內思・迪克曼接下職責成為國際分析心理學會的代理主席，他很忠實地接續完成阿道夫的計畫。一九八三年一月，阿道夫發現有心臟病發作先兆症狀而被送往蘇黎士大學醫院，檢查的結果顯示他隨時可能會有第二次心臟病發作，必須緊急進行七處冠狀動脈繞道手術。我在前往耶路撒冷會議途中繞道蘇黎士看他，他看起來狀況很不好。我當時十分擔心他是否能撐過這個嚴峻的考驗，但他很成功地越過了這道關卡，也活過另外二十五年精采的生命。然而，他的身體狀況不允許他出席以色列的會議，所以漢內思・迪克曼接替他的職責，而且表現得可圈可點。然而我相信對阿道夫而言，在這種情況下寫下國際分析心理學會主席一職的終曲，應該是件極為失望的事。

即便有著漢內思・迪克曼可圈可點的努力，耶路撒冷的會議並不如預期般進行。一九八二年秋天，黎巴嫩境內的兩個巴勒斯坦的難民營遭受以色列支持團體的屠殺，整個國家的氛圍驟然改變了。原先在一九八一年時所瀰漫的理想主義國家氛圍，在我們一九八三年三月再度回到耶路撒冷時已經蕩然無存。以色列在約旦河西岸地區（West Bank）開始建立大型的殖民區，而此區一直都是以色列跟阿拉伯爭奪的主要區域。許多歐洲的榮格分析師拒絕出席一九八三

年的會議，抗議以色列在黎巴嫩的舉動。那場會議演變成一場小型但討論深入的會議。

英國古典榮格派與發展榮格派

當時榮格圈最熱烈的政治議題就是倫敦境內象徵取向與發展取向分析兩邊的爭執，而會議原先的規劃就是要致力於解決這種分裂的狀態。可惜兩邊並沒有真正的對話，因為兩方的支持者都只參加他們所支持那一派的推廣講座。榮格分析師協會（The Association of Jungian Analysts, AJA）在一九七七年於羅馬成立，希望能夠讓有傳統榮格派背景的榮格分析師可以形成一個和自己的理念相契合的團體，來和另一個以發展為取向的分析心理學會有所區隔。這個協會成立的主要緣由，是因為從蘇黎世受訓回來的人，或是從其他以傳統象徵模式訓練中心回來的人，他們想在英國找到一個榮格派的家。但是那時候英國唯一的團體是分析心理學會，主要聚焦都在發展取向。這個新成立的榮格分析師協會是由格爾哈德‧阿德勒及赫拉‧阿德勒（Hella Adler）所領導的。他們兩人得到大多數的同情與支持，主要是因為大家能體會他們跟麥可‧福德罕所領導的分析心理學會之間的掙扎。然而榮格分析師協會內部也分裂了，因為從蘇黎世完成訓練回到英國的分析師被告知在接受進入榮格分析協會之前，他們還需要接受這兩位阿德勒或至少其中一位的管控個案分析或是個人分析。這對於那些在蘇黎士完成完整訓練的分析師而言，是難以接受的想法，因此讓他們重新思考是否要走之前分析心理學會的分裂之路。榮格分析師協會的發言人是馬丁‧史東（Martin

Stone），他也是格爾哈德及赫拉・阿德勒的女婿，米瑞安・阿德勒（Miriam Adler）是他的妻子。身為一名新血分析師，史東眼前所面臨的狀況相當棘手。

國際分析心理學會執行委員會對於雙方緊繃的情況非常關注，但委員會並未發展出任何機制來因應這個問題。一個非正式的徵詢委員會在漢內思・迪克曼的欽點下組成。委員會將與雙方會談，希望在下一屆柏林會議中向執行委員會提出建議方案。我也是委員會的其中一員，於是在接下來的三年中與榮格分析師協會內的兩派人馬，還有分析心理學會的資深分析師們個別見面。分析心理學會的會員們在這場衝突中也面臨危機，因為假使榮格分析師協會最後分裂成兩個專業組織，將會在國際分析心理學會中贏得更大的政治影響力，即便分析心理學會當時已經是英國最大也最成熟的專業社群。徵詢委員會從來沒有召開過團體會議，但每位委員都個別與社群的每個會員見過面。直到一九八六年柏林會議開始之前的一個月，我對於這個情況該如何解決仍然摸不著頭緒。後來，彷如是天外飛來一筆，漢內思公告了解決方案。他事先並未跟我或其他委員會的成員討論最終解決方案，我認為他一定會並應該要跟我們事先討論。他的最後決定是榮格分析師協會可以分立成兩個社群，一個是原來的榮格分析師協會，而另一個新成立的社群則稱為分析心理學家獨立團體（The Independent Group of Analytical Psychologists, IGAP）。除此之外，當時還有第四個社群也成立了，那就是原先隸屬於頗具歷史的英國心理治療師協會成立了榮格派部門。我之前從未聽過這個被列為國際分析心理學會下的新社群，不過我對於社群的其中一名創辦者瑪麗安・雅各比倒是相當熟識，她是我父母的老

朋友。因爲許多分析心理學會的成員也都是英國心理治療師協會的成員，這樣的安排讓英國古典榮格派與發展榮格派在政治角力中算是打平了。

繞了一圈，原先指派給徵詢委員會的任務，最後還是由漢內思・迪克曼一人與英國境內的社群協商後決定，決定過程中從來沒有跟徵詢委員會的任何一個委員討論過。這根本算不上是民主決議過程，因爲徵詢委員會的成員從來沒有開會見面討論。儘管情況有些尷尬，但徵詢委員會後來變成國際分析心理學會組織架構內的固定委員會，只有在有需要的狀況下才會執行其功能，平常也不會主動介入各地社群的事務。

在一九八三年的耶路撒冷會議中，榮格與猶太人及納粹的關係也成爲討論的議題，但當時還只是間接而在會議邊上的討論。早先在決定會議地點時，德國社群一聽到以色列提出要主辦會議，他們馬上讓賢。這種互動模式在二次大戰時就可見端倪。會議的舉辦地點在耶路撒冷，這個城市同時是基督教、猶太教及回教的故土，所有人都很敏銳地嗅到宗教及政治議題就大刺刺地擺在眼前。許多人都期待有一場以色列人及德國人針對大屠殺的對談；然而，以色列的榮格分析師並不希望這成爲正式會議的一部分。因此，這演變成一群猶太人及德國人的非正式聚會，但彼此的對話在下兩屆會議都持續進行。直到一九八九年的巴黎會議，這才成爲會議正式討論的議程。

當年的選舉還是跟之前幾屆一樣是形式上的辦理，漢內思・迪克曼被選爲主席，我被選爲第一副主席，新任的第二副主席是比安卡・加魯菲（Bianca Garufi），他是義大利的分析師，也是義大利分

析心理研究協會（Associazione Italiana per lo Studio della Psicologia Analitica, AIPA）的會員，以及詹姆斯・希爾曼的激進支持者。阿道夫曾經建議應該付給國際分析心理學會的幹事們適當的報酬。自創會以來，所有幹事們接下的工作都是志願服務，國際分析心理學會只給付差旅費。但是，當學會不斷成長，事務工作也大幅度增加。工作津貼的議案在耶路撒冷的會議中經過與會代表們一致同意通過。我放下正規的分析執業而為國際分析心理學會付出心力，學會認可我的付出而給予小額津貼，雖然報酬不如預期，但我還是感到相當開心。

第一副主席，第一任任期

離開耶路撒冷的會議後，我跟國際分析心理學會的關係邁入新頁。阿道夫・古根別爾—克雷格、詹姆斯・希爾曼、尼爾・米克樂姆這些來自蘇黎士的影響已逐漸褪去，而漢內思・迪克曼和我將影響接下來三年的發展。漢內思與我的關係相當有趣，他年輕時曾在二次大戰的東方戰線（Eastern Front）擔任軍醫，戰爭結束後前往蘇黎士接受分析及分析師訓練。在二次大戰之前，柏林有一個榮格學會，當時我父親就是創始會員，漢內思很清楚這一點。戰爭那幾年，學會解散了；但是戰後，漢內思變成新設的德國榮格學會的創辦人及會員，這個新創的學會最特別的地方在於前兩年的分析訓練是和柏林（佛洛伊德派的）精神分析學會一起進行的。漢內思寫了許多分析心理學的書，也是一位國際聞名的榮格派講師。戰後，他花了許多心力研究納粹大屠殺，我從漢內思身上學到許多有關反猶

榮格分析師尤蒂‧迪克曼及漢內思‧迪克曼，漢內思是國際分析心理學會前任主席，攝於一九八○年代中期舊金山榮格學院。

太屠殺的內容，他強烈支持以色列及猶太人。他的姊妹瑪麗安‧迪克曼（Marianne Dieckmann）是史丹佛大學醫學院生化學教授保羅‧伯格（Paul Berg）的主要助理，保羅‧伯格曾經因為發展分子生物學領域的研究獲得諾貝爾獎。漢內思與他的妻子尤蒂（Ute）常到帕羅奧圖，至少每年會有一次前來拜訪瑪麗安，我們因此在專業關係之外發展社交關係，我曾經有幾次在瑪麗安家中與伯格及迪克曼夫婦共進愉悅的晚餐。迪克曼夫婦在巴黎南邊大約兩小時車程的地方買了一間小農舍，他們每年會在那兒住些時日，我也曾受邀前去拜訪他們的農舍。

漢內思選擇了一位年輕的柏林精神科醫師暨榮格分析師古斯塔

左圖：榮格分析師埃利・赫伯特，他帶領法國榮格社群多年，攝於一九
　　　八五年巴黎。

右圖：莫瑞・史丹，榮格分析師、友人兼同僚，也是國際分析心理學會
　　　前主席，攝於二○一四年六月蘇黎士。

夫・波萬希彭（Gustav Bovensiepen）做他的榮譽祕書。古斯塔夫接
下了許多文案書記的職責，表面上雖然跟我看起來處得不錯，但是
私底下卻是暗潮洶湧。這一屆國際分析心理學會執行委員會的新成
員還包括來自義大利的魯格・肇嘉（Luigi Zoja）、來自瑞士的維蕾
娜・卡斯特（Verena Kast），以及來自法國的埃利・赫伯特（Elie
Humbert）。埃利和我初見面時就對彼此有好感，他才華洋溢，也
是我在榮格圈中見過最讓我印象深刻的一個人。這一年我遇見莫
瑞・史丹（Murray Stein），他當時第一次進入國際會議的策劃委員
會。埃利與莫瑞兩人讓分析心理學增添了卓越的學術成長，我跟埃
利的友誼持續到一九九一年他過世，莫瑞和我的友誼則持續到今
日。當一九八九年我擔任主席時，莫瑞是我的榮譽祕書。

　　莫瑞是基督新教的牧師，他在耶魯大學拿到神學位，也在芝加
哥大學得到博士學位。他在芝加哥執業多年之後，半退休回到瑞

士。他在榮格圈中是相對較多產的作家及講者，也活躍於國際分析心理學會的行政圈。目前，他是蘇黎士分析心理國際學院（The International School of Analytical Psychology）主席。魯格・肇嘉及維蕾娜・卡斯特在分析心理學領域也扮演顯著的角色，不管是在著作、演講或行政政策上皆然。兩人後來都成為國際分析心理學會的主席，在歐洲榮格思想圈都有關鍵性影響。魯格的妻子夏娃・帕蒂斯（Eva Pattis）是兒童心理學家也是榮格分析師，兩人在南非、中國及南美都相當活躍，他們真的落實了世界榮格人（World Jungians）的理念，也為許多處在劣勢的受訓者在訓練過程中提供幫忙。

一九八六年國際分析心理學柏林會議

我所面臨的第一項挑戰是準備一九八六年的會議，因此接下來的三年，多數的執行委員會會議都在柏林舉辦。柏林是我母親的出生地，我父親也在那兒長大。在一九三三年希特勒掌權以前，那裡的精神科執業相當興盛。我對於柏林因此有著矛盾的情緒。雖然我在一九八六年的會議前曾經去過柏林兩次，在這兩次旅程中我盡可能待在飯店的房間內，只有在開會及用餐時才外出。我單純只是不想要面對被這個城市所挑起的感覺。柏林在當時仍然是處於分裂的狀態，到處都可以感受到戰爭的影響、以及東西柏林間的緊張感。雖然漢內思盡可能地讓我們覺得舒適自在，但沒有人可以逃避眼前實實在在的柏林圍牆。而會議的主題「分裂世界的陰影原型」（The Archetype of Shadow in a Split World）在當時也顯得異常貼切。

幸運的是，會議本身並沒有什麼意外，與會人員都能自得其

樂。身為第一副主席，我在開幕演講時有十分鐘致詞時間，我在開幕致詞中歡迎所有與會人員，同時強調能邀集許多猶太人出席這場會議是件不容易的事。這段致詞得到許多當年與會猶太人的感謝。

　　會議那年我父親八十五歲，他寫信給漢內思提及我將要成為國際分析心理學會的主席，這讓漢內思非常不高興，他衝向前問我是不是真的要跟他競爭主席一職。我跟他保證是我父親糊塗了，我完全沒有那個意圖。漢內思總懷疑我會跟他競爭，而且懷疑我一心要他早點離開主席一職。他這個想法並不完全只是個人偏執的妄想，有些人緊抓著過去歷史的錯誤而反對漢內思，單單他是德國人的這個身分就會激起過去的記憶與傷痕，許多分析師對於讓一個德國人來主導國際分析心理學會這個以歐洲國家為基礎的組織感到很不自在。事實上，確實有人意圖運作要提早讓漢內思出局，但是我拒絕跟著這項計畫起舞，因此這個意圖很快地就成過眼雲煙。

　　國際分析心理學會執行委員會的組成在柏林會議那年有了改變，出席會議的代表們表決將再增加一位第二副主席，這意味著在下一屆會議中代表們將在兩位副主席中推選出第一副主席。維蕾娜‧卡斯特被選為新增的第二副主席，那時候我很歡迎有她共事。維蕾娜散發社交互動的本質，這一點讓我為之著迷，而我也知道她在其他女性分析師眼中備受關注及尊敬。她是德語系國家知名且受歡迎的作家，我相信維蕾娜會給國際分析心理學會執行委員會帶來重要的擴展。漢內思及我都再度獲選留任原來的職位，而莫瑞‧史丹也成為策劃委員會的負責人，這個職位隨著組織的成長日益顯得重要。

　　下一屆會議的地點選在巴黎，將在一九八九年舉辦，選定的會

議主題是「分析關係的個人動力與原型動力」（Personal and Archetypal Dynamics in the Analytical Relationship）。

第一副主席，第二任任期

在我擔任第一副主席的第二任任期期間，我發現大家有事開始喜歡找我。漢內思在過去幾年來得罪了不少人，但我則傾向於與人溝通合作，因此許多榮格分析師喜歡找我商議。

因為下一屆會議即將在巴黎舉辦，大部分的組織及策劃委員會議都會在巴黎召開，與會議相關的重要議題都會徵詢當時最具影響力的法國榮格分析師埃利‧赫伯特的意見。因為事先知道在巴黎會議上會有十分鐘的開幕演講，我每週跟一位母語是法語的人練習一個半小時。這距我跟著父親到巴黎第一次參訪時間，已經超過三十年了，而這時的我還算可以說一點法語並閱讀法文，跟一九五三年那時的參訪景況完全不可同日而語！我的目標是要在會議開始時，以法語做十分鐘的開幕演說，我也確實做到了。我知道法國人很喜歡外國人能說法語，即便當今世界英語是通用語時，仍是如此。

漢內思和我平均分擔責任，漢內思處理大部分的歐洲議題，而我則主要負責以英語為母語的區域。我們兩人在工作上合作愉快，然而需要處理的事情繁雜，分析心理學的世界正開始朝著倍數成長。新的社群在南非開普敦成立了，也在紐西蘭及澳洲陸續成立新社群。我們收到來自世界各地對於學習榮格及分析心理學的興趣，出差旅行的需求也開始增加。漢內思千里迢迢地前往開普敦，而我則負責前往澳洲及紐西蘭，這些出差行程不論從金錢或是心理能量

而言，對國際分析心理學會都是個負擔；但從發展新的榮格社群角度而言，這些都是絕對必要的旅程。

前往澳洲及紐西蘭的行程安排在一九八八年八月。我偕同我的分析師妻子珍、我的女兒蘇珊娜以及她的朋友希琳（Shirin）一同前往。當然，她們的旅費是自費的，而不是由國際分析心理學會支付。八月正逢南半球的冬季中期，我們的旅程從澳洲的伯斯開始，一九八八年的伯斯感覺就好像是一九五〇年代的洛杉磯；即便是今日，它仍然地處偏遠，離最近的城市也有一千七百英里遠。然而，澳洲當地最卓越的榮格分析師禮克絲·偉佛（Rix Weaver）就住在伯斯。當年禮克絲已經八十多歲了，雖然行動不便，但身邊仍有些被分析者及學生在照顧她。

這樣的照顧關係讓我想起一九四〇年代的洛杉磯，那時專業關係與私人關係是混雜的。舉例而言：可能我們原本在某人家中用晚餐，但席間的氛圍會迅速地從社交閒談轉成對於澳洲當地未來的榮格訓練候選人的面談。我們當時還帶了一位非榮格派的精神科醫師斯蒂芬·奈斯柏（Stefan Neszpor）協助面談。後來發現在面試過程中安排一位圈外的人著實幫了大忙。

在伯斯的這段時間，我們住在穆禮爾·斯坦利（Muriel Stanley）家中，她是西澳大學知名濾過性病毒學教授的遺孀。穆禮爾曾經是榮格的學生，也學瑜伽。當我們抵達時，她安排我們坐在圓桌慶祝破冰之旅，同時說：「讓我們開始野餐吧！」面談的那一星期我們住在她家，處得相當愉快。而我也給當地的榮格社群安排了一場演講，那場講座報名參加相當踴躍。我們全都很喜愛伯斯的開放性及自由風氣。蘇珊娜和希琳兩人外出時，還見到當時也在伯斯訪

　　　　　　　　　　我的榮格人生路：一位心理分析師的生命敘說 ｜

問的柴契爾夫人（Margaret Thatcher），她們有機會跟柴契爾夫人握手，柴契爾夫人還告訴她們：「能夠出門真好！」

在結束伯斯愉悅的五天之後，我們飛往雪梨與一群對榮格心理學有興趣的人會面。這場會談集結了從伯斯到紐西蘭最南端，跨越六千英里的這塊區域內，所有對榮格心理學感興趣的人。我們對於要如何將這麼遠距離區域的人，集合在一起以成立專業社群，深感困惑。紐澳當地已經有一些分析師是從歐洲或美國接受訓練，並回到雪梨、墨爾本、威靈頓及紐西蘭南島執業，但他們所接受的訓練十分多元，從偏精神分析取向的倫敦分析心理學會到蘇黎士的古典榮格學院訓練，兩者之間有著極大的差異，要如何才能夠將這群人合併成為一個社群？

當天大約有五十人出席這場週末會議，有些人千里迢迢遠道而來。然而要滿足這樣一群多元的組成分子十分困難，我個人完全無法招架這個情況，也覺得國際分析心理學會不可能滿足所有的需要。澳洲及紐西蘭所共同成立的社群稱為「澳洲及紐西蘭榮格分析社群」（ANZSJA），但並不是所有的國際分析心理學會認證的分析師都隸屬於這個社群。有些分析師，特別是從蘇黎士接受訓練回來的分析師，認為其他人所接受的訓練不足，因此拒絕加入這個社群。那些在蘇黎士之外的地方接受訓練的分析師則較平易近人，也對於組成專業社群比較有興趣。還有一些年輕的學生對於榮格感到興趣，想要知道能在哪裡得到更多的學習指導。在那個週末結束時，我已然精疲力竭，但很滿意看見這個全球首屈一指的大區域已經有新的方向及焦點慢慢成形中。

在啟程前往紐西蘭行程的最後一站威靈頓前，我們先行到大堡

礁附近的奧費斯島（Orpheus Island）遊覽一週。威靈頓位在北島南端，那裡有足以跟舊金山灣相媲美的美麗港灣，但那兒強勁的風勢幾乎可以把人吹飛。就如同澳洲或其他地方，紐西蘭的榮格團體是由一位年長的女士所成立的，她的名字是桃樂絲‧諾曼‧瓊斯。她是紐西蘭人，在倫敦接受精神醫學和分析訓練。巧合的是，她跟五十年前當初在倫敦移民局允許我父母入境的海關人員剛好是朋友。那時候她年事已高，似乎對於馬匹的興致高於榮格心理學在紐西蘭的發展。對我而言這雖不成問題。但她對榮格的熱情，顯然不同於其他多數的第一代榮格分析師。

　　紐西蘭的社群遠比澳洲的社群小得多，有些人先前就參加了澳洲雪梨那場 ANJSJA 的會議。就如同澳洲的情況，紐西蘭的會員也在各個不同的國家接受訓練。那時候全紐西蘭只有四到五名專業會員，有些住在威靈頓，有些則住在南島。在一九五○年代，我父母曾經嚴肅考慮要遷至紐西蘭以避開北半球的原子輻射。從那時起，我對紐西蘭就感到興趣，也想要拜訪紐西蘭。我是帶著高度期待前往紐西蘭，而紐西蘭的社群對我們也是相當歡迎的，但當我發現他們的靈性氛圍遠低於澳洲的社群，在經過了澳洲的經驗之後再前往紐西蘭還是不免令人感到失望。當地放眼望去盡是農場與羊群，我們當時並沒有前往南島，據說那裡是兩個島嶼中比較漂亮的，也是主要的觀光景點。從紐西蘭啓程要回家時，我感到非常開心。

　　到澳洲及紐西蘭這一個月的行程讓我開了眼界。我童年時就目睹雙親在洛杉磯建立榮格社群，而我在啓程前也已經成爲榮格分析師有近二十年之久。然而展現在眼前的是一大片初始洪荒區域，那兒分析心理學的發展還處在嬰兒期。雖然那裡已經有一些完成訓練

的榮格分析師，以後也會有更多的榮格分析師，但我感覺自己就像是將榮格心理學帶進內地的傳教士。撇開我在洛杉磯的童年經驗，這是我在分析心理學專業社群中最初的拓展疆土經驗。

開展新的專業社群並不容易，因為過程中面臨許多需求衝突；而在澳洲及紐西蘭兩地，廣闊延展的地理區塊中零星散布為數甚少的分析師，讓情況更加充滿挑戰性。為了減輕專業關係近親亂倫的影響，分析師候選人的研討會必須要安排在中間地點舉辦，因此一年只能安排二至三場的研討會。當時的督導可接受以電話方式進行，雖然這也是不容易的安排，但從那兒回來後，我對於我們在紐澳共同完成的事項仍然感到滿意。過去二十五年來，榮格分析專業有了長足的進步，現在澳洲及紐西蘭許多城市相繼成立許多活躍的訓練中心。

在擔任國際分析心理學會幹事那幾年，我安排了許多行程。我擔任第一副主席的最後一趟行程是在一九八九年春季前往歐洲三處。第一個停留點是巴塞隆納，在那兒羅絲瑪莉・道格拉斯（Rosemary Douglas）正開始持籌組分析師社群。羅絲瑪莉出身英國家庭，在南美的巴塔哥尼亞（Patagonia）長大。她的家人把她送到英國接受大學教育，她在英國求學期間遇見一位西班牙人並共結連理，婚後兩人返回巴塞隆納，隨後經歷了西班牙內戰。她當時想要接受榮格分析，因此在第二次大戰期間，她經由法國被德軍占領區前往蘇黎世接受梅爾的分析。在一九八〇年的舊金山會議，她成為國際分析心理學會的個人會員。那時沒有多少人認識她，但因為有詹姆斯・希爾曼及阿道夫・古根別爾—克雷格的推薦，她經過表決通過成為會員。一九八九年，有好幾位心理學家都在被她分析及督導的

學習歷程中，人數足以形成一個非訓練社群，因此需要國際分析心理學會派員評估這些候選人的素質，於是由漢內思及我前往巴塞隆納和他們見面。在我的行程中，羅絲瑪莉‧道格拉斯開車載我往返於巴塞隆納的機場，能夠在她的開車技術下倖存真的是奇蹟！

　　巴塞隆納當地許多的分析師候選人利用假日飛往法國接受分析及督導。當他們在法國時，他們會連續進行數小時的分析或督導，因此能夠累積足夠成為國際分析心理學會會員的門檻督導時數。基本上，這些候選人都合格；但是羅絲瑪莉是唯一會說流利英文的人，而我的西班牙文在當時基本上是完全不行的。漢內思及我都覺得他們夠資格成為國際分析心理學會的團體會員，因此應該可以在八月份的國際會議中接受推薦成為會員。我對於他們在一天中接受數小時的分析及督導的方式並不甚在意，因為這明顯是他們唯一能夠累積所需要時數的方式，我們認為必須要依現實考量接受這樣的方式。

　　繼巴塞隆納之後，我前往維也納。漢內思跟奧地利當地一群想成為榮格分析師及國際分析心理學會會員的分析師候選人已經工作一陣子，漢內思定期會到維也納和他們一起工作，當地所有的分析師候選人幾乎都在一九八三年耶路撒冷會議中都通過認證，只有一位候選人沒通過，雖然我記不清楚實際原因。在一九八八年，她要求重新被考評成為國際分析心理學會的會員。但這是一個複雜的狀況，因為每次漢內思到維也納時，他都是留宿在這個被拒絕的候選人家中，而其他候選人對於漢內思跟她的關係心知肚明。因為這層因素，漢內思詢問我是否願意去維也納面談她，而我同意前往。

　　這次會面成為我在國際分析心理學會執行委員會中最困難的一

項工作。她是維也納的醫師，但她的資歷有問題，不過我已經不記得問題的詳情，再次面談後要告知她不會被接受成為會員也是一項困難的工作。漢內思相信我能夠圓融地處理這個情況，我覺得我也這麼做了。奧地利的社群知道我當時人在維也納，知道我為什麼前來，因此我也跟社群的其他人見面。我們對於這位女性候選人提案的最終議處，想法是一致的。

這趟旅程的最後一個目標是前往巴黎，參加執行委員會籌劃一九八九年八月國際會議的最終定案。主要的工作是確定會議議程安排、住宿飯店安排、以及在聯合國教科文組織（UNESCO）大樓的場地安排。對於籌劃這場會議，我的焦慮感遠甚於之前其他會議，因為我希望在這次會議中被選為國際分析心理學會的主席，當時主席的選舉仍然開放接受其他人競爭，所以對於即將來臨的會議我感到既焦慮又期待。

【第九章】一九八九至一九九二年國際分析心理學會主席首任任期

一九八九年國際分析心理學會巴黎會議

巴黎會議召開之時，我覺得我已經準備好要成為主席了。然而會議並不如我預期的開展，著實出乎我的意料！

會議在聯合國教科文組織大樓召開，而住宿的飯店則是高級的威斯敏斯特酒店（Westminster），我們拿到夏季的房價，價格稍算實惠。這一屆的主題是「分析關係中的個人動力與原型動力」（Personal and Archetypal Dynamics in the Analytical Relationship），而且因為種種原因，例如：位在巴黎、場地安排在聯合國教科文組織大樓、以及會議主軸等，在在吸引了廣大的聽眾群。我每週和法國研究生的法語對話練習也值得了，會議副主席能夠用法語致十分鐘的開幕詞，我認為對主辦國法國是非常重要的。法國當地會員親切招待我們，而與我們共事的主要對象是法國社群的主席西蒙娜・克勞斯（Simone Clausse）的先生瑾・克勞斯（Jean Clausse）。

法國分析社群中的主要創辦人及最具影響力的人是埃利・赫伯特。埃利曾經是天主教神父，他在一九五〇年代接受榮格分析，也是榮格最後所見的病人之一。埃利後來離開神職，並與一個年輕的

一九八五年在法國吉維尼（Giverny）近郊的野餐會。左起：美莎・格魯伯、湯瑪士・克許（背對鏡頭）、榮格分析師埃利・赫伯特及珍・史丹（Jan Stein）。

瑞士女士美莎・格魯伯（Myrtha Gruber）結婚，她後來也成為精神科醫師。我在一九八三年耶路撒冷會議後的第一次執行委員會會議中初次見到埃利，兩人一見如故，此後在每個場合中都有機會見面，每年至少見面兩次。因為漢內思・迪克曼在巴黎南邊有間房子，他通常會把會議安排在巴黎舉辦。此外，埃利的妻子美莎曾經到舊金山數週，跟著優秀且富創意的精神分析師及心理治療研究員馬爾迪・霍羅威茨（Mardi Horowitz）學習，他當時是加州大學的精神醫學教授。馬爾迪跟我在洛杉磯時唸同一所高中，也都是網球隊隊員，因此我們彼此認識已經有很長一段時間。

　　珍和我在那年暑假常跟美莎見面，因此加深了我們四人的情

誼。埃利在我遇見他之前曾經切除腎細胞癌，本以為已經痊癒了，很不幸的是癌細胞復發。到一九八九年時，雖然他的意志還很堅強，但已經病得無法下床了。我們曾到他位在巴黎左岸的那棟十五世紀美麗公寓中探訪他，他在那裡又多活了一年的時光。埃利是我所見過的人中讓人印象最為深刻的其中一位，他是榮格圈中氣宇軒昂的巨人！法國的分析師們都仰望他在個人及專業人生中所給予的方向指導，凱隆出版社（Chiron Publications）曾經出版他的書，書名是《榮格》（*Jung*），這是一本有關榮格著作中最深奧、也最有趣的導論。對我而言，和國際分析心理學會的關聯中最實在的收穫就是遇見埃利。我們的人生還有另一個相關性，就是後來我也得到腎細胞癌。幸運的是，過去十年來新的藥物學發展，讓這種可怕的癌症得以治療，但這些藥物在埃利跟他的癌細胞搏鬥時還未出現。我跟埃利兩人在手術切除帶有癌細胞的腎臟後，都被醫師告知我們已經痊癒了，但事實上完全不是醫師所說的那樣，這不僅是我們兩人的經驗，許多腎細胞癌患者也是如此，癌細胞在復發前可以潛伏許多年。

巴黎的會議進行平順，雖然有些講者嚴重超時並影響了會議的流程，其中有一位講者卡洛斯·拜因頓（Carlos Byington）超時半小時還欲罷不能，最後必須動用人員將他請下台。

會場情緒的高點是討論榮格及其反猶太之名的小組座談。座談上有傑若米·伯恩斯坦（Jenme Bernstein）、阿道夫·古根翰－克雷格、和阿里耶·梅登邦（Aryeh Maidenbaum）。梅登邦揭露了蘇黎士分析心理社團在一九四四年十一月由東尼·沃爾芙及梅爾所簽署的一份文件，文件中註明猶太會員必須限額在百分之十以內，在場

聽眾對此驚訝不已。但我對此並不訝異，因為我在幾年前就曾聽阿道夫‧古根別爾—克雷格提過這件事。一九四四年，許多美國組織及大學都針對猶太人有類似的限額規定。可以想見的是，當我在一九五六年於美國申請醫學院時，這種猶太限額規定無論在哈佛、耶魯或其他全美的私立醫學院都仍然存在，其他組織也都有限額規定。但從一九五〇年代末期開始就有了轉變，針對猶太人及其他少數族群的限額制度在接下來幾年逐漸消失，直到我在一九五八年進入耶魯醫學院時，猶太學生的比例提高到近四成左右。在經歷這些改變之後，分析心理社團當年的限額制度並不讓我感到訝異，但讓我訝異的是這份文件的簽署時間點。一九四四年十一月，已經是戰爭的尾聲，同盟國已經很明顯地將會贏得這場戰爭。為什麼在這個時間點簽署這份文件？我不知道。我曾經試著問過梅爾，他馬上變得充滿防衛性，我也從來沒有得到他的明確答案。在那場小組座談會後，許多聽眾要求分析心理社團對此公開道歉，即便在一九八九年時分析心理社團的成員沒有一個是一九四四年將這項規定納入組織章程的會員。在此時寫一封道歉信，在我看來沒有道理，但伯恩斯坦對於我的回應感到不悅，他認為有必要寫一封信給當時蘇黎士分析心理社團的主席阿弗瑞德‧里比（Alfred Ribi）。約翰‧畢比被指派寫一封信寄到分析心理社團，他跟傑若米‧伯恩斯坦兩人共同寫了一封要求道歉的信件。我記不得蘇黎士分析心理社團對此的回應，回想起來這也是件有趣的事。不過，以全體會議為名寫一封要求道歉的信件倒是讓參加小組討論的人士一致感到滿意，這也結束了從一九八三年耶路撒冷會議以來國際分析心理學會針對這項敏感議題的正式討論。只是這個主題仍然爭論不休，只要是我或其他人

出席精神分析團體的演說，這總是第一項被提出來討論的議題。對榮格及分析心理學有興趣的歷史學家已經在蘇黎士的書庫及其他地方深入挖掘探尋，現存的文件在在顯示雖然榮格對猶太人的態度並不是特別正面，他也寫了很多信件支持歐洲猶太人，許多猶太人在榮格的推薦下得以在二次大戰前逃離納粹的掌控。但這仍然是我四十五年身為榮格分析師人生中多次被攻擊的主題。我的猶太裔父母在一九三〇年代接受榮格分析，但他們完全不覺得榮格有反猶太的傾向，這個事實對於許多懷疑榮格的人而言是怎麼都難以相信的。除了這一點之外，他們也問及身為猶太人的我怎麼能夠支持榮格，在以猶太聽眾為主的場合，這通常會是強烈表達的指控。相反地，榮格幫助我父母的這個事實並不足以成為榮格反猶太的反證。

事實上，這些質疑榮格對猶太教不友善的言論壟罩了我整個專業生涯，這在意識層面上解釋了我為什麼會出版我父親與榮格的書信集。當最早的指控在一九三四年出現時，我父親就直接詢問榮格有關反猶太態度及榮格是納粹黨一員的指控。在那些信件中，榮格清楚地條列他對於猶太人、猶太教及佛洛伊德的觀點。我建議讀者可以參閱他們兩人的書信內容。讓我感到困擾的是，只有極少數人是真的看過這些書信內容，大多數人持續指控榮格，卻不屑於花時間好好閱讀榮格當時針對猶太教這一議題的親筆回覆。

選舉照例在國際會議中辦理，我被選為主席。事實上，我並非正式被選上，而是按照往例，除非有非常的狀況發生，第一副主席自然晉升為主席。維蕾娜‧卡斯特當時也被提名角逐，我害怕雙方角逐將演變成組織的分裂，不過她婉拒和我競選，她似乎覺得她需要再等待屬於她的時機，因為在我的任期之後她幾乎一定會被選為

主席。

　　真正面臨競選角逐的是兩位第二副主席的職缺，競爭這兩個職位的三位候選人分別是：魯格·肇嘉、伊萊·魏斯塔博及古斯塔夫·波萬希彭。古斯塔夫·波萬希彭曾經擔任漢內思·迪克曼的榮譽祕書，雖然漢內思備受尊敬但有些分會並不喜歡他，我認為古斯塔夫被認為是漢內思一派對他並不利。我在舊金山及史丹佛時就認識伊萊，他那時在史丹佛受訓，他也是舊金山榮格學院的畢業生，我對他的支持也是當然的，特別是這意味著支持我們自己的團體。我並未號召反對古斯塔夫，也沒有在我們自己學會委員外特別為伊萊說好話，但當古斯塔夫輸給魯格及伊萊後，他對我很生氣，指控我到處散布他的壞話。這完全不是真的，但他並不相信我的否認。即使在二十五年後的今天，我仍然相信他沒被選上的主要原因是因為他被視為漢內思一派，再加上二戰後對德國歷久不消的負面感受也是他沒被選上的另一個原因。在大眾眼中，對德國的負面感受幾乎還沒消退。舉例而言，二〇一三年《紐約時報》又報導了猶太屠殺中發現當年總共有集中營、奴役營及監獄共計四萬兩千五百處，這些地方收容猶太人、吉普賽人、同性戀者及少數族裔，收容者後來都被強迫勞改或處決。這也難怪對於德國的負面情緒歷久不退。

決定榮譽祕書

　　我擔任主席後指派莫瑞·史丹擔任我的榮譽祕書。起初這職位純粹是榮譽職，一般而言這職位由主席所隸屬的分區學會中較資淺的人擔任，但阿道夫做了改變，讓詹姆斯·希爾曼成為他的榮譽祕

書，後來則由尼爾‧米克樂姆擔任。尼爾是當時在蘇黎士執業的英國同僚，他後來返回英國，在二〇一三年十二月辭世。尼爾是個優秀的英國醫師，也是卓越的榮格分析師。在那一屆會議後，他跟著阿道夫在蘇黎士執業，兩人也成爲好友。

榮譽祕書一職的職責隨著時間而轉變，因著國際分析心理學會的擴大，這職位也變成一個眞正的工作職。我想要一位與我對等的工作夥伴，而不是要找一個比我資淺的人幫我。起初，我考慮好友查爾斯‧克萊夫（Charles Klaif），早在幾年前我就徵詢過他是否有意願接下這個職位。他同意接受，但後來我們兩人的共同好友找上我，說查爾斯的立場過於偏向精神分析。這位朋友認爲查爾斯可能會有困難去同理國際分析心理學會中其他榮格社群中常見的原型觀。我思考後，認爲這位共同友人的想法八九不離十。那時查爾斯的妻子得了癌症，我順勢利用這個理由建議他可能需要費心照顧妻

精神科醫師兼榮格分析師查爾斯‧克萊夫，是友人也是專業同僚，約攝於一九七八年帕羅奧圖的克許家。

子，將無時間及精力擔任榮譽祕書一職。他表面上雖然同意，但顯然因為我不想要他做榮譽祕書一事而深深受傷，這幾乎斷了我們的友誼。很不幸的是，他妻子的癌症相當嚴重，她在我擔任主席任期期間就過世了。

查爾斯和我曾經在一九八五年五月同遊法國。當時我需要到巴黎參加執行委員會會議，因此查爾斯跟我藉由這次機會遊覽諾曼第及其他二次大戰的知名地點。參訪諾曼第海灘及博物館是個讓人感動的經驗。查爾斯的連襟拉爾夫（Ralph）在早些時候曾經邀請查爾斯一同旅遊，但查爾斯的妻子達琳（Darlene）不想要她的先生跟拉爾夫同遊法國，她認為他們可能會在不該去的地方玩得太過火。不過，達琳同意查爾斯與我同行，因為她很確定如果是我們兩人一起出遊，我們將不會涉足任何查爾斯回家後不能告訴他妻子的場合。在這一趟旅程中，我們在漢內思夫婦巴黎南邊的農舍留宿一晚，對我們兩人而言這是一趟值得紀念的旅程。查爾斯在他的妻子過世幾年後因為心臟病突發而過世，因此即便查爾斯沒有成為我的榮譽祕書，每當想起那段旅程我都滿懷感傷，那真是一趟很棒的旅程。

反思過往，我覺得我對於查爾斯這件事的決定下得太早了，事實上我並不需要這麼早就規劃。事先規劃是我這一輩子的行事模式，有人可能會認為這是我外顯直覺型的一部分，但我認為這也透漏了深層的不安，因此我喜歡早早地就把事情規劃好。我很欣賞阿道夫在國際分析心理學會擔任主席時的作風，而找對等同僚擔任榮譽主席的想法也很對我的味，查爾斯·克萊夫就是那樣的角色。可是後來我想要有一個能夠跟蘇黎士維持良好關係，同時也能對上歐洲榮格精神的人選，莫瑞·史丹曾經籌辦在新墨西哥州幽靈牧場

（Ghost Ranch）的會議，在在證明了他交際廣泛的才智及卓越的組織能力。多年來這些會議總能吸引大批榮格派聽眾，因此我認爲我能夠跟他合作共事。選擇莫瑞是對的，而我們兩人六年的合作關係也相當順利。學會在這六年中不論在心理或地理層面上都有許多新拓展，而莫瑞的建言功不可沒。

另外一件跟一九八九年會議相關的陰影事件，則是國際分析心理學會與法國榮格社群的私相授受。在選定巴黎舉辦會議時，國際分析心理學會曾經私下允諾提撥三萬瑞士法郎給法國的榮格社群建置兒童診所，這個交易讓我大爲吃驚，不知所措。最後，我向阿道夫·古根別爾—克雷格詢問，他表示不知情，但建議我什麼都別說，因爲錢是用在好事上。我因此什麼都沒說，當然也什麼都沒做。但如今回頭看我當時的處理方式，我對此感到遺憾。這筆款項必須放在檯面上處理，同時也應知會執行委員會，但我當時才剛接任第一任主席，而我並不想要一開始就進入對質的關係。這是我想做好人做過頭的結果，因此沒能採取堅定的態度及立場。我不知道是不是自以爲是，但我發現漢內思的性關係、飲酒問題，再加上這件與法國社群的私相授受事件，在在讓我難以承受。後來古斯塔夫及漢內思拿我在國際分析心理學會花過多的差旅費這件事攻擊我，不過當時因爲我的位置，已經不適合再提起這些事情了。

巴黎會議結束之時，東德人開始蜂擁進入匈牙利。那時候沒有人知道到底是怎麼一回事，但很快地所有東歐都被捲入了這場政治風暴，共產主義在波蘭、捷克、羅馬尼亞及巴爾幹半島相繼倒台。自一九八九年開始，國際分析心理學會就陸續收到前東歐共產主義陣營國家對於學習榮格的興趣，以及詢問該如何能讓他們的興趣有

所進展。這不是件容易的事，因為當地人們得冒著危險祕密地研究榮格，他們有可能為此而被監禁或被殺。

在會議之後，我返回帕羅奧圖，在莫瑞的協助下開始我的國際分析心理學會主席任期。莫瑞給的第一件優秀建議，就是提議即將舉辦的新任主席副主席會議將在沒有議程的前提下以度假靜修的形式進行。莫瑞建議我們前往他在蘭奇區（Sea Ranch）的住所開會。蘭奇區坐落於加州北海岸，是一個具有高度內傾氛圍的地方。莫瑞之前曾經跟友人去過那裡，因此知道那會是一個適合大家靜思且認識彼此的地方。我們這批人在未來將會共事六年，而我們這一屆也比國際分析心理學會前幾任的行政團隊年輕至少一個世代，我們代表著新的態度並為組織帶來年輕的氛圍。起初，度假靜修的會議形式提供團體凝聚力，因此剛開始主席及副主席間的工作氣氛相當美好；但是在我第二任任期時，情況就開始崩裂。不幸的是，我並沒有我擔任主席六年任期點點滴滴的完整紀錄。我很清楚單憑我的記憶，可能會過度強調某些事件，也可能自動刪去其他事件。

兩位執行祕書

我的兩任主席任期是在網路時代出現之前。在一九八九年，傳真機尚在發展階段，而國際分析心理學會的執行祕書伊馮‧崔博（Yvonne Trüeb）才剛開始學習使用。起初，我需要費很大心力鼓勵她使用傳真機，因為她在會議過後好幾個月還沒有拆封傳真機。在那六年中，傳真機、電話再加上一般的書信往來是溝通的主要媒介，我減少了我的臨床工作時間，把週四整天空出來答覆信件。一

位友人建議我可以聯絡尤蘇拉‧埃利來幫助我處理手邊大量書信，尤蘇拉曾經協助籌辦一九八○年的舊金山會議，她生於蘇黎士，後來在一九五○年代移居舊金山；對二次大戰後的人們而言，美國就如同天堂一般。尤蘇拉會說流利的英語、德語、法語及義大利語，因此能夠勝任處理來源廣泛的書信，當時的書信往來大致上就限於這四種語言。因此基本上我有兩位執行祕書，其中一位負責北美事務，而伊馮則專門處理歐洲事務。起初這樣的安排進行得很順利，但隨著時間的發展，尤蘇拉開始統籌較多的國際分析心理學會綜合事務。伊馮本身在蘇黎士的一個基金會仍有份全職工作，因此漸漸從國際分析心理學會的祕書職退下，但仍然持續為蘇黎士的榮格學院工作。尤蘇拉及伊馮兩人後來在許多時機仍持續替國際分析心理學會行政團隊做一些特別的工作。在我寫這本書的時刻，伊馮仍然為蘇黎士的國際分析心理學會及榮格學院做兼職工作，而尤蘇拉則已經退休了，當然也卸下國際分析心理學會的工作。我必須對尤蘇拉大大讚揚，她是個聰慧的內傾型，能夠以難以置信的效率輕鬆搞定國際分析心理學會的日常事務。因為所有事情都井然有序地在她的掌控中，連帶著讓我的主席角色有好形象。我在主席任期上的成就都要歸功於尤蘇拉，直到現在我們都持續維持友好關係。

伊馮和我仍然維持聯繫，但是方式則有些不同，她的兒子韓思瑞迪（Hansruedi）一家人每年會到柏克萊兩次從事研究或度教授年假。在他們第一次到訪前，我跟尤蘇拉幫他們找到租賃的房子，我也幫他們一家找到一輛車。韓思瑞迪的妻子莉莉安（Liliane）是一位優秀的藝術家，他們一家人曾經在北加州度過美好的兩年，因此常回來度假。這些年來，我們跟崔博家的年輕一輩及四個孩子建立

了很深厚的連結。韓思瑞迪在蘇黎士工作很努力，是一位很有成就的律師，每次當我們造訪蘇黎士時，都會和他們有愉悅的會面。因此，這些年我跟伊馮都是間接地透過韓思瑞迪而取得聯繫。

亨利・威爾莫

我才剛從巴黎會議回來，就接到拜訪各地榮格社群的邀請。第一個邀約來自德州薩拉多（Salado）的亨利・威爾莫（Harry Wilmer）教授。他當時正籌劃在薩拉多舉辦的榮格分析跨區學會的秋季會議，他認為我的出席將會為紛爭頻仍的會議帶來一些安定感。他也為出席會議的分析師、榮格分析跨區學會的分析師候選人及薩拉多人本學院的社員，安排了由蒙塔格・厄爾曼（Montague Ullman）及其他兩位講者主講的一天會議。亨利當時並未邀請我主講，但他邀請我出席與會。薩拉多是個位在山巒中的美麗小鎮，座落在昔日西部契茲恩趕牛徑道（Chisholm Trail）上。我對亨利有許多正向移情，因此很期待在薩拉多與他見面。

我第一次見到亨利時，他還是史丹佛大學精神科的教授，他也是我在聖馬特奧郡立醫院社區心理治療住院部的諮詢對象。那時候他即將完成佛洛伊德精神分析訓練課程，他也是我在住院醫師時期所遇見最好的老師。亨利將社區心理治療的概念帶入美國的精神科，在美國精神醫師圈中備受尊崇。在我接受住院醫師訓練期間，他先調往舊金山的藍利波特療養院（Langley Porter），後來又轉往德州天普市的天普懷特診所（Temple White Clinic），最後在德州薩拉多市成立人本學院，學院請到許多卓越的人本主義學者演講。從

一九六〇年代開始，他對榮格的心理學產生極大的興趣，開始接受榮格派分析，在一九七四年就成爲國際分析心理學會的個人會員。

因爲亨利原本就是美國精神醫學學會的傑出終生會員，在一九七三年五月，他讓榮格分析師得以出席美國精神醫學學會的檀香山年度會議，當時身兼美國精神醫學學會暨美國精神分析學會會員的喬瑟夫·惠爾賴特也獻上一臂之力促成這件事。我當時是小組座談的一員，這是榮格學派對美國精神醫學學會聽眾群的第一次正式報告，小組座談進行得相當成功。因爲亨利的鋪路，榮格學派才得以成爲美國精神分析學會的會員。從那時開始一直到約十年前他去世爲止，他是個多產的作家，也是榮格會議中的演說常客。多年來，我和他的家人們都熟識，包括他摯愛的妻子珍（Jane）及他的五個孩子。亨利有著令人難以置信的藏書，也寫了無數的論作，透過珍·威爾莫及亨利以前的學生（目前也是芝加哥的榮格分析師）斯蒂芬妮·法里斯（Stephanie Fariss）的慷慨幫忙，他的多數榮格相關藏書收藏於台灣台北的實踐大學內，提供當地的學生使用。

墨西哥的榮格社群

第二個邀約來自於墨西哥市的瑪麗·阿巴克·克萊姆（Marie Abaque Klem），她希望我拜訪墨西哥市，並與她所帶領的多個榮格學習小組成員見面。瑪麗·阿巴克·克萊姆在蘇黎士接受訓練，她有部分的時間待在原生地墨西哥市，其他時間則待在蘇黎士。她當時幫許多人分析，大多是女性，同時也帶領好幾個榮格學習小組。我當時並無意前往墨西哥市，純粹只是因爲擔心當地的飲用水安

全，因此我建議她前來舊金山一趟，討論墨西哥的情況。

瑪麗並不是第一個將榮格帶入墨西哥市的人，在她之前有許多從美國到墨西哥的人都嘗試在當地組織榮格訓練計畫，但直到瑪麗之前都沒能真的落實。雖然百般不情願，我了解我必須冒著可能生病的危險前往那裡一趟，因此在一九八九年十月我安排一個長週末前往墨西哥市，瑪麗親自到機場接我，一路負責安排我抵達後一直到週日離開前的所有行程及事宜。

墨西哥市的學習團體不單是女性成員，而且全是猶太女性。更特別的是猶太女性還被區分為中東猶太女性及純然東歐俄羅斯猶太女性兩派。這兩派有著顯然不同的文化背景，但我在一陣子之後才搞清楚狀況。我對於東歐猶太文化較熟悉，源自於我在洛杉磯成長時期所結識的同伴的背景。在墨西哥市的這些東歐猶太人，絕大多數都想要到美國定居，但限於當時的移民限額制度而無法入境，最後只能落腳墨西哥市。另一方面，來自中東的猶太人則有著完全不同的文化傳承，他們的風俗與食物都明顯不同，他們有自己的中東集會堂，有別於東歐猶太人集會堂。這兩派彼此熟識、有些互動，也彼此尊重，但在文化上是截然不同的，不過他們卻隸屬於同一個榮格學習小組。我必須承認這些女人都頗具吸引力，她們已婚、有孩子、有僕人，也很富有。我被她們深深吸引，並讓我重新連結我在一九六四年跟著我父親到瓜地馬拉拜訪他的母親及親人的那一趟旅行，因此一九八九年那一趟我原先充滿擔憂的旅程，後來反倒變成了一趟愉快的行程，這些來自墨西哥市充滿吸引力的女性治療師給了我如同皇室般的招待。

我回來之後，從我的舊金山同僚中組了一群我認為可能會喜歡

前往墨西哥市教學的計劃小組，我已不記得實際上到底有多少人對這項計畫有貢獻，但有好幾位講師後來的確成行，也得到墨西哥榮格學習小組的報酬。我也建議學習小組的成員參加即將在美國洛杉磯舉辦的國內會議，因為我認為這將會是將他們介紹給大型榮格專業社群的好機會，小組中有好幾位成員也的確出席了一九九〇年秋季在洛杉磯舉辦的國內會議。

接下來的十年，我每年前往墨西哥兩次，籌辦教學、講課並參加當地規劃的心理學會議，但我沒有再見過瑪麗‧阿巴克‧克萊姆。她離開了榮格學習小組，而當時和我合作最多的分別是柏翠莎‧米尚（Patrizia Michan）、茱莉‧魯賓斯坦（Julie Rubinstein）、賈桂琳‧格森（Jacqueline Gerson）三人。我在第一次前往墨西哥時就見過賈桂琳及茱莉，但一直到一九九二年才認識柏翠莎。這三人隸屬於想要成為榮格分析師的小團體，因此積極爭取訓練機會。大部分的人夠有錢，因此得以固定往返美國接受分析及督導。

柏翠莎來自於中東猶太社群，她擁有一棟三層樓的建物，並將之提供作為教學及臨床工作的設施。在建物內有一間大型的研討室，裡面設有同步翻譯的設備，那是一處舉辦研討會及督導的絕佳場地。

一九九二年十月，這個還在成長中的榮格社群發生了一件大事。墨西哥市的一所主要大學辦了一場名為「原型與墨西哥文化」的活動，索婭‧馬亞緒、席歐‧阿布特（Theo Abt）及我都獲邀擔任這場大型會議的講者，在會議之前，我接受墨西哥市數家主要媒體的採訪。

索婭和我在蘇黎士時就熟識，那時我們常一起聊天。儘管先天

殘疾而行動不便，她直到晚年前都相當活躍，到處旅遊。索婭在蘇黎士是非常受歡迎的分析師，也是個天資聰穎、具有高洞察力及智慧的女人。有一次她在蘇黎士的一場晚宴中，給了我一個我這輩子都忘不了評論。那時候我是國際分析心理學會的副主席，旋即就要成為主席，當時的我在榮格圈中可說是個公眾人物。但是，她點出我在鎂光燈下的矛盾，這也讓我反思我內在的緊繃狀態。部分的我總是被前台的聚光燈所吸引，但另一部分的我則傾向於待在後台。我仍然可以感受到我母親是如何深切地期待我成為顯要突出的角色，但我也同樣體會到我從來都無法確定這樣的角色到底是否符合我的天性。現在的我跟以前的我相較顯得個體化，我依照對個人的意義性來選擇投入哪些公開演講，而不再是因為人家期待我演講所以我就同意演講；我也傾向於被我喜歡的聽眾、城市及對我而言重要的主題所吸引，這些都成為我做決定的重要考量因素。因為隨著歲月漸增，出差旅行變得比以往困難得多，而我授課的能量也消退不少。

然而，一九九二年索婭和我最後都出席了墨西哥的會議，但人在蘇黎士的席歐・阿布特則無法出席，代替他的是新英格蘭社群的分析師候選人斯文・多納（Sven Dorner），他主講煉金術。斯文本身帶有多元文化的背景，他的父母有一方是來自美國，另一方則來自墨西哥，因此他對兩個世界都感到自在。他旋即被墨西哥漸起的榮格團體所吸引，分別組織了在墨西哥市及瓦哈卡鎮（Oaxaca）兩地的學習及訓練團體。但是，他始終沒能打入墨西哥市的主流榮格社群，也沒能完成他在美國的訓練，沒有成為認證的榮格分析師，儘管如此他仍然非正式的在墨西哥市執業及訓練。有一陣子他因為

不正常的稅務交易而和兒子一起鋃鐺入獄，聽到這消息時眞的讓我難以置信。近期一次見到他則是在國際榮格學協會（International Association of Jungian Studies）於葡萄牙布拉加市的會議上，我們聊得很熱絡，但是對我而言他身上所背負的是榮格發展小組的陰影面。

墨西哥的發展代表著我擔任國際分析心理學會第一任主席任期的重要序章。在前往墨西哥幾次之後，我體悟到我不應該孤軍協調這個團體，而必須要納入其他人。首先，我建議莫瑞・史丹前往墨西哥，他去了一趟後也對那裡的發展情況感到興趣盎然，他跟柏翠莎在她的「中心」發展了深切的工作關係。後來，莫瑞邀請貝弗蕾・扎布里斯基（Beverley Zabriskie）南下，她同樣地被那裡讓人喜愛的教學、督導及接案的環境所吸引。莫瑞及貝弗蕾也變得更投入於墨西哥，我則慢慢地從那個團體中退下，因爲手邊有其他國際分析心理學會的事物要思量，我沒能在墨西哥的情況中花太多時間及精力。

然而，想成爲榮格分析師的墨西哥治療師團體與時俱增，有興趣的治療師們前往美國接受分析及督導。賈桂琳・格森志在舊金山、茱莉・魯賓斯坦前往芝加哥，而柏翠莎則投向紐約，但也有部分的訓練是在聖地牙哥完成的。在我擔任國際分析心理學會第二任主席的尾聲，柏翠莎成爲墨西哥的個人會員，還有其他人也都在往個人會員的路上前行。在此同時，我也看見在團體中所發展的張力與角力，眞正爆發點是在我第二任任期結束之後。我在墨西哥一年授課兩次，到二〇〇〇年才結束。在結束的時候，我想他們對我也有些厭倦了，再加上在那裡所發生的一切風波也讓我想要退出。

我常常反思我引領這一群墨西哥女人進入訓練的經驗，她們主

要都是猶太女人，我覺得我藉由遇見她們更了解我父親的心理。在墨西哥花了更多時間之後，我才看見我父親出生於瓜地馬拉這件事對我帶來的影響遠比我所認為的還深。我母親所背負的德國猶太家庭背景是我兒時的主要影響源，但我跟這一群墨西哥猶太女人的經驗則讓我更加意識到我父親的瓜地馬拉背景在他身上的深刻影響，以及之後在我身上帶來的影響。

《分析心理學期刊》一九九〇年倫敦會議

當然，國際分析心理學會的主席一職還附帶許多其他的職責要求，大部分都來自於北美以外的任務。一九九〇年一月，我以國際分析心理學會主席的身分做了第一趟海外行程。英國的分析心理學會當時計畫將他們所擁有的《分析心理學期刊》轉為結合英國及美國兩地聯合編輯的期刊，因此召開了會議，找來了英國代表羅絲瑪莉‧高登（Rosemary Gordon）、茱蒂斯‧哈巴克（Judith Hubback）、安德魯‧沙繆斯及美國代表約翰‧畢比、莫瑞‧史丹及我共同開會討論這個問題。我們抵達寒風刺骨的倫敦，在假日飯店待了兩天，討論如何進行聯合編輯。這不是件容易的問題，因為這對分析心理學會而言，等於是要放棄對期刊的控制權。這份期刊是在麥可‧福德罕的指導下，於一九五五年創刊發行。這麼多年來，期刊已經成為分析心理學發展派的發聲管道；而如今這本期刊將對美國人開放，意味著分析心理學邁入更多元的觀點。在接下來的幾年，期刊將會面對許多難處。出版單位將會在美國及英國各自的多樣觀點下，繼續角力哪些該出版發行及哪些不該出版發行，而誰又擁有

一九九○年倫敦會議討論將英國《分析心理學期刊》與美國版合併事宜。左起：英國榮格分析師茉蒂斯·哈巴克、舊金山榮格分析師約翰·畢比以及英國榮格分析師羅絲瑪莉·高登。

最後的決定權告訴出版商是或否的答案？對於大部分的討論我都迴避未參加，但是我記得，當時英國代表對於《分析心理學期刊》該刊登什麼，顯得有困難放手。當然，考量他們是期刊前三十五年的主要發行人，他們的難以放手是可以理解的。經過許多年之後，美國及英國代表才得以在編輯部中擁有等量的權限；然而在這之前的調適期，英國的分析心理學會還是期刊的所有人，也負責發行的所有財務。在倫敦會議時，我雖然已經擔任期刊諮詢委員許多年，後來也持續扮演這角色多年，但我從來沒被徵詢過有關某篇文章或是某項政策的意見，只是偶爾會被邀請針對某個主題撰寫文章。

《榮格全集》俄文版與三訪蘇聯

在《分析心理學期刊》的會議之後，我計畫要跟一位表達對榮格有興趣的俄羅斯人會面。瓦萊力・季林斯基（Valery Zelensky）是一位心理學家，他想要在俄羅斯出版榮格及榮格學派的著作。他當時人在倫敦訪問數週，而安德魯・沙繆斯安排了我和他會面，我心中感到期待但也有些猶疑。一天，我跟安德魯安排了和他的早餐會面，這是我跟季林斯基後續幾年多次會面的第一次會談。那是一場熱絡的會面，但我卻覺得困惑。一開始，感覺上他像是從外星球來的，我在這次會面中不太感覺得到他身上人性的那一面。

我主持的第一場執行委員會會議在一九九〇年五月召開，那時候已經有好幾位執行委員收到來自東歐共產主義陣營國家的個別詢問，我們才開始了解前蘇聯及東歐共產主義陣營國家的人們正祕密地研究榮格，會議中於是共同思索協助這些個別詢問者的適宜方式，最後達成了一個多方面的模式。

我接受委派前往莫斯科及列寧格勒，討論在俄羅斯翻譯及出版《榮格全集》的事宜。我事先聯絡了紐約維夫論基金會（The Van Waveren Foundation）的執行董事奧利維爾・伯尼爾（Olivier Bernier），並得到他的允諾贊助《榮格全集》俄羅斯文翻譯版每冊四千美元。直到一九九〇年春天，蘇聯開始解體，美金及其他西方的強勢貨幣比不穩定的蘇聯盧布更受青睞，擺在檯面上預支《榮格全集》每冊四千美元的翻譯費是個誘人的交易。

我在一九九〇年五月為俄文翻譯事宜而聯繫的其中一人是耶爾

　　我的榮格人生路：一位心理分析師的生命敘說 ｜

達・尼蒂克（Gerda Niedieck），她是榮格資產的代理人，負責處理《榮格全集》的所有翻譯工作。在她人生的黃金時期，她是個優秀的文學經紀人，有許多二十世紀的知名作家都是她的客戶。但是，在我與她會面的時候，她已經罹患器質性腦部疾患，會持續數小時說個不停，讓會談變得冗長而痛苦不堪。當我出席蘇黎世的執行委員會會議時，我花了數小時和她一起，得到的卻非常有限。不過，我得知蘇聯並不遵守國際出版法規，在蘇聯任何人都能將榮格的著作翻譯成俄羅斯文，沒有任何資源可以確認譯文是否正確。我得知當時市面上已經有三冊榮格著作的俄羅斯譯本，由艾米利・梅特納（Emilii Medtner）彙編。他是俄羅斯的流亡者，曾經在一次世界大戰戰時及戰後在蘇黎世研習。梅特納出生於音樂及神祕學世家，他在榮格跟佛洛伊德兩人分道揚鑣不久後接受榮格的分析。他所翻譯的三冊著作基本上收錄了榮格早期的文章，而榮格授權梅特納出版的俄羅斯文譯本也在蘇黎士出版。我在之後前往蘇聯及俄羅斯參訪時得知很多人書架上都有這三冊譯本，不過書必須藏在書架後排的夾層內。

藉由雷諾斯・帕帕多普洛斯（Renos Papadopoulos）的引介，我得以認識一群年輕的俄羅斯心理治療師，他們在自己的公寓提供個別心理治療。他們並不特別走榮格取向，但他們對於深度心理學有高度的興趣，有許多不同取向的人都爭著想要在這一群心理治療師前報告他們的治療理論。

這項計畫的每個細節及整趟旅程都是非比尋常的。首先要處理的就是取得蘇聯的簽證，舊金山有一家旅行社專門辦理簽證申請，我早早就跟他們取得聯繫，我當時覺得簽證應該是件簡單的事，但

在我們離境前往瑞士、再轉往莫斯科及列寧格勒的時刻，我們仍然沒能拿到簽證。我們在蘇黎士待了好些天，召開了執行委員會會議，也跟許多人見面討論這一趟即將啓程的行程，不過簽證依然還沒拿到。五月十六日當天，我們前往機場，要搭乘瑞士航空的班機飛向莫斯科，那時候我們被明確告知有專人會從巴賽爾把我們的簽證送達機場。我並不清楚爲什麼要從巴賽爾送過來，但我們只能在機場的貴賓室靜候。最後，從快遞人員手中十分戲劇性地接到簽證，而以這樣的方式前往當時仍是共產主義國家的行程是讓人難以安心的。直到一九九○年春天，大部分的前蘇聯共和國家都推翻了共產主義，唯獨蘇聯仍然拒絕改變。

我們抵達莫斯科後，說著一口流利英語的年輕俄羅斯夫婦茱莉亞・阿婁席娜（Julia Aloshina）及保祿・席那內斯基（Pavel Schne-vneski）在機場接機，其後我們被帶往香山・阿格契夫及瑪麗娜・阿格契夫（Seriozha and Marina Agrechov）夫婦家，這四個人是莫斯科正在發展中的心理治療團體核心人物。團體的其他成員都在場，他們以豐盛的俄羅斯餐宴招待我們，但他們稱這頓飯爲「小點心」，以這樣的歡迎儀式開啓我們的參訪行程讓人感到備受溫暖。

我們的住宿被安排在接近克里姆林宮的因圖麗斯酒店（Intourist Hotel），住在那裡讓我們有了道地的蘇維埃體驗。其中，十分可以確定的是我們的房間及進出都受到坐在走廊上那個嚴肅的金髮碧眼舍監監視，往住有股毛骨悚然的感覺。我們在前來莫斯科之前就被警告，要替每一層樓的看門狗帶些雪茄或巧克力作爲見面禮。從旅館房間灰暗又髒汙的窗戶往下看就是克里姆林宮及紅場，酒店裡是舊式的電話系統，我們始終沒搞清楚房內的電話號碼。但想跟我們

香山‧阿格契夫，是一九九○年代初期莫斯科的俄羅斯心理治療師學會的領導者。照片攝於一九九五年加州海岸，他才華洋溢卻英年早逝。

聯絡的人似乎總是有辦法聯絡上我們。他們不分日夜、時時刻刻撥打電話，因爲沒有電話留言的服務，想找我們的人只能不斷地撥打直到我們回到房間接聽電話爲止。狹小擁擠的旅館大廳裡有好幾個妓女，不啻是旅館的點綴。當我獨自待在大廳時，好幾次被這些妓女搭訕。

　　之前有人提供我兩、三家可能出版《榮格全集》俄文版的出版商，我從房間內撥打電話和他們聯絡也約了面談。出版商們聽到我們所提出的單冊翻譯價碼，都很有意願出版。我們最後選定一家願意出版全集的出版商，但他想要從《榮格全集》的第十五卷開始出版。第十五卷中主要包括畢卡索、詹姆斯‧喬伊斯（James Joyce）、佛洛伊德及其他文化相關人物的專論。相反地，他們對於臨床工作

相關的卷冊，如：《分析心理學兩論》（*Two Essays on Analytical Psychology*）並不太感興趣。我們告知出版商我們接下來會前往列寧格勒，也安排了在那裡進一步會談。

前往列寧格勒的夜車裝滿了喝醉酒的乘客，這算不上是一趟舒適的旅程。我們抵達列寧格勒後，由護送司機陪同。他是一個不會說英文的年輕人，名叫薩沙（Sasha）。從他口中我們得知俄羅斯的飛機剛剛在列寧格勒機場墜機，有許多人罹難。他的姊姊、姊夫及他們才剛出生的嬰孩也在那班飛機上，其他乘客和他們換座位好讓他們一家人坐在一起，因為換了座位他們得以在這場空難中倖存。幾天後當離開列寧格勒時，我們看見機場跑道邊的飛機殘骸。一年之後又再度造訪，那時列寧格勒已經復名為革命前期所稱的聖彼得堡，但飛機的殘骸仍然躺在跑道邊。

停留列寧格勒期間，我們住宿在普里巴爾蒂斯喀亞飯店（Pribaltiyskaya Hotel）。這家飯店就等同於莫斯科的因圖麗斯酒店，有著相同的設施及娛樂，但飯店座落於距市中心有好一段路程的波羅的海。珍跟我兩人都在聖彼得堡的精神分析學院開過研討課程，由麥可·列舍特尼科夫（Michael Reshetnikov）接待我們。他當時是個年輕的精神科醫師，也很積極地想要學習更多的西方深度心理學。他的辦公室內掛有列寧及戈巴契夫的照片，非常強烈的蘇維埃氛圍。我們也重新聯絡上瓦萊力·季林斯基（Valery Zelensky），他對於在俄羅斯出版榮格的著作顯得相當積極。那段時間我養成了喝一點伏特加及與法國干邑白蘭地相媲美的喬治亞白蘭地（Georgian cognac）。俄羅斯人很懂得享受他們出產的伏特加酒，無論是午餐或晚餐席間總有敬不完的酒。有時候吃飯跟上課間的空檔並不長，我必

在麥可‧列舍特尼科夫寓所的治療師團體，攝於一九九一年列寧格勒
（今稱聖彼得堡），當時我代表國際分析心理學會前往列寧格勒籌議榮
格著作俄文翻譯。左起：譯者茉莉亞‧利布緹那（Julia Rybutina）、心
理學家米夏‧亞瑞席（Misha Yarish）、珍‧克許、麥可‧列舍特尼科
夫的兩個孩子以及麥可‧列舍特尼科夫，麥可當時是精神科醫師也是列
寧格勒精神分析學院的主席。最右側的是列寧格勒榮格派出版商瓦萊
力‧季林斯基。

須要非常小心我的飲酒量。我們當時參訪了聞名世界的神經心理學
學院比克特涅夫學院（Bechterev Institute），一百年前巴夫洛夫（Pa-
vlov）就是在這裡做實驗的。在我們所有參訪的行程中，這所學院
對我們的參訪顯得特別謹慎小心，事實上應該說他們並不歡迎我
們。五〇年代珍曾在美國州立療養院當過實習護士，她覺得學院的
設施及情境跟她當年的經驗很像。

出版商跟我最後達成協議，俄文版的《榮格全集》將從第十五
卷開始發行。我同意代表國際分析心理學會簽署合約，也同意在莫
斯科國際書展期間重返莫斯科。這場書展是東歐共產主義陣營國家

及蘇聯境內最大的書展，計畫在三個月後舉辦。在我回到加州之後，我做了一個夢，夢見我被綁在正在航行中的七四七飛機機尾。我將這個夢解釋爲補償性的夢，也認爲這個夢主要是在提醒我似乎已經把前往蘇聯當作另一趟通勤行程。我清楚這樣的旅行對我而言是充滿危險的，因爲這行程必會促發心理膨脹感，而夢也提醒我需要嚴肅思考這趟旅程到底是不是真的有必要。

從我們離開蘇聯到我們當初同意的重返日期之間的三個月，葉爾欽（Boris Yeltsin）突如其來地取得政權。以戈巴契夫爲主的保守派共產領導們在蘇聯政局出局了，共產主義似乎已走入苟延殘喘的境地。一九九一年八月，保守派一次成功的回擊，重掌蘇聯政權，但最終不敵民意，兩、三天後葉爾欽又重新擁回政權。就在保守派掌權的短暫數日，他們取消了莫斯科的書展，我很疑惑自己是否該取消行程。當我在列寧格勒時，我聽聞有一個俄國心理學家及歷史

左圖：俄羅斯白宮前廣場，攝於一九九一年八月在葉爾欽對抗蘇聯坦克
　　　車事件兩週後，這場抗爭結束了共產政權。封鎖的石塊仍然散落
　　　地面，圍牆上的標語寫著：勿忘！
右圖：瑞士榮格分析師、出版商、友人間同僚鮑伯・欣蕭，攝於一九
　　　八〇年代。

學家，名叫薩沙・艾特坎德（Sasha Etkind）正在帕羅奧圖度教授年休假。後來我們兩人時常見面，而在蘇聯發生的一切也深深影響他。我找了我的朋友鮑伯・欣蕭（Bob Hinshaw）商討，他是榮格分析師，也是瑞士代門出版社（Daimon Verlag）的發行人，我們原先說好一同返回俄羅斯與俄羅斯的出版社簽約，也跟他們談接續的相關流程。但此時我們兩人對於是否該如期啓程或延宕行程僵持不下，最後還是決定如期前往並簽下出版約。雖然我們對於到底簽了什麼以及簽下合約所代表的意義並不清楚，但我們還是繼續向前行。數個月之後，我們拿到了《榮格全集》的第一本俄文譯本，我手中仍然有好幾冊當時的譯本，譯本裡還有喬瑟夫・韓德森所寫的短序。不幸的是，第十五卷的譯本是唯一真正發行的一本，即便後來鮑伯・欣蕭不斷嘗試，他始終沒能再跟那家出版商聯絡上。

我在這項計畫上投入許多心力，而計畫的失敗也是我主席任期間讓我覺得最感挫敗的其中一件事。從地理層面而言，任務被拉得太遠了，無法真正發揮我的效能，特別要考慮到這是前網路時代，而俄羅斯的電話系統也是舊式的。我手邊仍然有四冊俄文譯本，但我們從來沒有接到任何有關印刷、發行及販售的消息，整個計畫隨風而逝。

無庸置疑「鐵幕」及共產主義的崩解是二十世紀的重要事件。在二次大戰結束之後，世界分裂爲共產國家及自由國家，兩邊分立的狀況持續長久也讓人自然以爲這樣的分立是永久的。然後，似乎就在一夜之間，共產主義垮台，當地的人民與世界分隔這麼久，而我們這些西方人帶著不同的工具進入共產國家期待能夠影響這塊陸地上的人民。然而，蘇維埃及西方觀點之間存在著一條鴻溝，許多

事物就這樣遺落鴻溝而不得見。舉例而言，俄國人對於過去多年來精神分析及分析心理學之間的衝突是全然不知的，而俄羅斯心理治療師也沒有維持辦公室及住家界線的概念。他們的小公寓是客廳、餐廳、臥室，同時也是治療辦公室。與他們接觸不久，我就發現這些年輕的心理治療師未必想要成爲榮格分析師，而我老早就放掉了對於宣揚榮格的使命及熱情。不過，我很清楚這群剛萌芽的心理治療師中有些人終究會被榮格的理論所吸引，而我的目標就是將榮格介紹給他們，然後等著他的理念能夠在哪裡落地並生根發芽。

儘管如此，我們還是對於這群我們所遇見的年輕人的才智及深奧細緻的思維感到印象深刻。我們很喜歡茱莉亞、保祿及他們那時只有三歲的小女兒，而香山‧阿格契夫、他的妻子瑪麗娜以及他們的兩個小女兒是最熱情款待我們的一家人，這對夫婦是俄羅斯心理小組的核心。香山在四十多歲時死於心臟衰竭，對於這個剛建立的組織而言是個大悲劇，我們對於這個損失感到相當難過。

我最感動的經驗是在我第三次造訪時，那次珍以及當時在大學就讀的女兒陪同我一起前往。我們受邀拜訪心理師伊戈爾‧卡德羅夫（Igor Kadyrov）的父母，伊戈爾是個最醉心於學習客體關係理論的年輕人，他對榮格並沒有太大的興趣，不過我跟珍都很喜歡他，而他也很喜歡我們。他想要我們跟他的父母見一面，他的父母在基輔住了多年後最後落腳在莫斯科。他父親在冷戰時期是駐紮在摩爾曼斯克港（Murmansk）的飛行員，他的任務是搜尋越入蘇維埃領空的美國飛機。對他而言美國人仍然是敵人，他從來沒見過來自美國的任何人。因爲伊戈爾的雙親都不會說英文，我們的溝通非常困難。伊戈爾的母親非常親切地歡迎我們，極力地想讓我們感受如同

在家一般自在，但伊戈爾的父親不知道該拿我們怎麼辦，他雙手緊抱胸前、帶著冷酷的沉默坐在家中。我不確定是什麼讓伊戈爾的父親在態度上有了轉變，但他後來接納了我們的存在，也許是因為我們的女兒在場，她在人際互動上相當友善，也很擅長主動與他人建立關係。伊戈爾的父親最終發現我們這群人不過就是另一個家庭，跟他的家庭沒有多大差別，我們不是他的敵人。對我而言，看著我的家庭在他的眼中從敵人變成人，並且開始有些連結，是我三次造訪俄羅斯及蘇聯經驗中最有意義的一次交流。

在我出發前往俄羅斯時，我的老朋友索婭‧馬亞緒聯絡上我，索婭的家人出生於俄羅斯，一九九二年她有個堂哥健康狀況不佳，她希望我去看看她的堂哥，那時他需要做心臟手術但當地並沒有做這項手術的資源。那是一場祕密的會面，因為他當時並不被允許進入飯店，我們兩人在飯店大廳見了面並短暫交談。很不幸的是，我沒能給他任何實質的幫忙。

隔年，香山‧阿格契夫及伊戈爾‧卡德羅夫前來加州拜訪我們，我們帶他們南下到蒙特雷（Monterey）、卡梅爾海及大灣，沉浸在新景色及新文化對他們而言是一次美好的體驗，在我們開車往南經過莎麗娜谷（Salinas River Valley）時，香山驚呼「史坦貝克（Steinbeck）的國度！」，他在高中上英國文學時曾經讀過約翰‧史坦貝克的小說。

我不認為當年俄羅斯的心理治療師團體中有任何人後來對榮格感到興趣。伊戈爾‧卡德羅夫在德國受訓成為精神分析師，我們是透過一位共同的友人才認識的；茉莉亞及保祿則在到美國接受精神分析訓練。雖然在後續的幾年中我遇見一些俄羅斯的榮格分析師及

俄羅斯學生伊戈爾·卡德羅夫攝於一九九五年加州海岸。雖然他在前蘇聯解體前開始學習榮格心理學，但後來成為客體關係理論的精神分析師。

分析師候選人，但他們都不是當年那個最早團體的成員。

　　如果香山·阿格契夫還活著，也許結果會完全不同吧！他參加了在巴塞隆納舉辦的一場國際精神分析會議，他就開始有胸痛的問題。他當時並未找醫師檢查，反而藉由喝伏特加及白蘭地來緩解疼痛，不久後他就過世了，以很俄羅斯的方式結束了生命。

南非

　　我在第一任主席任期的另一項事務就是評鑑南非開普敦的榮格小組。當地小組的創始召集人是南非的一位兒童心理師，名叫維拉·布爾曼（Vera Bührmann），她在二次大戰結束後於倫敦接受訓

練成爲榮格分析師，之後返回南非。此外，小說家勞倫斯・凡・德・普司特（Laurens van der Post）不僅是英國皇室的友人，也是榮格的忠實支持者，他就是在南非出生及成長的。他當時計畫要在開普敦成立榮格社群。凡・德・普司特提出願意贊助英國的分析師前往開普敦生活及工作五年的籌碼。分析師朱利安・大衛（Julian David）接受這項提議，並同意幫許多合格的心理師及精神科醫師分析。開普敦的小組在這兩位分析師的帶領下逐日發展，主要是由朱利安・大衛提供分析，而維拉・布爾曼則擔任督導。這樣的訓練模式是個特例，但受限於開普敦與其他榮格社群間的地理距離，這也變成唯一的選項，不過這樣的安排對所有相關人員而言都是充滿壓力的情況，朱利安・大衛在剛接手這份工作時就有一次心臟病發作。在朱利安・大衛待在開普敦的五年中，來自愛爾蘭的派屈克・杜夢（Patrick Tummon）在完成蘇黎士的榮格學院訓練後移居開普敦。來自芝加哥的李・羅羅夫（Lee Roloff）也開始前往開普敦授課，他對那裡的小組有著深刻的承諾。我跟李曾在芝加哥碰過面，當時他還跟我分享他對南非小組裡每個成員的印象。

　　因爲開普敦與加州間的遙遠距離，爲了要替國際分析心理學會省錢，我單獨前往那裡。現在回想起來，我認爲這是個失策，因爲這等於是讓我單獨承擔無與倫比的重擔。我到達開普敦之後，維拉到機場接我，她那時已經八十好幾了，坐上她的車就等於是拿自己的性命開玩笑。我們在行程中沒有太深的交談，但她一見到我就提到我是以敏銳的覺察力及能夠立即進入狀況而聞名，她告訴我她的學生們也都很清楚這一點，因此，他們對於我的參訪顯得小心翼翼。她帶著我從機場直接去見開普敦小組成員，會場房間內充滿緊

繃的氛圍。我的任務是在接下來的一週半跟這十六位榮格分析師候選人個別面談兩小時，同時安排了好幾場的團體會談及兩場由我主講的公開演講。在面談中我發現了一個違反界線的事件，因此讓其中一位候選人失格。這不是一個容易的決定，我不希望由我獨立承擔這個責任，因此我跟莫瑞・史丹諮詢了這個狀況。然而，整體來說這是個相當優質的一群治療師團體，和他們的面談也是個讓人滿意的過程。一九九二年五月，南非八位分析師候選人的會員申請被提交於國際分析心理學會執行委員會，並順利得到通過認可。此外，許多南非的分析師候選人出席了一九九二年八月在芝加哥舉辦的國際分析心理學會國際會議，他們在出席委員們的認可下都個別獲准成為分析師，當年會議中也認可南非成立專業團體。剩下的八位治療師，因為尚未累積足夠的分析及督導時數，繼續待在新成立的團體中接受訓練。

　　前述一切都發生在南非社會及政治經歷巨大轉變的時期。曼德拉（Nelson Mandela）在一九九〇年代初期從獄中被釋放，而我在這之後的兩年，也就是一九九二年三月抵達南非。我認為當地所有的榮格分析師候選人都支持廢除種族隔離政策，而我也知道其中有些人在整個過程中相當活躍於南非政壇。在我南非行的最後兩天，正逢南非舉辦在政治上相當關鍵的廢止種族隔離政策公投。雖然開票花了整整兩天的時間，但種族隔離政策自此完全廢止。那時候我人在普利托里亞（Pretoria），當地有盛大的慶祝活動。那天傍晚，慶祝活動正熱鬧時，我離開約翰尼斯堡前往蘇黎士，慶幸自己能親眼見證這麼具有紀念性的社會變革。我是在曼德拉過世後三天寫下現在的這段回憶。這一刻全世界都團結緬懷他轉化仇恨的驚人能力。

他強而有力帶領，讓南非免於流血革命而成為民主的初生之犢。如果不是因為他，黑人及白人勢必會發生極深的破壞衝突。

　　全球的變遷、共產主義的崩解及種族隔離的廢止都發生在一九八九到一九九二之間，這也讓我的第一任主席任期顯得異常忙碌，大量的飛行只因為這些場所都需要有榮格分析師在場。這跟之前幾屆的國際分析心理學會行政工作有很大的不同，早年並不需要回應如此重大的社會變遷風潮。

一九九二年國際分析心理學會芝加哥會議

　　當然，國際分析心理學會的常務行政工作仍然需要處理。預計在一九九二年八月於芝加哥舉辦的下一屆國際會議也需要開始籌辦，我們必須決定會議的主題、籌組策劃委員會、並與當地的籌辦委員會聯繫。芝加哥會議選定的主題是「超越功能：個人及集體觀」（The Transcendent Function: Individual and Collective Aspects），這是佛洛伊德精神分析學派所沒有的概念。芝加哥的榮格分析師當時正計畫購置一棟大型的建築物作為學院所在地，並權充部分分析師的個人執業辦公室。也許芝加哥當地榮格分析師們急切地想要在國際榮格社群前有所表現，但是從長遠角度而言，這項購置計劃遠超過當地榮格學院的負擔能力，幾年之後這棟建物就被出售了。原先有個私人金主貸款給芝加哥學院，但後來他要求學院償還貸款，然而當時的芝加哥榮格專業社群正面臨內部結構及座落地點的重大變革，學院的推廣教育課程不得不縮減，而有些個別的分析師也離開學院自立門戶。

一九九二年芝加哥國際會議的籌辦工作在希爾頓（Hilton）連鎖集團的旗艦飯店希爾頓飯店舉辦。當時反對埃文斯頓（Evanston）大型建物購置計畫的彼得‧馬德（Peter Mudd）是芝加哥榮格學院的常務董事，他也成為協調會議的窗口人員。彼得有豐富的承辦會議經驗，但我覺得他對我選擇莫瑞當榮譽祕書不甚滿意，因為我的決定等於是斷了他接任國際執行委員會職位的機會。國際分析心理學會主席可以從自己所屬的社群中選聘祕書，如此一來也就能讓同一社群有兩位成員，否則同一個社群內是不允許遴選兩位成員。然而國際分析心理學會轄下有太多的社群需要也想要成為代表，讓任何一個社群在任一委員會中擁有兩位以上投票權是不公平的。

彼得是個了不起的活動籌劃人員，而會議的籌辦工作也進行得相當順利。這次會議的創新作為，是資助五名東歐共產主義陣營國家的人員出席會議。一九九二年的五名與會人員分別來自保加利亞、立陶宛、匈牙利及蘇聯。從這個不起眼的開始，直到現在約有三分之一的與會人員是來自前東歐共產主義陣營國家及亞洲，這是一個不算小的轉變，也意味著分析心理學未來的發展走向。

除此之外，芝加哥會議如常舉辦，所有的行政幹事在無異議下獲選連任。當年的委員選舉會議是我印象中最無爭議的一次會議。出席委員中有人提出人權關懷的聲明，雖然激起小小漣漪，但還不是讓這件提案成為會議主要議案的時候。

【第十章】一九九二至一九九五年國際分析心理學會主席連任任期

　　我擔任國際分析心理學會第二任主席任期的脈絡跟第一任任期相當接近。當時全世界面臨的議題雖然不若柏林圍牆倒塌般充滿戲劇性，但這段期間仍是多事之秋。

巴西

　　在芝加哥會議那一年，我和南美洲第一個榮格專業組織，巴西榮格社群的主席安娜・珂亞・奧弗蘭（Ana Lia Aufranc）接上線。巴西當時還成立另一個新的團體，裡面的成員包括原社群的會員及其他在蘇黎士接受訓練後返回巴西的會員。兩個社群間有許多衝突，但衝突的實際原因並不甚清楚，隱約感覺似乎比較偏向於個性特質的衝突，不過國際分析學會執行委員會對此很關注。巴西社群並不覺得需要國際分析心理學會派員前往關注，但國際執行委員會的委員們一致認同，必須強制安排一位國際分析心理學會的代表前往巴西了解情況。

　　我是一九九三年八月前往巴西。但在一年之前，當安德魯・沙繆斯曾經受邀前往巴西的元老榮格社群講學時，我就請他在巴西講學期間與另一個社群見面。那時候，元老且頗具規模的社群對安德

魯跟新社群成員見面一事並沒有意見；但在他們會面後，這個已具規模的元老社群對安德魯顯得相當憤怒，也對於我建議安德魯與新社群見面一事感到盛怒。畢竟，這個元老社群付出了許多人力及財力才將安德魯從英國請到巴西，可是另一個社群什麼都沒付出就平白得到。出錢的社群認為，沒有貢獻的社群理當沒有資格與安德魯對話。

　　財務的角力及分攤在各個不同的榮格社群中始終是個議題，特別是當歐洲的講者應邀到美國西岸對特定的榮格團體講授時是常見的爭議。一旦邀約確定後，會有其他一、兩個榮格分析師組織也會邀請同一名講者到他們的社群演講，而後面邀約的社群只需要負責講師的國內航線旅費，費用明顯少於跨越大西洋的國際航費。有時候跨大西洋的航費是由兩或三個社群共同分擔，但這樣的方式比較少見。至於巴西社群的事件，我建議安德魯跟新成立的社群見面一事激起了當地社群的盛怒，我很清楚這也等於是給當地的情況火上加油。一直到我跟我的女兒前往巴西時，我都感受到很深的敵意，不過我當時在大學就讀的女兒在那兒倒是得到挺好的招待。

　　因為安德魯這件事，我在巴西並不怎麼受歡迎。從抵達聖保羅（São Paulo）的當下，我就感受到敵意。但因為這是國際分析心理學會的正式訪問，加上我的費用是由國際分析心理學會支付的，我可以自由地跟任何我想見的人見面。當時有一場包括兩個團體成員在內的歡迎會，會場空氣中瀰漫著緊繃感。我跟既有的社群及新社群的成員都會面以評估當地的情況。雖然當時第二個社群尚未正式被國際分析心理學會認可，解決方案似乎傾向於讓巴西擁有兩個專業社群。

我所會面的人中有一位不隸屬於兩個社群，他是羅伯特‧甘比尼（Roberto Gambini），而我和他的會面也讓我有股鬆口氣的感覺。羅伯特在蘇黎士接受訓練，也帶著蘇黎士分析師的感覺。他同時擁有芝加哥大學人類學碩士，對於亞馬遜部落情有獨鍾。我們一見如故，這是我跟當地兩個相互衝突的社群成員們都沒有的感覺。

　　經濟上，巴西當時正處於惡性通貨膨脹。刷了一筆信用卡帳單，每日以百分之一循環利息累計到帳款付清為止。我對於這樣的財務運作感到極度不自在，更難以想像巴西人對這種情況的感受。身處聖保羅的市區安全也堪慮，而里約熱內盧的情況則更糟。

　　離開聖保羅之後，我和女兒蘇珊娜前往里約與新社群的成員見面。里約被公認是比聖保羅更危險的城市，因此身邊總是有人陪著我們。當地劫車犯罪猖獗，這對巴西人而言是常態，但因為我們從來沒有經驗這種時時刻刻戰戰兢兢的生活方式。當地人對我們的安全都很擔憂。舉例來說，有一次我們有趟在里約市內的短暫觀光行程，我們在市中心的大型公園內一處觀光景點停留，有另一輛車正好也停在那裡，陪同我們觀光的兩名當地女性對於那輛車上的人感到異常焦慮。雖然最後什麼也沒發生，但他們的疑慮也顯示里約人生活中所充滿的焦慮感。我的女兒想要開車到貧民區晃一圈，她想看看當地窮人的生活環境，因此當地巴西人帶我們去了其中一區，我們全程都是緊閉車窗。

　　在里約的行程中，我們見了華特‧波查特及寶拉‧波查特夫婦（Walter and Paula Boechat），他們在蘇黎士接受訓練，兩人是新社群的領導者，但同時也是元老社群及新社群的成員。我個人在那兒只有三個能夠建立真心連結感的人，就是波查特夫婦及羅伯特‧甘

比尼。有一晚他們邀請我們到家中共進晚餐，就跟中南美洲其他許多地方一樣，房子四周被高大厚實的圍牆圍住，當地人告訴我因為許多人都曾被劫車，這就變成是慣常的居住型態了。

　　週日是我們這趟行程的最後一天，一大早我們就搭計程車驅車直達機場。前往機場的道路必須經過許多隧道。在我們通過其中一個隧道之後，計程車司機將車子靠向路邊，他告訴我們爆胎所以需要更換輪胎，但我當時很確信這是想要偷我們行李的計謀。司機將車子停在兩個隧道之間杳無人煙的地點，身旁只有飛馳而過前往機場的車輛。幸運的是，計乘車的輪胎是真的爆胎了，剩下的車程平安無事，但當計程車一路順利開入機場時，蘇珊娜跟我都大大地鬆了一口氣。

　　在回美國的飛行途中我的身體微恙，後來證實是上呼吸道病毒感染。整趟旅程因為當地明顯的派系對立而充滿緊繃及敵意，但從我放棄想讓兩個社群合解的想法，也同意巴西需要兩個專業社群的這個角度來說，這趟訪問仍是成功的。然而，這是我擔任主席任期中一個困難的訪問行程。從那之後，還有其他不隸屬於國際分析心理學會的榮格派團體曾經表達願意慷慨支付酬勞邀約我再次南下，但我選擇不再前往巴西。雖然我在哪裡遇見許多可愛的人們，而里約也是一個充滿壯闊山巒、遼闊視野及絕美海岸的美麗城市，但當地的經濟狀況及犯罪威脅都嚴重影響我在那裡的經歷。這些年來，巴西從下沉的經濟中再度站起；但從媒體得知二○一四年的世界盃足球賽也遇到許多相同的問題。

歐洲小國

一九九○年代初期，我多次前往正發展榮格專業社群的歐洲小國訪問。那時，瑞士、德國、法國、義大利及英國等國境內的大型歐洲榮格組織都已邁入成熟運作的社群，但丹麥、奧地利、西班牙及荷蘭等國則仍處在不同的組織發展階段，也各自有所屬的文化及地理背景。

奧地利

在阿道夫・古根別爾—克雷格的主席任期，國際分析心理學會第一副主席漢內思・迪克曼就固定前往奧地利協助當地八位分析師候選人的榮格分析師訓練工作。其中有兩位來自薩爾斯堡（Salzburg），其餘六位則來自維也納。如同前文所述，其中一位分析師候選人與漢內思有染，因此產生資格問題而無法被認可為分析師。其他七位後來都順利成為分析師，並共同成立了奧地利榮格分析師專業社群。不幸的是，維也納及薩爾斯堡的分析師彼此關係緊繃，而薩爾斯堡派的成員，特別是芙薨・博克（Frau Bock）不斷地陳書國際分析心理學會，表達對國際分析心理學會處理奧地利社群議題的不滿。她對於處理過程的不悅其來有自，但她對於國際分析心理學會的不斷抱怨則讓執行委員會感到不耐煩。同時，當地被否絕認證的分析師候選人提出希望接受再度考核的要求。我在一九八九年前往維也納與那位被否絕的分析師候選人，及奧地利社群的其他成員面談。這次的會面並沒有改變否絕的決議，她再一次在專業場域

被拒絕；而我與奧地利社群中備受委屈的成員之間的對話並沒有實質進展。當地社群緊繃感仍然持續，芙薐也持續針對奧地利的狀況向國際分析心理學會表達抗議，這個狀況到我任期結束之後都持續如此。許多分析師後來選擇離開奧地利前往其他地區，直到二〇一三年哥本哈根會議時，奧地利社群的名單換了一批新名字，這才讓我鬆了一口氣。

比利時

比利時是另一個衝突熱點。比利時的專業社群成立已多年，事實上，擔任國際分析心理學會會訊編輯多年的傑夫·德西（Jef De-hing）就是來自比利時的會員，他也出席了許多執行委員會會議。身為主席，我受邀參加在布魯塞爾舉辦的專業社群會議，於是在前往蘇黎士的行程中順道出席這場會議。這個團體充滿熱誠，剛開始完全感受不到任何的緊繃感。但是，在那趟訪問後沒多久，國際分析心理學會就收到通知當地的社群一分為二。起初，分裂基本上是因為語言的關係，社群裡有些分析師說佛蘭德斯語（Flemish），有些分析師則說法語。我請魯格·肇嘉前往比利時了解並向我報告當地的情況。從他口中我得知分裂並不單是因為語言隔閡，而是因為其中一群人對於英國的客體關係理論有興趣，而另一群人則是古典榮格取向。雙方的分裂非常明顯，而兩個團體也重組為分立的專業社群。

在那之後，我除了與安德烈·德·科寧（André de Koning）有一次會面外，我跟比利時人就沒有進一步的互動。雖然安德烈是荷蘭籍，但他卻是在比利時接受訓練的。在我們兩人的討論會中，我

提到我對澳洲伯斯市的喜愛，也提到那裡的社群歡迎接納新成員。他和他的妻子想離開歐洲邁向新的冒險之旅，他們接受了我所提及的伯斯專業社群，後來再見到他們時，他們已經在伯斯市郊買了一棟房子，而安德烈也成為伯斯社群的會員，他同時也是澳洲及紐西蘭榮格分析社群的會員。

丹麥

　　丹麥的榮格圈則是另一個複雜的情況。丹麥的艾伊爾・紐伯格（Eigil Nyborg）在一九五一年前往蘇黎士並在一九五六年於榮格學院取得學位。他畢業之後返回哥本哈根，並將榮格心理學帶回丹麥。他是天賦異稟的治療師，但他並沒有維持良好的治療界線，過度投入與病人間的關係，這等於斷送了他接受訓練成為榮格分析師這條路。丹麥另外有兩個人，分別是牙醫師奧立・維德菲爾特（Ole Vedfelt）及皮亞・思科堅曼（Pia Skogemann），他們都經由國際分析心理學會成為個人會員，另外還有一位女性克莉斯汀・拉斯姆森（Kirsten Rasmussen）則在蘇黎士學院畢業。還有許多其他人想要接受訓練，但因為丹麥並沒有訓練的機構，因此規劃出讓丹麥的分析師候選人一年數次前往倫敦參加當地四個社群的訓練研討會並接受督導與分析。如此一來，他們得以接受分析心理學界幾個主流觀點的研討訓練。這個課程由安德魯・沙繆斯在倫敦規劃，這也是非常成功的一項計畫。這項計畫在一九八〇年代晚期開始，持續到一九九〇年代初期，在訓練課程尾聲，所有學生都必須接受國際分析心理學會的評鑑，因此維蕾娜・卡斯特和我一起在一九九三年前往哥本哈根，我們花了整整兩天的時間面試這些倫敦訓練計畫丹麥分部

的分析師候選人，而我們面談了創始人艾伊爾‧紐伯格。所有分析師候選人都表現優異也都通過評鑑。在二○一三年的國際分析心理學會哥本哈根會議上，我有機會與米瑟‧伯格（Misser Berg）談她當時的經驗，她說這段經驗讓他們覺得隸屬於國際榮格社群，感覺真的很棒，我很高興在二十年之後聽到她這麼說。同時，在二十年後再度回到哥本哈根參加會議，讓我看見丹麥榮格社群的成長與成熟，這是很令人滿意的結果。

一九九三年與艾伊爾‧紐伯格的面談是這一切美好經驗裡唯一的掃興事件。在面談中，我對他與女性病人的輕率表現感到非常生氣，我也讓他知道他把情況弄得一團糟。我很清楚他的行為激起了我的父親情結，因為我父親也做了類似的事情，並且因為他的輕率行徑而讓洛杉磯學會困難重重。但心裡稍微舒坦的一點是紐伯格先生和他的女病人薇蓓克‧薇戴兒（Vibeke Vedel）結婚，而她表示兩人的婚姻一路走來都讓她心滿意足。事實上，薇蓓克曾經是丹麥社群的主席，也在協助及規劃上一屆的哥本哈根會議時扮演重要角色。在面談國際分析心理學會個人會員時，維蕾娜‧卡斯特和我特別將她與其他分析師候選人分開，接受獨立面談，我們發現她能夠精準抓住分析心理學的概念。

荷蘭

我受邀前往阿姆斯特丹評估當地組成專業社群的可能性。當地的會員分別在蘇黎士、倫敦及比利時的學院接受訓練，會員間的同質性很低，而我不確定該如何處理這個狀況。來自英國的派翠西亞‧德‧霍格—勞特恩里（Patricia de Hoogh-Rowntree）移居阿姆斯

特丹，並與一個姓霍格—勞特恩里的荷蘭人結婚，但他在婚後不久就因為心臟病過世，而派翠西亞則回到英國執業。她比其他人更有興趣成立專業社群，但在她離開之後就後繼無力。雖然那裡的每個人我都很喜歡，但我不可能在加州遠距離運作組織當地的團體。我在阿姆斯特丹最享受的就是阿姆斯特丹音樂廳的古典音樂，每天在與荷蘭人面談後的傍晚，我都會耐心排隊等候購買隔日的音樂會退票。我在那裡聆聽了許多絕佳的音樂，演出的樂音無與倫比。在我卸下主席一職後，我再度回到阿姆斯特丹為當地的非專業榮格社群安排了一場假日工作坊。另一位荷蘭人羅彼·博斯納克（Robbie Bosnak）與荷蘭的榮格社群有些往來，他現在仍然偶爾會前往荷蘭，對於荷蘭社群的運作狀況也很有興趣。羅彼往來於世界各地，目前定居於加州聖塔芭芭拉。

西班牙

西班牙進入分析心理圈過程緩慢。受到西班牙原來的國家領袖佛朗哥的影響，使得當地分析心理學的發展緩慢，但羅絲瑪莉·道格拉斯卻得以讓當地的分析心理學起飛。在一九八九年我還是國際分析心理學會副主席時，我前去西班牙訪問當地的團體；在那一年稍後的巴黎會議中，當地的分析師候選人已經能夠累積足夠的分析及督導時數，而成為一個非訓練的專業社群。我很喜歡巴塞隆納及那裡的分析師候選人，但我並不認為西班牙的社群是個堅實的團體，而我也沒有繼續關注那裡的任何一個人。後來，我前往巴塞隆納參加心理分析史學會議，其後二〇〇四年的國際分析心理學會會議也是在那裡舉辦的。巴塞隆納是個很棒的城市，而每次到那兒的

旅程也都讓我感到愉悅，除了當地極晚的晚餐時間，這對於深受胃食道逆流之苦的我及其他病友來說並不是良好生活作息安排，因為我們這些患者如果在睡前吃太多就會有胃酸逆流的危險。

三個對榮格有興趣的歐洲國家

匈牙利

一九八九年至一九九〇年間共產主義垮台前的東歐共產主義陣營國家中，匈牙利相較之下擁有最大的思想自由。比方說：當我們在一九八六年造訪布達佩斯時，當地的居民是買得到《國際先驅論壇報》（*The International Herald Tribune*）的。那一次行程純屬個人規劃，和榮格分析師的工作一點關係都沒有。我們被安排由一位猶太裔共產主義者為我們做市區導覽，他帶我們到所有與蘇聯相關的景點。在我們參訪的那段時間正逢布達佩斯舉辦一場國際醫學會議，因此訂不到飯店房間，一行十人就留宿在提供住宿及早餐的民宿中。民宿房間陳舊不堪，極欠修繕，而布達佩斯也讓人感覺是個陰森的地方。

一九九二年，匈牙利如同其他東歐共產主義陣營國家從共產主義中解放，當地有一群約五十人的團體共同研習榮格。帶領團體的是精神科醫師費倫茲·許萊（Ferenc Süré），他邀我拜訪他們的團體，因此我在前往蘇黎士的行程中安排到布達佩斯三天與當地的榮格團體見面。我曾向匈牙利猶太裔榮格分析師茱蒂絲·盧伊夫（Judith Luif）諮詢，她在一九五六年匈牙利革命期間移居蘇黎士，並在蘇黎士接受訓練成為榮格分析師。她固定會回到匈牙利與當地的榮

格分析師見面，但她並沒有提供任何固定的分析。她在布達佩斯有個朋友，這個朋友帶我遊覽市區內的許多猶太景點，我才知道一九四四年瑞士的副領事卡爾‧盧茨（Carl Lutz）拯救了六萬兩千名猶太人，他發放身分證並安排簽證讓許多人前往巴勒斯坦，也幫許多人在布達佩斯找到「安全住所」。他能夠跟納粹黨及匈牙利當地的納粹組織「箭十字」（Arrow Cross）黨員協商，戰後他在以色列的猶太大屠殺紀念館中被尊稱為「國際間最有正義感的人」之一。

我得知有一位匈牙利的天主教神父熟識榮格，他在二戰前參訪瑞士，也計畫將榮格的著作翻譯爲匈牙利文。此外，一九七五年慶祝榮格百歲冥誕的展覽也巡迴匈牙利各地。我在第二任期時曾與布達佩斯的榮格團體見面，這是東歐的第一個榮格社群。就如同其他非正式的榮格研究團體，布達佩斯需要一位分析師長駐，但在我造訪時，他們仍然沒有辦法找到有意願前去的分析師。然而，匈牙利相對自由的環境讓匈牙利精神分析學會在納粹黨及共產主義下仍得以存活。近期，舊金山榮格學院有一位從匈牙利來的國際學生若爾特‧迪克（Zsolt Deak），他目前在匈牙利接受訓練成爲榮格分析師。訓練過程並不容易，因爲匈牙利那裡並沒有被認可的分析師，這意味著他必須前往其他地方以累積分析時數。目前，他固定前往維也納接受分析。

愛爾蘭

這些年許多人都著迷於榮格的論述，而榮格的團體在世界各地正崛起。我通常對於這些閱讀團體都相當支持，因爲這些團體引領人們進入夢及內在生活，也幫助人們找尋生命意義。但是，有時候

這些對無意識有些了解及經驗的人，可能會因為自我膨脹的心理而抱有想要成為榮格派傳教士的使命感。我在許多場合中都見過類似的人，甚至當我在舊金山開始從事榮格分析時，我自己就有類似這種富有使命感的經驗。當我成為國際分析心理學會主席時，不時就會碰上有人要我幫他們「取得認證」成為榮格派一員。

愛爾蘭的情況相當複雜，有好幾位對分析心理學有興趣的愛爾蘭人前往英國並在當地被認可的榮格分析訓練中心接受訓練。有些人持續留在英國，於是有一些待在英國的愛爾蘭分析師想要在英國成立愛爾蘭分析心理學會（Irish Society of Analytical Psychology）。我很清楚地表明這是不可能的事。如果他們想要組成愛爾蘭學會，就必須回到愛爾蘭並在當地組織。

其他愛爾蘭治療師在倫敦接受訓練後回到愛爾蘭執業，但在我擔任主席期間，人數並不足以形成一個專業社群。取而代之的是成立一個由分析師及一般大眾組成的榮格團體。我和當時的團體主席，她自稱為歐瑪麗女士（Mrs. O'Mally）有些書信往返。在我擔任主席時，她邀請我到他們的團體演講，但我始終沒能將之排進我的行程表中。後來許多英國分析師都曾對愛爾蘭的團體演講，並提供支持及督導，如今當地已經有一個小型的愛爾蘭專業社群。

愛爾蘭的一切都進行順利，但後來有一位印度女士對榮格頗有研究，她也想傳播榮格的論述，她吸引了愛爾蘭的一大群支持者，並成立了一個團體研習榮格的心理學。她得到榮格的摯友勞倫斯·凡·德·普司特的認可，勞倫斯也寫了親筆信支持她的團體及她對學生的所作所為。她同時在當時都柏林境內最大的報紙《愛爾蘭時報》（*The Irish Times*）中有個專欄，在專欄中分析讀者的夢。讀者

會把夢寄給她，而她則出版她的分析。無庸置疑，當我得知這件事時相當煩惱，因為這個女人完全沒有接受任何分析師的正式訓練，這純然就是「素人分析」。

就在同時間她聯繫上我，我們安排在我前往倫敦的行程中見面。她說話輕聲細語，也是個讓人容易親近的女人。從個人的層面而言我喜歡她，不難理解為什麼她能吸引一群跟隨者，因為她真的很有魅力。我運用我能力所及的外交手腕對她解釋我無法支持她的所作所為，我建議她需要接受分析，並建議她完成榮格心理學的訓練，我進一步提醒她在報紙上分析人們的夢是很冒險的行為。結束會面時，她帶著滿腔的熱誠離開，但我完全不清楚她後來的發展。我無法想像她會結束她原本在做的事，但在這之後我就沒再聽過與她相關的消息。

瑞典

在我的第二任任期期間，瑞典一戶豪門三人聯絡上我。他們三人對榮格有不少的研究，但從來沒有接受分析。不過他們希望能在斯德哥爾摩成立一個分析心理學的碩士課程，為了促成這件事，他們希望能被認可為榮格分析師。他們找上我，而我在前往歐洲的一趟行程中與他們在阿姆斯特丹見面。在會面中，他們對我報告一個可讓他們成為榮格分析師的個案，他們也解釋一旦他們被認可將會為瑞典及分析心理學界帶來的助益。當時只有幾個非常內傾型的分析師在瑞典執業，而這些人對於成立專業組織並不感興趣。這幾個瑞典的激進鼓吹者並沒有從我這裡得到滿意的回應，所以他們前往蘇黎士希望得到榮格學院的認可。雖然榮格學院對於他們想做的事

情抱持懷疑的態度，但仍然有興趣於和他們協商出一些可行的安排。那時候榮格學院有許多從瑞典來的學生，但沒有一個畢業學生回到瑞典執業，幾乎所有人在完成訓練後都選擇留在瑞士。

諸如此類的事件是我擔任主席期間讓我感到訝異的要求，因為國際分析心理學會是唯一被認定的榮格分析師國際專業法人，因此會收到許多如同這類出乎意料的提議，而這時就會要主席決定該如何回應。不論是愛爾蘭或是瑞典的提議都會對榮格圈帶來極大的影響，因為這兩個團體都意味著可能有由不具分析經驗的榮格取向治療師所組成的新形態榮格法人團體順應而生。這樣的團體僅僅具有對榮格的閱讀知識，但完全不清楚他們到底是否擁有或是擁有哪些基本的心理治療訓練。這兩個提案是我擔任主席一職時所收到最嚴重的要求，整體來說，類似這樣不太尋常的被認可要求層出不窮、比比皆是。

中國

我在第二任主席任期時前往中國訪問，這應該是我這一任期中最重要的一趟行程。莫瑞・史丹當時還住在芝加哥，他與來自中國廣州華南師範大學的訪問教授申荷永見面，申荷永因為獲得傅爾布萊特獎學金（Fulbright scholarship）而成為伊利諾州中部一所大學的訪問學者。申荷永前往芝加哥與莫瑞見面，並向他表達他對榮格心理學的興趣，這個要求激起了莫瑞的好奇心，而他不久後就決定我們應該前往中國看看分析心理學在當地的發展狀況。起初我心裡滿是懷疑，因為我不期待當地人們對於分析心理學會有太大興趣，而

國際分析心理學會也沒有收到任何訪問的邀約。我很在意這趟旅程所需的花費，因為我們沒有任何一個人會說中文，因此我們全程需要全職的導遊及翻譯。這些理由都沒能打消莫瑞的念頭，他持續建議我們應該要去中國一趟。

　　就在同一時間，我參加了在舊金山舉辦的美國精神分析學會會議，在會中遇見了來自韓國的一位重要精神科醫師，名叫李東植（Dongshick Rhee），他是韓國心理治療師學會（The Korean Academy of Psychotherapists）的會員。韓國首爾即將在一九九四年八月舉辦國際心理治療醫學學會（The International General Medical Society of Psychotherapy）的國際會議，榮格曾在一九三○年代擔任該組織的主席，也是這場會議第一次移師歐洲以外的地點舉辦。李東植熱誠地邀約我在首爾的國際會議中發表主題演說，我考慮接受提議，也認為同時訪問韓國及中國聽起來挺合理的。國際分析心理學會在韓國有一位關鍵的亞洲榮格分析師代表李永符（Bou-Yong Rhi）教授，他在蘇黎士接受訓練，也是當時韓國卓越的精神科醫師。他是國立首爾大學精神醫學系系主任，這所學校號稱是韓國的哈佛，他身兼古典榮格分析師及當代生化學家，在這個領域有許多的著作發表。一直到當時為止，唯一訪問過李永符的人是阿道夫・古根別爾－克雷格，他在擔任國際分析心理學會主席時曾訪問韓國。阿道夫曾經跟我分享許多關於那次參訪的事蹟，他對那次的行程印象深刻。李永符帶出了相當大一群對榮格心理學有興趣的人，而他鼓勵我前去韓國看看。此外，李永符對我的父親相當熟識及喜好，他透過這一層關係也轉介一些病人給我。有些病人後來前往史丹佛的睡眠研究中心（Sleep Research Center），在威廉・德門特（William Dement）所帶領的獎學金計畫下工作，威廉・德門特是一位醫師，也是快速動眼期（REM）研究的主要創始教授之一。我在國際分析心理學會的好幾場會議中都被引介給李永符教授，我覺得我們兩人的關係很不錯。因此，介於擔任會議的主講人及與李教授師生見面兩事之間，在韓國仍有許多可為之事。

　　同一時間，我得知在洛杉磯自來水部有個中國人將許多榮格的著作翻譯成中文。她是朱冶華（Yehua Zhu-Levine）。她在文化大革命時期移民美國，在中國有許多人脈，對於榮格心理學也有興趣，而她在中國的一些朋友對於榮格心理學的興趣比她有過之而無不及。她的先生是美國猶太人，在電影工業圈中擔任攝影師（這一點在後來很重要，因為他將我跟莫瑞在北京的一些演講拍成影片，這些影片後來轉成DVD，我們才能給申荷永一份，讓他在二〇一三年帶回中國）。莫瑞與我安排朱冶華在我們的中國行裡擔任導遊及翻譯，這趟旅程的花費也因此大幅提高。但此時我們已經答應了韓國及中國的邀約，這趟行程勢在必行。

　　莫瑞帶著他的妻子及孫女同行，我則帶了珍一起前往。我們在香港碰面。一九九四年，香港仍是英國統治。在度過了最糟的時差調適期後，我們搭乘火車前往廣州與申荷永碰面。與香港相較，廣州顯得荒涼。那時候街上少有汽車，幾乎見不到交通號誌，但街道上滿是推車、腳踏車及行人。我們住在一間奢華的飯店名為白天鵝賓館，在那裡遇見一些美國家庭，他們正準備領養孩子，被領養的兒童大都來自想要兒子的家庭但受限於中國的一胎化政策而必須將女孩出養。莫瑞與我在華南師範大學都發表了演說，而演說也很受歡迎。我對於中國人能夠接受我對「榮格與道」（Jung and Tao）的

演講內容感到特別高興，因為我在演說前對於聽眾可能的反應心中七上八下。其後我們參訪了一間療養院，這讓我想起舊時代的美國州立療養院。

我們離開廣州後前往北京，也訪問了那裡幾家療養院，莫瑞和我在其中好幾家療養院都發表了演說。莫瑞有一張旅行從業人員卡，因此我們能夠住在王府半島酒店，這是一家頂級的奢華飯店，但是價錢公道。不過住在那兒倒是個有趣的經驗，那是一家美國的連鎖飯店，經理是美國人，只有底下的六層或八層樓是給一般遊客住，上面的樓層都屬於中國軍方。有一次，我在電梯間遇見了剛從軍方樓層下來的兩個女人，她們吱吱笑著討論是否該誘邀我一塊走，但後來連問都沒問就離開了。

申荷永從廣州搭乘火車到北京，加入我們在北京的行程。他認為榮格分析師初訪中國意義重大。我們去了許多重要景點，像是長城、天安門等，而朱冶華安排我們跟一些中國出版商及一位讓人大為吃驚的氣功師父見面。我在這之前從沒見過氣功練習，但這次的氣功練習結果讓我驚訝不已，在沒有任何身體接觸的情況下，我身上許多肌肉群及緊繃的部分都得到放鬆。

從國際分析心理學會的角度而言，這趟行程的費用相當昂貴，也讓我對這趟行程的價值有些懷疑。但如今回想起來，這趟行程開啟中國分析心理學之門，過去二十年來中國及其他亞洲國家對分析心理學的興趣都逐漸開花綻放，這也讓這趟出訪行程的支出顯得合理些。

中國始終是我一輩子的興趣所在。從我第一次亞洲行之後，我又多次回去那兒，而珍和我後來參與了台灣當地榮格小組的發展。

我發現榮格藉著《金花的祕密》（*The Secret of the Golden Flower*）、
《易經》、衛禮賢（Richard Wilhelm）以及他一生對道教及佛教的
研究而與中國的心靈有著強烈的連結。中國人比任何西方心理學家
都更能理解這一點，榮格對於古中國的原則有著深刻的理解，而他
的人生也依循著這些原則而行。

　　在北京之後，莫瑞的家人先行返家，珍則隨我到韓國，我們的
中國行也成為最難忘的一次經驗。

韓國

　　一九九四年，中國與韓國沒有直航，因此我們花了整整一天的
時間從北京到韓國首爾。我們必須先飛到東京，再在從東京飛往首
爾。在首爾當地，我們出席了第十六屆國際心理治療會議（International Congress of Psychotherapy），這場會議主要是由瑞士的存在分
析取向治療師所規劃的。梅塔‧波斯（Medard Boss）是這個團體的
創始人，也是主要的帶領者，他深受馬丁‧海德格（Martin Heidegger）的影響。雖然我並不清楚榮格與海德格之間的關係，波斯曾經
多年參加榮格在蘇黎士的督導團體。而會議中所談到存在主義學者
與榮格分析師的關係是饒富趣味的。我在會議中發表「榮格與道」
的演說，這是我為這場會議所特別準備的演說，演講的反應熱烈。
在問答時段，一位韓國的精神科醫師問到榮格的反猶太態度及他是
否為納粹黨，我心想這是一場在任何非榮格學派的專業會議中始終
躲不掉的問題。我回答說為什麼沒有人質疑海德格在一九三三年到
第三帝國結束這段期間是納粹黨員一事，以及他斷絕與他的良師益

友現象學開山祖師埃德蒙德・胡塞爾（Edmund Husserl）的關係。這些事件都不會阻礙人們研讀海德格。然而是否曾是納粹一份子的質疑卻阻礙了人們研讀榮格的著作。身爲瑞士公民，榮格不可能成爲納粹黨的一員，但他的確與納粹份子有互動，因爲他當時身爲主席，而他所擔任主席的組織也正是我此刻發表演說的同一個組織。這個議題在韓國被提及，特別是由韓國的精神科醫師提起，讓我深感煩惱，但我多年後於凡爾賽宮終於放下了我對這個議題的困擾。

李東植很開心我能夠前往韓國，而我覺得我在行程中受到頂級貴賓的接待。韓國的榮格分析師都出席了這場會議也發表了一些演說，但他們在會議中並不是非常突出。我感覺李東植與李永符教授兩人是同事，但並不特別友好。

在會議中我結識了一位從芝加哥大學前來的研究員兼教授大衛・歐林斯基（David Orlinsky），從那時開始我們始終維持友誼關係。大衛在過去二十五年都是心理治療效果研究的領頭羊，他發展了一套給治療師的自我評量問卷，藉由問卷從治療師的角度探討心理治療成效因子，他的評量問卷被翻譯成多國語言，包括韓文。我在韓國時做了自我評估，過程中發現回答這份評量問卷喚起許多焦慮感，問卷中的問題一針見血也耐人尋味。大衛是個外傾感覺型的人，我們兩人的人格特質很接近，但受限於芝加哥與舊金山兩地的距離讓我們沒能常常見面。

會議爲期四天，在會議之後的行程我們就全權交給李永符教授安排，他對我們自有安排，其中有些非常微妙的規劃。第一週我們被帶往南韓的中心，進入一個亂葬崗，在一個與世隔絕的山間藏有一座佛像，這些都直指韓國文化的精髓。之後，我們回到首爾並被

帶到當地最美的新羅大酒店，李教授認為身為國際分析心理學會主席的我應該要住在跟布希總統及柯林頓總統訪問韓國時所住的同一間飯店。那是個很棒的地方，也是我所住過最好的飯店之一，珍跟我對於韓國人的好客有著極深的謝意。

我在當地的一所主要醫院發表了一場榮格心理學的演講，其後珍和我主持了一場研討會，與會人員是醫院內的精神科醫師及心理師，同時徐董赫（Donghyuk Suh）提出了一個個案由我們評論。當地的學生們對於當代精神分析的發展並不熟悉，像是客體關係理論或是寇哈特（Kohut）的自體心理學等都是陌生的概念。我們可以感受到徐董赫對於我們針對現代心理分析臨床理論及實務的說詞相當感興趣。

李教授讓徐董赫帶我們到韓國的民俗村一遊，那裡呈現的是一七○○年代晚期典型的韓國城市樣貌。那是個很有意思的行程，讓我們有機會跟徐董赫交談。在我們回到首爾之後，三人共進晚餐，而董赫也問起是否有可能在舊金山榮格學院待一、兩年。

舊金山榮格學院的國際學生計畫在這次會談中展開，珍很快地就接下這個想法，也開始思考該如何落實。隔年她跟學院的會員開了無數的會議討論，也跟幾所大學聯繫，因為學生必須在大學中入學註冊才能得到許可在學院診所接個案。這些會議花了許多的時間，但珍跟我們其他人堅持不懈，最後我們得到舊金山榮格社群及加州整合學院（The California Institute of Integral Studies, CIIS）的認同。徐董赫有足夠的存款把他的妻子及家人帶到灣區，女孩們在公立高中就讀，作為一項試辦計畫，徐董赫成為舊金山榮格學院第一位國際學生。自此之後，國際學生成為學院常務計畫的一部分，也

有獨立的基金支持國際學生。到目前為止，只有徐董赫是靠著自己準備的資源到學院學習；其他的學生都接受學院的資助，若不是依靠會員們的贊助就是有學院的年度預算支持。

離開韓國時我感到非常悲傷，這也是我所有國際分析心理學會行程中最痛苦的離境。他們的款待是如此的美好及周到，對我們的照顧面面俱到，也低調不張揚，完全感覺不到特意的安排。我相信李教授刻意希望我們能跟徐董赫多花些時間在一起，也期待我們能夠找到方法把他帶到舊金山進一步學習，之後徐董赫成為國際分析心理學會的個人會員，他後來也加入韓國榮格分析師學會（The Korean Association of Jungian Analysts）。

主席任期的最後一年

我的主席任期最後一年感覺起來與前幾年完全不同，此時我已經是第十七年待在國際分析心理學會的執行委員會。組織文化在這十七年間改變迅速，有些人認為我在這個角色上已經僵化了。我在執行委員會時代走向終點的時刻，感受到如同「跛腳主席」的現實，而維蕾娜‧卡斯特對我的挑戰日增。我相信她認為我是「保守父權」派的，而她也似乎是用盡了各種機會把我形塑成對女權運動及女性主義冷漠無情的形象。執行委員會的會議越來越不愉快，但我也認知到我對自己的防衛是不太適宜的，而我必須要讓這個動力順勢展現。張力的頂點是在一九九五年八月蘇黎士會議的委員代表大會上，在我將主席一職交給維蕾娜時，她完全失去了禮數。然而她唐突直率的表現有個正面的效果，那就是讓我慶幸自己離開了國

一九九五年蘇黎士舉辦之國際分析心理學會晚宴。左起：瑞士榮格分析師漢斯—約爾格・布魯納（Hans-Jürg Brunner）以及義大利榮格分析師魯格・肇嘉，他也是國際分析心理學會前任主席。

際分析心理學會的執行委員會。我認為如果到最後每件事都平順發展，我將會更難以道再見。

　　然而，那一年也發生了一件大事促成委員代表大會的召開。第一次的泛歐洲榮格分析師會議一九九五年一月在巴黎召開。在我的回想中，比起當晚在羅浮宮地下室的晚宴，會議本身就相形失色了。當時我坐在柯琳・科溫頓（Coline Covington）及安吉拉・康諾利（Angela Connolly）兩人中間。晚宴的布置讓人驚豔，這也是我跟這兩個女人的第一次接觸。

　　當時通過英吉利海峽的歐洲之星火車才剛通行，莫瑞・史丹和我前往倫敦，我們預計面談從各國前來的個別候選人。維蕾娜・卡

斯特對於我花了如此多的時間及精力在這些個別的分析師候選人身上頗有微詞，但我認為這些分析師候選人都來自於沒有專業社群的國家，將來也會成為那個國家的專業榮格社群的焦點人物，因此我認為對這些候選人仔細審核是非常重要的。我們安排了英國四個社群的會員，加上國際分析心理學會主席、榮譽祕書及副主席共同組成主考委員會，這次面談用盡我們待在倫敦一星期的大部分時間。

每一位候選人都寫了一篇長達五十頁的個案報告，因此除了口試外，還包括許多閱讀及討論的時間。過程相當成功，幾乎每個人都通過考試，這個將候選人集合在一起的最初試驗性模式是行者計畫（router program）的肇始。行者會員（routers）是指來自於沒有專業榮格社群國家但正接受榮格訓練的個人，他們是直接由國際分析心理學會督導；而發展小組（developing group）則是由一群對分析心理學有興趣的人組成，成員未必都有興趣成為榮格分析師。發展小組的成員包括了行者會員及對學習榮格心理學有興趣的人士。

另一項事件則是與艾嵐‧德米約拉及索菲‧德米約拉（Alain and Sophie de Mijolla）的通信有關。他們是法國的精神分析師，當時正準備編譯三冊精神分析辭典。在他們的辭典中並沒有包括任何的榮格派詞彙，但他們願意納入二十個榮格的項目，包括榮格及托妮‧沃爾芙的傳記。在一九九五年七月，國際精神分析學會（The International Psychoanalytic Association）在舊金山召開會議，德米約拉夫婦和所有編輯委員會面，我也包括在內。他們把這套辭典視為長期計畫，而這此會議是擬定各細項的組織會議，這樣的大型計畫有許多籌劃的問題要事先考量，也需要規定統一的書寫格式。我選了好些人分別撰寫不同的榮格辭項，我也分別寫了榮格及托妮‧沃爾芙

的傳略。幸運的是，尤蘇拉‧埃利輕易地就弄懂編輯說明手冊。我們在期限內完成寫作，也使用了正確的書寫格式，這讓德米約拉夫婦著實嚇了一跳。我猜他們大概以為我們都是腦袋空空，對於出版的真實世界沒有任何概念。

在我的主席任期最後一年，我被邀請針對委內瑞拉的一些候選人口試。有了之前獨自到南非的經驗，我不會再犯相同的錯誤。我邀請我相當信任的友人兼同儕貝蒂‧米多爾（Betty Meador）跟我一起面試這些想成為分析師的候選人。在委內瑞拉有好幾位個人會員，包括：拉斐爾‧洛佩茲─帕吉澤（Rafael López-Pedraza）、費爾南多‧里斯克斯（Fernando Risquez）、麗塔‧卡普里萊斯及阿克塞爾‧卡普里萊斯夫婦（Rita and Axel Capriles）等。卡普里萊斯夫婦及拉斐爾在蘇黎士接受訓練，走的是古典取向；里斯克斯是軍隊的精神科醫師，他對於軍人及醫師身分的認同更甚於榮格派的認同。那時候在委內瑞拉並沒有專業社群，而我們所面試的候選人將會追隨里斯克斯或是蘇黎士取向的分析師。

就如同在里約的狀況，卡拉卡斯是個危險的城市，因此除了在飯店的時間外，他們從不讓我們單獨行動。我們面試了候選人，多數都是夠資格的，在面試過程中也沒有浮現特別的議題。我們建議其中好幾位應該接受考試成為個人會員，不過這在我離開主席一職之後才發生。

一九九五年國際分析心理學會蘇黎士會議

一九九五年八月的蘇黎士會議是我主席任期的最後一次會議。

湯瑪士·辛格，舊金山榮格分析師、友人兼同僚，攝於二〇一三年度假期間。

在那次會議之前，珍和我偕同湯瑪士·辛格及珍·辛格夫婦（Thomas and Jane Singer）前往埃歐斯島（Ios），那是個很漂亮的景點，我在那兒得以全然的放鬆。但當我在蘇黎士的飯店報到後，我感覺全身緊繃，有很明顯的心理轉變！

　　第一道捎來的壞消息是法國社群改變了他們對於即將付委表決的「人權」（Rights of Man）聲明書的立場。在之前的芝加哥會議上，委員代表建議在憲章中納入一視同仁條款，而條款內容將在這次會議中表決。在蘇黎士會議前的六星期，法國團體對於條款用詞有意見，因而改變立場反對被提出付委的聲明。要去解開這項改變的疑團，是一件讓人想到就害怕的工作。我們認為必須延緩表決條款並將這件議案從委員代表大會的議程中去除。這項變更就足夠警示這將會是一場棘手的委員代表大會，事實也果如預期。

　　這是自一九六八年之後第一次回到蘇黎士召開的國際分析心理

學會會議，因此吸引了許多人與會。出席人數超過七百人，而投稿論文也比之前每場會議來得多。會議的主題是「分析心理學中懸而未決的問題」（Open Questions in Analytical Psychology），因此接受的論文範圍相當廣泛，我們也持續邀請東歐共產主義陣營國家的治療師及一年前在中國結識的申荷永與會。會議規劃得相當成功，包括許多蘇黎士境內的觀光遊覽及搭乘船隻航行經過榮格居所的遊湖行程。這場會議應該是我在執行委員會十八年的頂點，但相反地，卻也是個惡夢。會議中有太多的爭議，有些爭議我已經不復記憶，只記得每餐飯都必須跟某個人討論某件事，我完全沒有一點自由的時刻。

會議中最困難的時刻是在委員代表大會上。起初，委員代表大會進行得很順利，後來漢內思・迪克曼及古斯塔夫・波萬希彭提出主席出訪開支的議題，批評我在主席任期時的出訪次數。會員們認為出訪是當主席的派頭，出訪也成為討論預算的敏感話題，因為會員們多少都有些嫉妒，並質疑是否每趟出訪行程都是必須的。迪克曼及波萬希彭得到很多代表的支持，他們也都對我出訪的次數提出批評，但當我知悉這個批評出自他們兩人時，我真的很震驚。我從講台上起身，想著我該如何回應。那一刻，我整個人就如同癱了似的。我腦中很快地浮現我代替漢內思出訪維也納的那一趟行程，但我不能在公開會議中談及此事。當年去見那位想成為個人會員的女醫師是一趟昂貴之行，我去見的是漢內思多年前在維也納提供訓練時同居的女人，我代替漢內思前去讓他免於羞愧及羞辱，雖然我了解漢內思的所作所為，很不幸地這與他一貫的作風並沒有太大的差別。奧地利其他候選人接受了最後的安排，但他們並沒有太大的立

我的榮格人生路：一位心理分析師的生命敘說

場反對，因為他們都想要被接受認可成為分析師。我的腦中浮現這些想法，也激起了我的父親情結，最後我選擇沉默不語才得以確保不讓我的父親情結在會場表現。我很清楚有太多年長的男性分析師跟他們的病人都有染，而目睹這些行為對我的心靈也帶來創傷。這是當初將我帶進個人分析的其中一項主要議題，因此我不願在所有代表前揭露我的主要情結，並且在我的主席任期的最後一刻毀了我的形象。

　　事實上這個內心交戰，在接下來的委員代表大會上造成了影響。從那時候起，我就讓出訪的議題成為關注的焦點。我所理解的是我的主席任期是國際分析心理學會的轉換時代。在我擔任主席之前，國際分析心理學會的主要焦點始終在歐洲大陸，中心點則是蘇黎士。當然，那時也有許多美國會員，但中心是在歐陸及英國，即使有新團體出訪也是相當小幅度的行程。在我的兩任主席任期，世局全盤改變，南非、墨西哥、南美、俄羅斯及東歐都要求國際分析心理學會主席出訪，而我也回應了這些要求。唯一由國際分析心理學會主動提出的行程是到中國的訪視，而我對於那一趟行程原先也有很大的質疑，很大一部分是來自於行程所需的花費。然而，事實證明這反而成為成效最卓越的接觸，而這趟經驗打開與亞洲的接觸之門則是影響深遠的。如今在澳門、上海、北京、香港、台灣及廣州都有發展小組，而在亞洲不同的城市也有無數的榮格相關會議，那兒也成為世界分析心理學最具動力的區域。

　　只有在回溯過往，我才理解國際分析心理學會在我的主席任期之間所經歷的焦點轉變。我原先就體認打開東歐及蘇聯是非常重要的，至於其他的主席出訪行程似乎是不請自來的。我認為我在主席

任期立下了一個模式，這個模式在後續的行政團隊中得以宣揚開展。發展小組、行者會員及個人會員都成為國際分析心理學會的重要組織架構，雖然會員們對這些並不全然表示接納歡迎，他們對資助世界各地新成立的榮格專業社群所付出的金錢及精力仍然有批評的聲浪。

　　回想一九九五年蘇黎士的委員代表大會，以及此刻我所寫下的內容，我期待當時能夠有更好的因應處理，而不是只能氣在心裡，我很清楚體認我並非扮演傳教士的角色。在我還是青澀的分析師時期，我的確有傳教士的熱情，也很清楚這是我父母情結的一部分。我父母在許多不同的場境及國家中都扮演傳教士的角色，我年輕時在父母的心靈包圍下自然而然地認同他們的傳教精神。當我在舊金山開始接受分析時，從個人的角度而言是個自由解放的時期，而我極力引介朋友接受分析，當然前提是不能跟我的分析師工作，我要他是我個人專屬的分析師。然而，當我的分析進入更深的階段後，我了解不論是榮格派或是佛洛伊德派分析都有其限度，但同時我也能珍視我的榮格分析。因此，在我的主席任期間，我對於榮格派認同也能感到安心自在，我並不覺得需要將任何人「皈依」為榮格派。那時我也回頭再見喬瑟夫・韓德森，這對我帶來了很大的助益，回頭見他並不是為了分析工作，而比較多是基於見一個具有榮格派國際觀的人，並且能夠跟他分享我的經驗。他對於榮格世界的發展很有興趣，同時也在我偏離失焦時提供穩定感。我真的很幸運他當時人還在我的身邊，而他的心靈也與我同在，陪伴我在第二任主席任期一路到一九九五年卸下主席一職這段期間所經歷的各個階段與事件。

委員代表大會上第二樁讓我感到痛苦的事件就是維蕾娜‧卡斯特在我卸任第二任主席時對我的應對方式。我才剛報告完我擔任主席這段期間國際分析心理學會所發生的事件以及這些事件對我個人的意義，任期中我很努力也覺得自己完成了許多事情，也對要離開我的辦公室感到難過，對我而言這是一趟很棒的旅程。維蕾娜並沒有感謝我在國際分析心理學會的服務與付出，她急著要我步下講台，非常不得體地打發我，所有在場的委員代表都注意到了她完全無視於我的感受的表現。不過，她的態度反而讓我更容易放下主席一職，並邁入我接下來的人生。對我長久且富創意的專業人生而言，這不啻是個讓人失望的句點。

【第十一章】一九九五至二〇〇三年國際分析心理學會主席後時期

　　從國際執行委員會服務十八年轉換到全然離開執行委員會，並不是一件容易的事。過去的主席們對於卸職各有不同的因應方式，有些人繼續以其他方式隸屬於國際執行委員會，例如：成為國際倫理守則委員會的一員；有些人則繼續在各地演講及旅行；另一些人則完全從國際場境中退下。在我的主席任期結束後，我手邊仍然有兩項未完成的計畫需要完成，至少在頭幾個月內就要完成。

　　第一項計畫是即將在法國由艾嵐・德米約拉及索菲・德米約拉出版的國際精神分析辭典。蘇黎士的會議是在一九九五年八月召開，而辭典出版計畫是在一九九五年十月完成。國際分析心理學會持續支持這項重要計畫的完成。

　　第二項計畫是再度訪問澳洲及紐西蘭榮格分析社群，並參加他們一九九六年三月於澳洲費里曼圖市（Freemantle）召開的會議。澳洲及紐西蘭地處遼闊，要將會員們聚在一起召開會議是件費力的事。因為珍和我在一九八八年出席了他們在雪梨的第一次組織會議，會員們很希望我們能夠出席在費里曼圖市的會議。費里曼圖市座落於印度洋西岸，鄰近伯斯市。珍與我協助他們的組織事宜，而他們也讓我們成為社群的榮譽會員。會員們的訓練背景各異，包括了發展到古典兩派間的各個學門，這也意味著澳洲及紐西蘭榮格分

析社群的訓練課程必須涵括分析心理學界的完整思維取向，這並不是件容易的工作。然而在這次的會議中達到妥協，因此在澳洲及紐西蘭的分析訓練得以啓動，分析師候選人也不再需要遠赴英國、瑞士或其他地區接受訓練。可惜的是，有些在發展及古典兩極的分析師起初並沒有加入澳洲及紐西蘭榮格分析社群，就我所知後來這些人並沒有加入。

在費里曼圖市一週的會議之後，珍和我跟著克雷格·聖羅克（Craig San Roque）前往愛麗斯泉（Alice Springs），拜訪當時住在那兒的克雷格及利昂·派區科斯基（Craig and Leon Petchkovsky），他們兩人都積極投入原住民族群，也關注原住民以吸膠爲主的嚴重藥物濫用問題。克雷格禮貌性地將我們介紹給部落的酋長，我們也被帶往樹林中享用慶典盛宴，包括炭烤袋鼠尾巴這道菜。在這次絕妙的原始部落體驗後，珍和我前往大堡礁（Great Barrier Reef）度假數日，然後啓程回家。

雖然我婉拒了其他到遠地的演講邀約，但我仍允諾在接下來的一、兩年會前往墨爾本及南非的開普敦講課。我發現我在主席一職結束後時常會有些小病痛；在這些小病痛痊癒後，我發現這是身體對時差的反應，因此需要減少跨國行程。雖然萬般不願意，我通知墨爾本及開普敦的贊助人我沒有辦法履行我之前的承諾，我知道一旦我拒絕之後將不會再收到來自兩地的任何邀約，但我的身體及心靈都需要放慢速度，這也是正確的決定。

《榮格學派的歷史》的發想

然而，我和國際分析心理學會的關係尚未結束，而我也開始發想出版一本談論榮格派發展的史書。身爲兩位第一代榮格分析師的兒子，同時也在榮格分析師環繞的家庭環境中長大，再加上我在國際執行委員會服務十八年，在我超過四十年的榮格派人生中也許可以提供一些讀到的見解。當我的主席職務邁向句點時，全世界各地共有超過二千五百位國際分析心理學會會員，我認爲是時候撰寫榮格派歷史了。因此我在安德魯·沙繆斯的鼓勵下，與倫敦的勞特利奇出版社（Routledge Publishing Company）取得聯繫並提出書籍的企劃案。出版社接受了我的企劃案，在一九九六年夏季我著手榮格派發展史的書寫計畫，書籍定名爲《榮格學派的歷史》，我和出版社所簽訂的契約含括訪談交通費，因此得以安排與一些專業社群中不甚熟識的人面談。

我是在緬因州參加《分析心理學期刊》會議時得知我的企劃案被出版社接受。該場會議的其中一名講者是詹姆斯·葛洛斯坦（James Grotstein），我把我的企劃及所簽訂的契約告訴他，他的反應出乎我的意料。基本上他對於傳記及傳記作者都有些懷疑，主要是基於之前在這個方面的經驗，顯然對於我當時的計畫不太重視。葛洛斯坦在洛杉磯時曾經是威爾弗雷德·比昂（Wilfred Bion）的學生。因爲他是比昂學生中較知名的一個，也就常常被徵詢訪談有關比昂的事蹟。不過他和那些傳記作者的互動經驗都沒有太好的下場，因此對於傳記及傳記作者顯得極度懷疑。他警告我即將步入的下場，

而我在接下來幾年的著書過程中也逐漸體會他警語中的真知灼見。

在我一九九五年結束國際分析心理學會主席第二任任期之後不久，我開始對電腦有更多的學習，並加入了一個內布拉斯加州奧馬哈市（Omaha）克賴頓大學（Creighton University）約翰·霍爾維茨（John Hollwitz）教授主持的網路論壇。理察·諾爾（Richard Noll）也是這個論壇名下的成員，他在論壇的評論有許多都是對榮格的一知半解，包括他聲稱榮格創立了一個異教組織，以及在榮格過世時執行了許多跟古波斯密特拉神（Mithraic）信仰相關的祕密儀式。就如同我之前對於所謂榮格是納粹主義的辯解，我對於這些論述反應非常強烈，極力護衛榮格。

回想這件事，也讓我記起另一樁饒富趣味的軼事。諾爾當時寫了第二本有關榮格的書，書名是《亞利安基督徒：榮格的祕密生活》（*The Aryan Christ: The Secret Life of Carl Jung*），正出版上市，諾爾也巡會各地的新書發表會。當他巡迴至帕羅奧圖時，我決定出席他的發表會。在導讀階段，諾爾聲稱榮格創立了一個異教組織，我問了有關於榮格的葬禮及追思會的問題。我知道葬禮及追思會是在屈斯納赫特舉辦的，而且整個儀式是一般的基督新教葬儀，跟異教組織一點關係也沒有，而榮格就葬於家族墓園中，我在現場如是說明。諾爾聽完後變得異常激動，追問我為什麼知道。我回說網路上有榮格墓地的照片，而我手邊正好有一份當時葬禮的手冊，手冊中顯示的就是一般的基督新教葬儀。突然間，諾爾認出我來，接下來的新書導讀中他完全慌了手腳。

第二天早上，諾爾參加由邁可·克拉斯尼（Michael Krasny）主持的廣播節目《論壇》（*Forum*），克拉斯尼原本希望我能夠跟理

察‧諾爾一起上他的節目，但諾爾說如果我出現，他就不會出現。不過，邁可‧克拉斯尼仍然想知道本地的榮格社群對於理察‧諾爾上節目會做何反應，他因此安排我在節目開放聽眾問答時提出一個問題。我再一次問到榮格的傳統葬禮，但諾爾認出我的聲音，他大聲說：「湯瑪士‧克許是跟蹤狂！」因為《論壇》這個節目在灣區有廣大的聽眾群，而且這個節目也是全國性的節目，很多我認識的人都聽到他的評論，我的朋友們都被這句話逗樂了。回頭看這件事，我必須承認他說得沒錯，不久之後，諾爾就放掉了他對榮格及榮格社群的攻擊。每個傳統都會有一些讓人灰心的人，有一陣子刺得人癢癢的，一陣子後就被遺忘了，理察‧諾爾就是榮格社群裡的這種人。可是，他充滿誹謗的編年史強化了我想要記錄榮格及榮格派發展史的願力。

榮格的傳記作家

理察‧諾爾也許可以列為榮格傳記的偽作家，但事實上在一九九〇年代初期我是跟另外兩個真正的榮格傳記作家有過密切的來往。起初，是負責榮格著作的文學代理商吉爾達‧聶迪克（Gerda Niedieck）先找上我，他安排我和榮格家人的代表討論讓我來書寫最終版榮格傳記的可能性。我在蘇黎士跟榮格家人會面數小時，但在會面結束時，我明瞭這不是我想做的方向。首先，這會是件費時的工作，我必須要為這件工作而放棄榮格分析實務工作；其次，我在接下來的數年中要有好幾個月待在蘇黎士及其他書庫，包括華盛頓特區的國會圖書館；第三，我的德文並不足以應付閱讀及了解所有

德文版的資料。因此，雖然能夠被諮詢是與有榮焉，但還是婉拒了這次邀約。

　　這項撰寫榮格傳記的挑戰由迪爾德麗·貝爾（Deirdre Bair）接下。迪爾德麗是知名的傳記作家，她曾經因為撰寫薩繆爾·貝克特（Samuel Beckett）的傳記而得到美國國家圖書獎（National Book Award），她也寫過西蒙·波娃（Simone de Beauvoir）及阿娜伊絲·寧（Anaïs Nin）的傳記，兩部都是獲獎的著作，因此從許多方面而言她都是撰寫榮格人生故事的適當人選。她並不自詡為榮格派，但她願意接下這份工作，也抱持對榮格理論的正面印象。同時，知名的精神分析史學家保羅·羅森（Paul Roazen）也鼓勵她接下撰寫榮格傳記的這項企劃。我們在一九九五年春天見面，當時我正在紐約參加一場名為「榮格：昨日、今日與明日」的會議，會議是由紐約榮格基金會（The C. G. Jung Foundation of New York）規劃並由維夫倫基金會贊助。她當時正在探尋如果她接下這份契約後，她能在榮格社群中得到哪些支持。她也跟安德魯·沙繆斯及貝弗蕾·扎布里斯基會面商談。這兩位是這場會議的主要講者，同時也是榮格圈中關鍵且富影響力的人。我支持迪爾德麗接下這項計畫，而我們的友誼一直持續到今日。她目前已經著手其他的計畫，但仍然投入榮格心理學領域，也受邀到不同的榮格派會議中演講。然而，我不認為她一開始時就知道自己接下多麼巨大的任務。榮格自己曾經說過，僅靠一個傳記作家並無法鉅細靡遺地記錄他的人生，因為他的人生包括太多的面向了。寫這份傳記花了比她預期還要長的時間，而她在撰寫期間也面臨了個人的健康狀況；儘管如此，她還是費了許多精力接下這項計畫，全然沉浸於蘇黎士的瑞士聯邦科技學院的史庫

資料。在那裡可以找到許多關於榮格的資料，她在閱讀德文史料的過程中也得到許多協助。

迪爾德麗曾經擔任調查報導記者的經歷，也讓她發掘出許多新史料。舉例而言：她和托妮・沃爾芙的姪兒見面。他們相當配合，因此從他們那裡得到關於托妮姑姑的第一手資料。因為她對於榮格社群並不熟識，她必須要先熟悉榮格圈的各個思潮，這不是一件簡單的工作。她也在與不同的人接觸中陷入衝突情境。在這項計畫初期，她跟榮格的家人維持良好的互動關係，而榮格家人也提供她所需要的資料。但是，在撰寫傳記的過程中，我並不清楚其中的緣由，她最後跟榮格家人漸行漸遠。

迪爾德麗會說流利的法語，而她為西蒙・波娃及阿娜伊絲・寧所寫的傳記也是法國家譽戶曉的作品，在當地有不少的粉絲。迪爾德麗的朋友伊麗莎白・胡迪內斯庫（Élisabeth Roudinesco）是法國卓越的精神分析史學家，她無法接受迪爾德麗要寫榮格的傳記。胡迪內斯庫是猶太屠殺倖存者，二戰結束前出生於羅馬尼亞。從她的觀點來看，榮格是納粹、是反猶太份子。她不認為除了這一點之外，還有其他關於榮格的事蹟是值得書寫的。迪爾德麗發掘了一些史料，指出榮格在一九四四年曾經與同盟國聯繫；榮格在同盟國入侵前，應同盟國的要求，提供核心納粹人物的心理報告，包括希特勒的心理報告。然而，這項榮格與同盟國的合作證據並無法改變胡迪內斯庫的觀點。更令人遺憾的是，這項證據也無法改變其他精神分析師認定榮格是納粹、是反猶太份子的觀點。

迪爾德麗和我有許多對於榮格人生及傳記的生動討論，而我也為她引介蒐集背景資料的資源。她把初稿寄給我，我興致勃勃地閱

讀。那是一份分量頗大的手稿，我記得對她的初稿給了好些評論。之後，一直到書籍的校稿階段我都沒再收到她的手稿，不過那時候做任何改變都太遲了。

在同時間，索努・山達薩尼（Sonu Shamdasani）也正著手他的榮格傳記。索努在青少年期就展現對榮格的興趣，也研究有關榮格的主題多年。我在一九八〇年代晚期第一次見他，當時他仍替倫敦的佛洛伊德博物館工作。我們兩人共進午餐數回，對於榮格及他早期的跟隨者有許多有趣的討論。索努同時也是鋼琴家兼榮格分析師約爾・萊思—米紐因（Joel Ryce-Menuhin）及其夫人葉塔（Yaltah）的好友。他知道我對古典音樂的興趣，而我們也有好幾個「藝術之夜」共同聆聽古典音樂。

一九九二年，我陪同喬瑟夫・韓德森前往倫敦，他應邀到倫敦的四個榮格社群發表演說；我則安排索努與我們共進午餐。喬瑟夫在午餐席間相當安靜，但我認為他們兩人都很開心見到彼此。那時候，索努要我籌劃一場榮格派史學會議，他在我擔任國際分析心理學會主席時就提過這個建議，只是那時我並沒有精力規劃額外的會議，不過還是很清楚日後會有興趣籌辦這場會議的。一九九〇年代中期，索努離開了佛洛伊德博物館，轉任衛爾康學院（Wellcome Institute）。

我視索努為榮格學者，他比我所認識的人對榮格的認識更淵博。但是，因為他的《榮格與現代心理學的形成》（*Jung and the Making of Modern Psychology*）一書已經著手多時，也就把榮格傳記當作是他的地盤。從他的角度，迪爾德麗是個局外人，如今卻先於索努出版她寫的榮格傳記。二〇〇五年，倫敦的榮格社群同時邀請迪

爾德麗與索努兩人，連續數月發表他們手中關於榮格的史料。迪爾德麗先索努一個月發表她的資料；當輪到索努發表時，他完全沒有提到他自己的著作，反而將整場時間用來點出迪爾德麗書中的錯誤。雖然聽眾群中有些人喜歡他對上迪爾德麗的作風，但大部分聽眾對於他將整場演講用來攻擊迪爾德麗的書感到錯愕。我必須承認，雖然我那時候跟索努關係友善，但我也不想要跟任何一方劃清界線。我認為要完成跟迪爾德麗的《榮格》相同分量的著作，錯誤是在所難免的。事實上，當我出版《榮格學派的歷史》一書時，索努也是抱持相同的批判觀點。

迪爾德麗的榮格傳記有許多值得推薦的優點。書中從不同的面向提供許多關於榮格人生的寶貴資料，同時也提供了許多關於榮格人生的新資料。然而，手稿中有些錯誤，而這些錯誤讓許多榮格分析師感到失望。我個人認為，手稿的優點遠勝錯誤，但如果讀者對於迪爾德麗寫錯的內容特別注意，必然將會為此惱怒。我看重傳記的整體性，對於其他的內容心中自有一把尺。

雖然我並沒由直接介入傳記的德文版出版，不過德文版出版前面臨一個重要的問題。歐洲出版界有「人身保護法」（Persönlichkeitschutze）的概念，意指在傳記著作中不得做出對任何人造成傷害的言論。簡言之，任何人在任何書籍中都受到保護。榮格資產代表認為迪爾德麗的著作並沒有遵照「人身保護法」的概念，因此讓德文版受限於必要的修訂而延宕一年出版。

【第十二章】榮格派

大量訪談

一九九六年六月,我與勞特利奇出版社簽約之後不久,立刻開始著手《榮格學派的歷史》一書,因為我認定這本書將是整理個人在國際分析心理學會多年經歷的最好方式。馬丁・史東及莫伊拉・達克沃思(Moira Duckworth)建議我盡快到倫敦一趟,去訪談維拉・馮德海德女爵士(Baroness Vera von der Heydt),她有很多被榮格分析的經驗,而當時已經高齡九十七歲了。她的人生相當戲劇性,年紀尚輕時就嫁給男爵士,當時的國王也出席了她的婚禮。她參與了德國達姆施塔特(Darmstadt)智慧學院(School of Wisdom)許多的研討會,當時榮格也出席該研討會。其後,納粹掌權後,她移居英國。一九九六年時,她住在倫敦的天主教安養院,當時的消息是她所剩的日子不多了。我的契約包括訪談的交通費,因此在一九九六年十二月前往倫敦見她一面,在兩個小時的訪談中,她講述生命中的一些非凡經歷。遺憾的是,這段訪談從未出版。在我訪談她之後的一個星期,她就過世了。

在同一趟行程中,我也訪問了大衛・霍威爾(David Howell)、瑪麗安・雅各比及莫莉・杜比(Molly Tuby),這三位都是倫敦榮

格圈的老一輩分析師。大衛是分析心理學會早期的精神科醫師之一，這學會多年來都是英國最主要的榮格派專業社群；莫莉‧杜比是一九二二年創立於倫敦的分析心理學社團（The Analytical Psychology Club）的早期會員；瑪麗安‧雅各比則是英國心理治療師協會榮格分會的創始會員，也是我父母在德國時期就結識的好朋友，此外也是一位占星學家，在我一九三六年出生後不久就幫我看過星盤。一九七四年，我有個機會請她幫我補充更新我的星盤。對我而言，她就如同家人一般。那是一趟令人滿意的行程，也是我著手寫書過程裡許多訪談的第一趟行程。

因為途經蘇黎士，我訪談了當地的兩位老前輩阿道夫‧古根別爾—克雷格及瑪利歐‧雅各比（Mario Jacoby），也訪談了深度心理學研究與訓練中心（Research- and Training Centre for Depth Psychology）的另外三位人士，這個中心是依照榮格及瑪麗—路薏絲‧馮‧法蘭茲的思想所創立的。這三人分別是戈特利夫‧伊斯勒（Gotthilf Isler）、席歐‧阿布特及從希臘前來蘇黎士的分析師以馬利‧甘迺迪（Emmanuel Kennedy），和他們的談話重新喚起我當年印象中的分析態度，早年在蘇黎士的日子歷歷在目。他們對無意識都抱持強烈的興趣，對集體意識則不太感興趣，也完全不在乎他們的專業人格面具。他們對於參與國際分析心理學會完全不感興趣，對他們而言學會有太強烈的集體性。中心內的訓練都是依循榮格及馮法蘭絲的文本，而中心內的講師也認為這些就足夠讓他們的學生成為一位好的榮格分析師。但是，從那之後，我聽聞那兒有些學生還是需要向外尋求更多的專業認同，如此才能讓他們在返回母國後順利工作。

已故瑞士榮格分析師瑪利歐‧雅各比，與榮格分析師珍‧克許。瑪利歐是我的友人暨同僚，照片攝於二○○六年七月蘇黎士。

我在一九五三年第一次見到朵拉‧卡夫時，我還是個青少年。她所住的房舍在哥倫布發現美洲前就蓋了，讓人歎爲觀止也讓人印象深刻。她是我父母的好友，特別是母親的摯友，我也相當熟悉沙盤的重要性。我知道我的書中需要有專章討論沙遊的歷史，因爲這是榮格理論中很重要的一部分，不容遺漏。我個人認爲朵拉相當大牌，但她也是個極具天賦的療癒者。我從來就不屬於她的核心小圈圈，但我們始終都保持愉悅的關係，也因爲她跟我母親之間的友誼，朵拉常邀請我到她在蘇黎士的家作客。

在蘇黎士榮格派經驗的另一部分就是蘇黎士醫院（Klinik am Zürichberg），這是一家精神療養院，需要長期住院的病患在榮格學派的環境中接受醫療照顧。梅爾是掛名的院長，但托尼‧弗雷

（Toni Frey）是醫院的實質負責人。在我寫到醫院的歷史時，醫院因為托尼・弗雷及梅爾間的巨大的嫌隙早已失去了榮格的傳統，雙方的衝突最後是在蘇黎士的法院畫下句點。雙方衝突的焦點在於醫院醫學主任一職，梅爾想要聘請一位非榮格派的醫師，托尼・弗雷則強烈反對。當我在《榮格學派的歷史》中寫到這段歷史時，我無意識地選擇站在梅爾這邊，很可能是來自於我過去對他的移情。這造成了我和托尼・弗雷之間極大的問題，在那之前我們是好朋友，他會到加州拜訪我們，而他也是我去蘇黎士時固定會拜訪的人。在醫院歷史這一章節出版前，我曾將文稿拿給阿道夫・古根別爾—克雷格核，但他對我所寫這段蘇黎士歷史的內容並沒有任何評論。我認為我的論述很中肯，但我忽略了托尼在醫院經營中所扮演的重要角色，也過分強調梅爾的重要性。遺憾的是，這件事讓我失去了與托尼的友誼，雖然我在他罹患腸胃疾病療養期間曾經探訪他。我一直對沒能將蘇黎士醫院的故事正確呈現感到抱歉，而我也對於阿道夫沒能揪出我的錯誤感到不悅。

我為了書需要到義大利及以色列一趟，主要是因為我對這兩地的了解有限，而兩地都有厚實的榮格專業社群。一九九八年，我在米蘭訪談了魯格・肇嘉，之後又前往羅馬訪談保羅・埃堤（Paolo Aite）、阿爾多・卡羅德努特（Aldo Carotenuto）以及從拿坡里來的瑪利歐・理坊索（Mario Realfonzo）。理坊索曾經跟厄恩斯特・伯恩哈特共事，他也為我的書提供一張伯恩哈特的美照。義大利分析師的英語都只夠應付日常交談，因此曾經到米蘭參加執行委員會會議的羅伯特・甘比尼特地南下羅馬幫我翻譯。這是我抵達米蘭時的匆促安排。如果羅伯特不在現場，我真的不知道事情將會如何發展。

因為有羅伯特的幫忙，我的義大利之行才能收穫滿滿。

繼義大利之後，我飛往以色列，住在埃斯蒂・魏斯塔博及伊萊・魏斯塔博夫婦家中。我很久之前就認識魏斯塔博夫婦，我跟他們的友誼也在加州史丹佛時期及我在國際分析心理學會執行委員會服務期間重新開展。魏斯塔博夫婦有一間漂亮的老房子就沿著古鄂圖曼帝國鐵路線而建，我在以色列期間也訪談了不少人。當時以色列只有一個專業社群，安排起來容易多了。

我對訪談熟識艾里克・紐曼（Erich Neumann）的人特別感興趣。紐曼在一九六〇年因罕見的癌症而辭世，但以色列大部分的分析師都深受他的影響。我訪談了瑞士籍猶太人古斯蒂・德賴富斯（Gusty Dreifuss），他從蘇黎士學院畢業後重返以色列，在海法（Haifa）私人執業。我在那裡待了幾天。他帶我前往以色列的一個集體社區，在那裡可以眺視戈蘭高地（Golan Heights），紐曼的早期弟子吉娃拉・加特（Geula Gat）就在那裡生活及工作。她原本是德國的基督徒，在一九二〇年代晚期跟隨猶太女性友人到巴勒斯坦後就沒有離開過。當她開始跟那個區域的孩童工作後，她是唯一依照艾里克・紐曼的理論運用夢及繪畫於治療中的分析師。從那時開始，她因為在那個區域與孩童的工作經驗而得到許多獎項。當我見到她的時候，她年事已高，也在鄰近的戈蘭高地戰火中失去她的丈夫，但仍然精神奕奕，是一名讓人驚異的老婦人。

從以色列集體社區之後，我前往特拉維夫拜訪黛娃拉・庫新斯基（Dvorah Kutzinski）。這是我第一次前往特拉維夫，在找尋她的公寓住所途中我完全走失了，最後找到時已經很晚，全身被汗水濕透。她馬上要我沖個澡，我也很樂於沖涼，我為了找到她的住所在

周遭四處亂竄而全身濕透。黛娃拉從布拉格來特拉維夫，她的家人都在猶太屠殺中身亡。她曾經接受紐曼的分析，後來一身奉獻給紐曼也致力於宣導他的理論。我從她那兒得到對紐曼的認識比任何其他資源都來得多。她告訴我紐曼每週固定會有一場夢的研討會，她也分享了其他的研討會經驗。那些研討會中討論的議題，後來發展整理成紐曼的著作。紐曼和他的妻子及兩個孩子同住在一間小公寓，他們的寓所也是訓練團體的場地。紐曼的兒子米迦勒（Micha）後來成為佛洛伊德學派分析師，而他的女兒拉莉（Rali）則成為耶路撒冷的沙遊治療師。我在一九五〇年代晚期在蘇黎士結識拉莉，當時她在那裡學習，我則在蘇黎士接受分析。那時候我們關係友好，但是在她回以色列而我回美國後我們就失去聯絡。然而，她願意接受訪談分享她的父母軼事及他們在以色列的工作，因此我也前去見她，這是在以色列訪問期間令人愉悅的小插曲。那時候的以色列情勢平和，整個停留期間都沒有任何意外事件發生。

我在撰寫書籍的初稿前還有另一個行程，我需要前往柏林訪問漢內思・迪克曼、漢斯—約阿希姆・維爾克（Hans-Joachim Wilke）以及埃伯哈德・榮格（Eberhard Jung）。在二次大戰之後，他們隸屬於一群年輕的榮格分析師，這群人是再次開啟柏林榮格派組織的關鍵人員。我花了一整晚，在煙霧瀰漫的場所中聽他們分享如何在戰後開始榮格團體的事蹟。那雖然不是一個讓人特別舒服的夜晚，但我得到了那段歷史故事，特別是迪克曼很清楚我父親是一九三一年創立的榮格社群（C. G. Jung Gesellschaft）的創始會員，他也知道我父親在希特勒掌權之後如何逃離德國。

我針對榮格及他與納粹的關係做了很深的研究，我找不到任何

的證據證明他與第三帝國時代主要的心理治療訓練機構戈林研究院（The Görling Institute）的連結。杰弗里・考克斯（Geoffrey Cox）對於第三帝國時代的治療有很深入的論述，並給我很大的幫忙。在這之前我曾經訪談德國斯圖加特（Stuttgart）的分析師席歐・賽弗特（Theo Seifert），他當時在舊金山度假，我們那時候談了許多當時德國榮格分析師的情況。他在我的書出版後寫信給我，認為我書中公允地描述榮格在納粹時期的立場，他進一步表示他認為我書中的論述是對當時情境最客觀的陳述。他的回饋信讓我感到非常高興。我試著在很多場合想要訪問詹姆斯・希爾曼，但他從未回應我的訪談邀請。他只在我的書出版後才砲火猛擊地回應。

在柏林行後，我已經準備好要開始寫作。一九九九年六月，我完成手稿。我讓我的「優步祕書」（uber-secretary）尤蘇拉・埃利先試讀。她讀完後，不但沒說這是一本佳作，反而告訴我書中需要大幅編修，還說我們需要從頭到尾重新審閱整份文稿。她認為我的文稿中有太多贅詞需要修改。因此接下來的一個月，只要一有閒暇，我們就重複審閱文稿直到完成最後的編修。起初我對於這些往返的編修感到很灰心，但最後還是很慶幸如此做了，因為這讓我的書變得更好。很多人在書籍出版後都讚揚我是個優秀的作家，他們其實不清楚我得到多少的編修協助。

《榮格學派的歷史》的出版與新書發表

二○○○年五月，《榮格學派的歷史》一書在倫敦上市。首刷是精裝版，平裝版預計在隔年發行。第一場新書發表訂在六月末的

紐約。貝弗蕾‧扎布里斯基很慷慨地提供她家作為新書發表會場地，並為當天出席人員準備了紅酒及乳酪。紐約榮格學院的分析師及其他精神分析同僚都出席了發表會，勞特利奇出版社帶到會場的書銷售一空。對貝弗蕾及菲利浦（Philip）兩人而言這是個費心費力的安排，因為他們那天稍早才剛從南美的旅行返家。而我對他們兩人費心安排發表會場也抱持無上的感謝，他們給了這本書的發行一個美好的開始。

在二〇〇〇年七月，珍和我前往歐洲，在英國有另一場聚會。在聚會前我有一場以「榮格作為佛洛伊德的第一位批評家」為題的小型論文發表，發表對象是在凡爾賽宮舉辦的國際精神分析史學會議與會人員。原本只是一場無傷大雅的論文發表，最後卻變成我人生的最大敗筆，遠甚於湯瑪士‧辛格（Tom Singer）及沙繆斯‧金柏斯（Sam Kimbles）所編輯的書中我所提的那起事件。我的演說剛結束，有個從紐約來的女性分析師起身，並宣告會場中有頭大象但大家卻視而不見，她說榮格是納粹、反猶太份子、以及猶太屠殺的共犯。

當下我完全失去冷靜，反應之情緒化遠甚於任何我以前所處的會議。我很清楚這個女士不是唯一有這個想法的人，她的情緒反應只是重複許多精神分析師所相信的，因此我極盡所能地為榮格辯護。在會議現場還有好幾位重量級的精神分析師，這也讓我的處境更顯艱難。有些人讚揚我的失控爆發，但其他人包括我的妻子在內，則對於我的失控表現感到不悅。

我們從凡爾賽宮啟程往倫敦，我的摯友安德魯‧沙繆斯在他的家中安排了一場英國的新書發表會，倫敦四個專業團體的許多重要

分析師都出席了，知道他們願意參加這場聚會讓我感到欣慰。

在倫敦的時候，我和索努・山達薩尼有場悠長的早餐會。索努曾經努力想要說服國際分析心理學會對分析心理學歷史投入更多的興趣，特別是榮格的個人歷史。我在擔任國際分析心理學會主席時，聽進了他的要求，但沒有多餘的精力在國際會議之外再籌劃另一場會議。每當我前往倫敦時，我們常會安排見面，我也跟他討論過我的寫作計畫，然而我並沒有讓他在出版前先閱讀我的手稿，因為我知道如果請他先過目，我的出版計畫將會延宕一到兩年。索努非常重視細節，但我希望這本書完全是屬於我的，就算是有錯誤也是屬於我的。

我們在倫敦的杜蘭特斯飯店（Durrants Hotel）共進早餐。他開門見山地說，身為我的朋友，他會需要花一整個星期每天工作八小時來更正他在我書中發現的錯誤。我對於他的評論相當不悅，但我覺得我需要聽他的。幾個月後他來舊金山，我建議我們找個午後聚在一起，從頭到尾條列他所發現的錯誤。我很清楚像這樣的一本歷史書籍，細節上很容易出錯，所以我跟他說我會帶一本黃色筆記本，我們從頭到尾審閱一次。

我們在舊金山碰面，他也的確發掘細節上的錯誤，但考量書中所包括的大量史實，錯誤量並不算太多。他對我的書有兩個主要的批評：第一，他不同意我提出在托妮・沃爾芙與榮格發展個人關係時，兩人間的移情並未完全得到處理的論點。身為分析師，我很清楚移情及反移情可以徘徊多年。第二點，我指出倫敦與蘇黎士的分裂是英國與歐陸幾世紀以來分裂現象的一部分，我將兩者的衝突追朔到大衛・休謨（David Hume）及英國經驗主義者這一派與伊曼紐

爾・康德及歐陸哲學一派的衝突。索努不喜歡我拿兩者相比較。在一一檢視過索努的評論後，雖然書中有些地方像是打錯年代之類的錯誤是需要修正的，但我仍然維持我對榮格和托妮・沃爾芙以及英國與歐陸的全部論述。

《榮格學派的歷史》一書在歐陸的巡迴促銷後，我自行出資，額外安排了一些美國本土境內行程談論我的書。我去拜訪了其他主要的榮格中心，像是：波士頓、洛杉磯、波特蘭及西雅圖等地。在榮格相關期刊中，對我這本書的評論都顯得相當正面，唯一的例外是詹姆斯・阿斯托（James Astor）在《分析心理學期刊》中的評論。他不喜歡我將書獻給我的分析師喬瑟夫・韓德森，而他也揭露了一些我的個人隱私，我到目前為止都不知道他是如何得知的。我的書也得到其他一些精神分析期刊的書評，整體而言這些評論都相當正向。總而言之，我很開心這本書廣受接納。我的付出是值得的。

【第十三章】史學會議

第一屆史學會議

在《榮格學派的歷史》出版後，舊金山榮格學院的推廣教育委員會決定舉辦一場週末會議，主題定焦在分析心理學的歷史。當時由喬·坎伯瑞（Joe Cambray）擔任總編輯的《分析心理學期刊》也共同贊助這次活動。會議訂在二○○○年的感恩節前，而會議當中所發表的報告也會集結成特刊發表。索努·山達薩尼、喬·坎伯瑞和我三人共同從榮格圈中知名且具影響力的人物中選定講者，每位出席的講者都代表榮格圈中的某段歷史，最後敲定的講者名單包括：魯格·肇嘉、莫瑞·史丹、貝弗蕾·扎布里斯基、厄恩斯特·法闌德（Ernst Falzeder）、杰·雪利（Jay Sherry）、迪亞納·舍伍德（Dyane Sherwood）、麥可·霍恩（Michael Horne）以及安德魯·沙繆斯。會議吸引了廣大聽眾，有將近三百人參加，而多數人全程參與整個週末的會議議程。

索努依照大會議程安排，一共發表三場講座，他在演講中批評了許多分析師。雖然每個被他點名的分析師都有廣泛的臨床經驗，但他似乎都沒能看見他們每個人所具有獨特的榮格概念上的差異。他忽略了分析關係的迫切性；他也忽略了科學原則中期待學派創始

者的假設及理論必須隨著臨床經驗而延伸，同時也需要隨著接續發展的知識或是因成長過程而必然浮現的爭論而調整。相反地，他評論榮格分析師之間的衝突，強調他們的無知以及沒能正確地解讀榮格，其中也隱約暗示是分析師之間的差異及衝突讓他們顯得愚昧。

當安德魯‧沙繆斯在會議的最後一天站上講台時，他對索努的暗示提出回應。他質問索努為什麼總是從負面觀點看榮格分析師，似乎在索努眼中因了解某個主題而有不同取向的分歧是無知的表現。他反問歷史學家有時候不也是對他們領域的主題持分歧的意見？是不是有一天索努‧山達薩尼也有可能在某些議題上強烈反對厄恩斯特‧法蘭德而難以維持友善關係？索努對此相當不悅而從講台正面走出演講廳。他威脅要立即返回倫敦，但被勸說留下來出席原先安排好的會議講者晚宴，這一切要歸功於舊金山的分析師杉‧奈菲（Sam Naifeh）的柔性勸說才得以讓索努沒有當場走人。接下來好幾年，大家對這個戲劇化的時刻仍津津樂道。

因為索努、安德魯及魯格‧肇嘉都在我家作客，開車回帕羅奧圖的這一小時車程非常尷尬不舒服。索努及安德魯有多年的交情，但這次的暴走事件基本上也讓兩人的友誼關係破滅了。我始終感激安德魯對索努輕蔑地狂批榮格分析師一事所做的回應。索努在所有批評言論中，始終如一地暗示他是唯一知道該怎麼正確讀懂榮格的人，他認為分析師不過就是冒名頂替、剝削榮格思想以賺取金錢，事實上分析師對於自己所寫的內容完全不了解。在那時候，索努放我一馬，因為我曾經與榮格有直接的接觸，同時也因為我的父母，特別是我父親是真的了解榮格。事實上，我父親對榮格分析師也常常表達類似的評論，因此我對這樣的評論是習以為常的，但還是不

知道該如何因應。

第二屆史學會議

　　然而，除了這些錯綜複雜的情況外，史學會議頗受好評。聽眾對於榮格派發展史的學習興致，帶給舊金山榮格學院的推廣教育委員會及《分析心理學期刊》的編輯團隊很大的鼓舞。第二屆會議在二〇〇二年於舊金山灣北岸的蒂伯龍鎮（Tiburon）舉辦。第二屆的講者除了安德烈・黑諾（André Haynal）外，全都來自於北美。安德烈・黑諾是瑞士頂尖的精神分析師，他在當時正巧安排到洛杉磯出席另一場會議。會議議程包括一個由榮格分析師及精神分析師所組成的小組座談，座談中比較榮格與費倫齊（Ferenczi）兩人的學說，因為兩人有許多理念都重複交疊，例如：治療中的辯證關係，以及對於超自然的興趣等。其他重要的講者還包括：芝加哥大學人文科學傑出教授彼得・霍曼斯（Peter Homans），他曾經寫過《脈絡中的榮格》（*Jung in Context*）一書；另一名講者則是普林斯敦大學出版社發行《榮格全集》英文版時期的總編比爾・麥奎爾（Bill McGuire）；我則發表了一篇論文談論托妮・沃爾芙與我父親之間的書信往來。從個人層面而言這是件困難的任務，因為信中鉅細靡遺地討論我父親個人的情結，我覺得已經受夠了。這一次史學會議比第一屆會議少了戲劇性的爭議，但智性的內容都是高水準的。巴魯克・古爾德（Baruch Gould）當時才剛當上學院的推廣教育主任，和他一起籌劃這場會議也開啟了我們兩人的深刻關係。

大衛‧崔森是舊金山
榮格分析師、好友及
同僚,攝於一九九二
年帕羅奧圖克許家。

第三屆史學會議

　　第三屆史學會議在一年後召開,就在迪爾德麗‧貝爾的榮格傳
記發行之後。在這場會議中,迪爾德麗談她所寫傳記;大衛‧崔森
(David Tresan)談榮格概念裡的心靈能量;安吉拉‧拉夫諾得
(Angela Graf Nold)論及榮格時代蘇黎士伯格霍茲里療養院(Bur-
ghölzli Sanatorium)的科學文化及國際風評;李大衛(David Lee)談
瑞士的新教牧師奧斯卡‧菲斯特(Oskar Pfister),他也是瑞士精神
分析社群的先驅會員,後來成為佛洛伊德的追隨者。此外,有一部
新的電影由羅貝托‧費恩察(Roberto Faenza)執導,名為《我美麗
的守護天使》(*The Soul Keeper*)闡釋榮格與薩賓娜‧史碧爾埃
(Sabina Spielrein)兩人的關係,是義大利的賣座電影。同時間還有

一步低調的紀錄片，由伊莉莎白‧馬頓（Elisabeth Márton）執導，名為《芳名薩賓娜》（*My Name Was Sabina Spielrein*）也在院線上映。根據史碧爾埃與榮格、佛洛伊德及布魯勒（Bleuler）之間的書信，馬頓再現薩賓娜‧史碧爾埃非凡的一生。她握有俄羅斯的人脈資源，因此影片就歷史紀錄的觀點而言內容相當豐富，影片也在佛洛伊德學派精神分析及猶太團體中非常受歡迎。我在紐奧良的國際精神分析會議中再次欣賞這部影片，在那裡佛洛伊德學派的分析師反應很熱烈，這也讓我感到好奇。史碧爾埃顯然是精神分析早期重要的人物，然而因為她最後死在蘇聯而幾乎全然被忽視，很多年來沒有人知道她的下場。只有在共產主義垮台之後，我們對於她災難式的結局才得以有完整的了解。她的一生繞著二十世紀的許多悲劇而走，同時也成為這些悲劇的受害者。她歷經俄羅斯革命、史達林在俄羅斯對於精神分析的打壓，以及最悲劇性地是她神化納粹反猶太主義，因為她對德國文化、藝術及科學的理想化，讓她難以相信納粹屠殺是真的。伊莉莎白‧馬頓很細緻地將這些都記錄下來並用影像的方式呈現。

第四屆史學會議

第四屆也是最後一屆的史學會議有個饒富趣味的開端，這屆會議的主軸是談宗教與榮格心理學。可是，我們也想邀請榮格的其中一個孫子安德烈斯‧榮格（Andreas Jung）出席會議。和我一直保持聯繫的莫瑞‧史丹想到安德烈斯是名建築師，他的專業是評估蘇黎士值得保存的建物及歷史建築，因此我們可以請他談談榮格在屈斯

榮格的孫子安德烈斯‧榮格與珍‧史丹攝於二○一四年蘇黎士。

納赫特的房舍。我認為這是個好點子，因此我們就著手規劃。

在這多年之前，我曾經透過弗朗西斯‧斯洛克姆（Frances Slo-cumb）被引介給榮格唯一的兒子弗朗‧榮格（Franz Jung）。弗朗西斯與弗朗‧榮格的交情很深。那時候的弗朗已有些歲數，但我們一見如故。從那時開始，每當我到蘇黎士，我都會前去屈斯納赫特市西斯特斯街（Seestrasse）二二八號的房舍與他長談，在那些交談中他在許多議題上都表示自己的想法。而在我拜訪的行程中也會見到弗朗的兩個兒子：安德烈斯及彼得。

莫瑞與我都受邀二○○五年春在牛津所舉辦的《分析心理學期刊》會議中發表演說。在會議結束後，莫瑞返回瑞士圖恩湖（Lake of Thun）上方戈爾迪維爾（Goldiwil）市的家，而珍和我則蜻蜓點

水短暫停留蘇黎士，特地安排與榮格家人見面。我們安排了和安德烈斯及他的妻子薇瑞妮（Vreni）在維特利納咖啡館共進午宴。這家咖啡館是蘇黎士舊城區歷史悠久的餐廳。不到幾分鐘我們就找到共鳴，午宴也充滿樂趣。當時薇瑞妮‧榮格自願整理在瑞士聯邦科技學院史庫中所收藏的榮格書信。她告訴我們她在裡面發現喬瑟夫‧韓德森與榮格的往來書信，無論是喬瑟夫本人或是舊金山任何人都不知道這件事。因為這次會面的結果，我得以安排讓喬瑟夫迅速取得信件的影本。當時喬瑟夫已經年屆一百零二歲，他對此相當驚訝但也很開心。

在午宴中，我們極盡所能地說服安德烈斯及薇瑞妮到舊金山一趟，由安德烈斯發表他對榮格在蘇黎士湖畔那棟令人崇敬的房舍建築研究。這房子目前由他這個榮格的孫子與孫媳薇瑞妮居住，兩人在那兒也養育他們的下一代。但遊說的過程並不簡單，他們都根植於瑞士的文化，並不容易點頭去國外旅遊。但我們的遊說得到他們的孩子們的加持，他們之前曾堅持要父母去一趟秘魯及馬丘比丘。他們如孩子所說的，去了這趟行程，也非常滿意。最後他們同意來舊金山，同時也計畫在會議後前往美國西南邊的印第安自治區度假，就如同榮格當年所做的一樣。榮格在《榮格自傳：回憶、夢、省思》（*Memories, Dream, Reflections*）中曾寫到他到美國西南邊旅行。

除了邀請安德烈斯‧榮格出席會議外，我們也邀請了安‧拉莫斯（Ann Lammers），她當時剛完成榮格與維克托‧懷特（Victor White）兩人的書函編輯工作。此外還有：天主教神父暨榮格分析師約翰‧杜利（John Dourley）、史蒂芬‧喬瑟夫（Steven Joseph）談

榮格與神祕學卡巴拉，大衛・崔森談榮格與超驗（transcendence）的關係，莫瑞・史丹則發表一篇論文談「榮格與基督教」。那是一個讓人興奮的週末，我們的會場位在舊金山灣海岸，有著絕佳的視野望向舊金山及金門大橋。

會議被熱情的與會者擠得水洩不通。會議開幕前一晚，我們在帕羅奧圖家中辦了一場酒宴，也為整場活動定調。每一場演講都很優秀，而安德烈斯針對榮格居所的演說也抓住全場聽眾的目光。不論從哪個角度而言，這場會議都是成功的。

當時我們並不知道這是最後一場正式的史學會議。從那時開始，珍與我持續和安德烈斯及薇瑞妮保持聯絡，凡我們到蘇黎士時都會安排和他們見面，有時候我們會在蘇黎士作晚宴東道主，有時候我們受邀到他們在屈斯納赫特的居所游泳並共進晚餐，我們的友誼也與時俱增。

對於這些史學會議所引起的高度興致讓我感到驚訝。不僅本地的榮格社群會員出席踴躍，第一屆會議也吸引了國際聽眾，包括來自香港、加拿大及墨西哥。我們自己的社群也很有興趣想聽一聽我們的起源及根源，而我們能吸引國際聞名的講者出席也讓這場會議生色不少。

【第十四章】拓展新頁

　　二〇〇三年我完成了《榮格學派的歷史》，也完成了我在歐洲及美國的巡迴新書發表會，協助規劃因書籍出版所啓發的史學會議。我也已經做好心理準備接受一、兩個新計畫，雖然我當時並不清楚意識到自己在找尋新計畫，因爲很多機會不請自來就自然展現在我的面前。我自己很少去找新計畫或是演講邀約，但似乎總能得到一些新機會。如果機會還未成形，我也很開心自己有閒暇能夠待在住家附近。多年來我在世界各地推展榮格及分析心理學，因此當我年屆七十時，我認爲該是慢下來的時候了。我的健康狀況良好，唯一的狀況就是近三十歲開始困擾我的慢性腰背問題。因爲腰背問題，我固定維持游泳的習慣，也嘗試過各式另類的治療，這也讓情況有些改善。事實上，在年近七十歲時，我的背部情況比二十八歲時的狀況好多了。我認爲背部問題大概跟我年輕時打了太多網球有關，那時候除了手術之外幾乎沒有其他的治療方法。然而即便是手術，也不是太安全的治療選項。

亞洲的奇遇

　　二〇〇六年七月，一項完全出乎意料的計畫浮現。就在我跟珍預計啓程歐洲的幾天前傍晚，我接到一通電話，撥電話的人是一對

台灣夫妻張明正及陳怡蓁，他們兩人和申荷永正在舊金山。申荷永曾在一九九四年的中國行期間接待我們，在幾年之後他成為中國第一位認證的榮格分析師，他也曾經是舊金山榮格學院的國際學生，在學院兩年的學習時，我也對他有更深入的認識。張氏夫妻是企業家夫婦，他們希望隔天南下帕羅奧圖和我們見面並共進午餐。我那一天的行程滿檔，因為隔天就要啟程到歐洲；但幸運的是，那天接近中午原先約談的病人因病而取消，順勢讓我有時間能夠見他們。

隔天張氏夫妻來到我在帕羅奧圖的辦公室，告訴我他們是台灣一家大型電腦防毒軟體公司「趨勢科技」的創辦人。我們一見如故，因為我的三台電腦都是用他們的防毒軟體，我可是下了功夫研究後才決定買這款防毒軟體。因為許多的共時性，這次會面才得以成真。在午餐席間，他們問我現在專職做些什麼，那時我正在整理我父親與榮格的信件，並考慮出版這些信件內文。我對他們說明我的計畫，也告訴他們我目前有一位編輯在處理這些信件。當時我們已經和勞特利奇出版社簽約，但仍在籌募這項計畫的基金。信件的出版所費不貲，因為過程中涉及許多檔案文書工作，才能得到書信內容中所提及人士的同意授權出版。

他們問我是否需要更多的資金來完成這項計畫，我興奮地說：「是的！」他們慷慨地提出一筆數目，這筆錢足夠我們完成這項計畫。然而，我們後來又找到更多的書信，這項計畫也比我們原先的預算來得更大也更昂貴；但張氏夫婦贊助的資金充裕也讓這項計畫能進行順利。不過，他們的慷慨解囊是有但書的，他們要我跟珍到台灣教導榮格及分析心理學。我暗自抱怨，因為我並無意到台灣，而我也知道珍不會同意到新的地方。我的目標始終放在歐洲。雖然

一九九四年去了一趟中國及韓國，但我對於亞洲並沒有太多的興趣。而且那一趟旅程並不是因為我想去，而是因為以國際分析心理學會主席的身分而受邀前往。但在二〇〇六年，我接受了這項提案，也很清楚地知道他們慷慨的贊助值得我承諾這項教學任務。我在稍後告訴珍這個提議，她不表贊同，但她後來同意前往是為了以行動支持出版我父親與榮格信函的計畫。我在合理的範圍內盡可能地推遲這趟行程，一直到二〇〇七年秋季才真的成行。當時計畫在台灣停留兩週，並受邀前往中國一週。在那之後，陳怡蓁將帶我們到日本京都旅行四天。從二〇〇六年七月的午餐會到我們真正成行，仍有充裕的時間讓我們準備工作坊的內容；但我們必須在參加完南非舉辦的國際分析心理學會會議返家之後的六週內就啟程。在如此緊迫的時間內安排兩個大行程，讓珍很不情願，我自己對這樣的安排也不甚開心。

第一趟台灣行

在二〇〇七年十月初，我們從舊金山直飛台北，兩天之後的早上六點抵達。在為期兩週的研討會首場開始前，我們只有一天的休息時間。我們兩人完全不知道我們是第一個到台北的西方榮格分析師。日本的樋口和彥（Kazuhiko Higuchi）以及馬丁・卡夫（Martin Kalff）曾經來此提供沙遊治療的訓練，但在我們之前從未有西方的榮格分析師來台灣。

在研討會的第一天，正巧有一個很大的颱風來襲，整個台北市都停擺。考量天氣狀況，我們認為應該沒有人會出席研討會，但報

名的五十人中有四十人不畏風雨出席。我們事前也不知道大部分在台灣的心理學家及治療師都和西方有些連結，要不是有美國的就是有英國的相關背景，因此他們對於西方的思維都很熟悉。他們許多人都能說些英語，但並不是所有人都能不靠翻譯的幫助就能完全跟上演講的進度，因此研討會仍然需要中文的同步翻譯。台灣人對我們兩人都相當尊重。對他們而言，珍和我代表長者，而也代表著「真正的權威人士」，我跟珍兩人對於這樣的投射都感到不自在，我個人更是對這樣的投射有負面的反應。第一天的研討會後我做了一個夢，夢中我朝向一座高聳的橋往上走，這座橋在空中就斷了，然後我明瞭我必須要從那樣的高度下來。我對這個夢的解釋是：我必須要更腳踏實地，不要太在意我是不是權威人士。第一週研討會的第二天就進行得比較順利，當我在談論夢及其他主題時，我心裡也比較放鬆。研討會上的學生們對於沙遊治療非常有興趣，因此珍的演講也同樣廣受好評。我跟珍兩人很快地就發現，在這裡我們兩人被等同對待是因為這裡的學生對我們的背景了解不多。在世界的其他地方，我因父母的關係而間接地連上榮格，始終讓我受到較多的注目，但在這裡我們是平等的，也被平等對待，這對我們兩人的關係而言是件好事。

除了工作坊之外，我們也提供個別督導，當然也有人要求分析的時數。在那之後，我和一些人持續以線上方式維持分析好幾年，珍也不例外。珍跟我都在這次的行程中愛上台灣與台灣的人們。珍在事後表示，她一開始就知道這將會是改變生命的經驗，而這也是為什麼她對於這趟行程表達如此多的抗議。過去六年來，我們每年都會再回去一趟從事教學及督導，這對我們兩人而言都是改變人生

的經驗。台灣的學生給我們極大的溫暖，他們的熱情也是無邊際的。榮格與分析心理學燃起當地許多學生及治療師的熱情，他們的反應完全不同於歐洲的聽眾，因為歐洲當地人已經聽過太多這些內容了，有時對演講就顯得興致缺缺。

在第一趟台灣行後，我們也去了中國一星期以及在香港的非預期停留。因為我們尚未得到入境中國的簽證，必須在香港辦理快速簽證。在香港的榮格社群給了很多的幫忙，因此從那時起我們也常常回到香港教學。在中國的行程完全交給東道主申荷永以及其妻子高嵐，我們參觀了廣州。距離上次去那裡已經是十三年前的事了，這期間廣州的變化很大，城市景觀完全認不出來。申荷永在大學裡有許多學生，我已經記不得自己和多少人照了多少相片，我們對這樣高度的關注真的很不習慣。

廣州之後，我們飛往上海與當地對分析心理學有興趣的學生會面。我在復旦大學也有一場演講，該校是中國歷史最悠久也享有最高聲望的大學之一，那裡的學生不會說英文，因此演講備有同步翻譯，但似乎學生們對我的演講內容仍然不甚了解，我一直沒搞清楚為什麼同步翻譯沒能將我的意思傳達給學生們。上海河岸高樓林立讓人印象深刻，有點像是施打了類固醇的紐約市。中國行讓我們有些招架不住，珍跟我都清楚我們以後不能再規劃如此長程的亞洲行。在此之後，我們只在二〇一三年秋季再度回到中國。

但從那一年起，我們就被台灣勾住了。我每一年都會規劃台灣行，而珍只有一次沒有同行。在第一趟台灣行，我在中國與申荷永有一段嚴肅的對話，他當時說如果我們投入台灣的工作，他們將會在分析心理學上有長足迅速的發展。我很有禮貌地接下這段讓我感

到榮幸的評論，也在心中忖度未來可能的發展及榮格心理學在台灣將會有何進展。事實上，台灣的分析心理學發展迅速，但這並不全然是因為珍跟我的緣故。

下一年度的行程是前往台北及香港，我認為我們需要報答前一年他們幫我們拿到中國的簽證。我實在記不清楚我們在二○○八年所討論的議題，但討論的內容包括夢、移情、共時性、個體化、接近無意識的途徑以及玫瑰園圖（Rosarium Philosophorum）導論。那一年我們也和治療師們有數場個案研討會，也見了在線上的個案。

在第一趟台灣行後，珍和我鉅細靡遺地寫了一份報告，詳述我們記憶所及的重要事件，這份報告也在國際執行委員會委員間傳閱。一場心理學會議規劃在二○○九年春天於上海舉辦，國際執行委員會的委員們即將出席該項會議，作為上海行的部分行程，他們也將訪問台北，同時核可台灣的學習團體晉升成為發展小組，很顯然地台北小組已經做好準備邁向下一階段。安吉拉・康諾利（Angela Connolly）及其他好幾個分析師也為當地學生們安排研討會。當時的國際分析心理學會主席喬・坎伯瑞及其他執行委員會委員一致認為我是台灣發展小組及國際分析心理學會間的聯絡窗口的最佳人選，我也對被賦予這個職位感到榮幸。根據國際分析心理學會的規定，聯絡窗口不得提供分析但可以提供研討會及督導，個人分析的工作必須由其他人接手。國際分析心理學會提供一些經費資助這項規劃所需的交通費，台灣發展小組接受國際分析心理學會每年所提供的四千瑞士法郎來維繫這項聯絡窗口契約，同時陳怡蓁與張明正透過華人心理治療研究發展基金會慷慨提供食宿費及機票補貼。

台灣成為發展小組

在上海會議之後，國際分析心理學會核可台灣成爲發展小組。對於分析心理學表示興趣的人數不斷增加，同時因爲前往亞洲的分析師同意到台灣提供講座，讓參加研討會的人數也逐日增加。

在二〇一〇年，萊莎·拉維茨（Liza Ravitz）和我一起前往台灣及香港授課，萊莎非常喜歡這一次的訪台經歷。事實上，她對於台灣的喜好程度讓她和她的夫婿山姆（Sam）決定花一年時間待在台北。山姆可以在世界任何有網路連線的地方經營他的事業，而萊莎則計畫在台北提供分析及教學，他們最後在台灣停留兩年，在二〇一四年五月才離開台灣。對兩人而言這是一個豐富的體驗，對台灣人而言也是個難得的機會，他們很幸運地能夠有萊莎全職待在那裡，通常發展小組成員必須要遠赴其他城市才能得到足夠的分析時數。從萊莎的角度而言，她很享受成爲這些富有天分的人的分析師。除了提供分析之外，萊莎在當地的實踐大學有一份教職，教授沙遊治療與榮格理論。她待在台灣大大地加速珍與我對台灣分析心理學發展的夢想，而台灣人對於世界各地前來的訪問榮格分析師們也都持歡迎態度，因此很多人都願意再回到那裡教學。

台北國際榮格心理學會議與青島衛禮賢會議

二〇一三年，台灣人顯現更大的企圖心，他們決定在那一年秋季在台北舉辦一場國際會議，這場會議將與申荷永規劃在青島舉辦

的紀念衛禮賢及《易經》的會議合作。兩場會議安排在前後兩週的週末，因此許多會議發表人得以同時出席兩場會議。我當時在兩個團體中發表演說，有截然不同但卻獨特的經驗。

在台灣的那場會議，邀請了來自日本、韓國、中國、義大利、瑞士及美國的講者，那真的是一場東方與西方的對談，而對話內容也是鼓舞人心的。我跟莫瑞・史丹很榮幸地成為會議的榮譽主席，而台灣也翻譯出版了一本集結我十五篇論文的書籍。書中收錄了我早年所撰寫的分析與夢相關文章，以及我近幾年所寫的有關榮格與分析心理學歷史的論述。我很清楚翻譯與出版這些論文集費時費力，我在第一次訪問台北時所認識的鄭文郁心理師負責審閱全書各篇章，他最近剛完成舊金山榮格學院的國際學生訓練，並繼續在舊金山的心理學研究所博士班進修，並同時加入舊金山榮格學院的分析師候選人訓練團體。國際學生不總有機會和分析師候選人建立這樣的關係，但鄭文郁相當獨特，也對舊金山榮格學院帶來強烈的影響。從許多方面而言，國際會議加上我論文集的中文版出版，似乎滿足了我被召喚前往台灣的任務。台灣的發展小組目前已經有十幾位行者會員正朝向分析師之路邁進，而分析心理學在那裡也打下了扎實的基礎。

以《易經》為主軸的會議則是傳達對中國經典的深度尊崇。《易經》可說是我生命中所經驗的最神聖文本，這些年來已經給我的人生帶來許多深刻影響及指引，如今得以有完整四天的機會參與會議，聚焦討論《易經》的不同面向，是難能可貴的經驗。這些年來，珍對《易經》的興趣日增，而我則可能是稍微收斂些，但這場會議重新喚醒了我早年的興致。

台灣台北舉辦之國際榮格心理學會議兩位講者，攝於二〇一三年十月。
左起：韓國榮格分析師暨大學教授李永符，他是精神科醫師也是韓國榮
格專業社群創始人。申荷永教授則是中國第一位榮格分析師。

二〇一三年十月「理察·衛禮賢會議」講者群與中國青島市的衛禮賢半
身雕像合影。衛禮賢在青島傳教二十年並將《易經》翻譯成德文。左
起：莫瑞·史丹、珍·克許、衛禮賢的孫女貝締娜（Bettina Wilh-
elm）、約翰·畢比、《易經》會議籌辦人申荷永以及湯瑪士·克許。

在會議中我結識了愛諾思基金會（Eranos Foundation）的負責人克莉絲塔‧羅賓森（Christa Robinson），基金會當時正研究《易經》，我對她一見如故。我和她一起讀了一段卦詞，也才明瞭我在寫這本回憶錄時所面臨的困境。即便只是從個人的角度而言，要談論榮格圈的陰影面仍然是一件難事，而當作回憶錄來公開更是難上加難。她幫助我看見我不能無緣由地感到氣憤，相反地怒意必須以客觀的方式表達。這席話幫助我在書寫卡住停擺好些時間後，情緒得以釋放而再次執筆；而我也能夠表達我對其他人的負面感受，同時盡可能努力避免陷入汙衊。過去這幾年來我的身邊發生了許多事，又面臨個人的健康問題，但我維持和克莉絲塔約每兩週一次的線上對話，我正步入人生的另一階段。

我在舊金山榮格學院所贊助的一場名為「榮格與中國」（Jung and China）的會議後一週寫下這段台灣經歷，在那場會議中有許多來自台灣、中國及香港的講者談論他們對於榮格心理學對照於傳統東方哲學的個人經驗。我是會議主持人，同時也負責邀請與會人員前來舊金山。在台灣陳怡蓁的慷慨贊助下，榮格學院得以在舊金山舉辦這場會議，選擇舊金山舉辦這次活動似乎是再自然不過的，因為這裡真的就是前往東方的通路，在過去數百年來也一直是東方進入西方的入口。

從各方面來說，我都覺得自己已經完成我在台灣及亞洲開啓的工作，但心中仍然有股渴望要再回去一趟，亞洲為我帶來能量，即便未來充滿未知。

【第十五章】《紅書》

《紅書》（*The Red Book*）就好像是我成長過程的背景布幕。早年我對它的內容一無所知，只知道一提起它時空氣中總是帶著一份肅穆且崇敬。《紅書》在二〇〇九年出版時，索努·山達薩尼曾提到榮格在一九二九對我父親出示過這本書，當時榮格才剛從《紅書》寫作過程中停筆。除此之外，並沒有任何文件顯示榮格家以外的任何人曾經看過《紅書》。但是，顯然地，《易經》的翻譯者凱利·貝恩斯（Cary Baynes）等人得以使用這本書。榮格生前對於出版《紅書》的態度模擬兩可，因此這本書一直收藏在蘇黎士一家銀行的地窖中。

一九九〇年時，索努·山達薩尼得到榮格資產代表授權翻譯並出版《紅書》，他也為讀者寫了一篇深入的引言。《紅書》的發行，意味著榮格的內在對話紀錄及相關的聯想而創作的五十三幅繪畫，將得以公開。出版再製的過程中面臨許多問題，但這不是我關心的重點，我在意的是榮格的私人日記被出版這件事。我曾公開地表達我對出版此書的疑慮，而我很清楚我的意見並不被索努及其他正忙著翻譯及印製書籍的人接受。最後，在二〇〇九年十月，書籍已經準備好要公諸於世，那時候因為我抱持不同意見，我跟索努及貝弗蕾·扎布里斯基的關係也處在衝突緊張之際。

書籍公開發行前兩週，《紐約時報雜誌》（*The New York Times*

Magazine）優先刊登一篇有關《紅書》的文章。突然間這本書就收到一萬六千冊預購，而事實上當時出版社只印製兩千冊。出版契約明訂書籍圖片必須在義大利印製，這也讓印製過程比在本地印製更耗時，可以想見書本必然會缺貨，需求量也瞬間提高了。榮格家人中有許多人都受邀前往紐約市參加首賣會，而貝弗蕾也鼓勵我出席。我受邀參加貝弗蕾所舉辦的雞尾酒宴，卻在首賣相關的其他活動被排除了。爲期一週的喧鬧活動再次驗證我的立場，這本書根本就不該公開發行，我對發行一事更顯反感。不過，當時我還是帶了一冊《紅書》回家，也開始研究《紅書》。書中的內容極爲深厚，每看幾頁就必須要停止休息；而書中所呈現的畫面也讓人感到不安。榮格在「面對無意識」的過程中，是眞的掘入心靈深處。

在《紅書》發行後不久，我受邀在不同的場合中談論這本書，其中包括接受加州波里那斯市的公共廣播節目《共和國》（*The Commonweal*）的兩位主持人麥可・勒納（Michael Lerner）及麥可・克拉斯尼（Michael Krasny）的訪談，這也是舊金山榮格學院的一項公益捐贈活動。就在當時我接到安德魯・沙繆斯的電話，他鼓勵我編輯一系列關於《紅書》的文章，這些文章也預計在舊金山即將舉辦的一場《紅書》會議中發表。被賦予這件任務讓我極度焦慮，但我想只要找到一位精通哲學、宗教及分析心理學的學者擔任編輯，這項工作將會是可行的。我當時心中浮現的是我在芝加哥的朋友喬治・霍根森（George Hogenson），他是榮格分析師，同時也是哲學博士。他同意擔任共同編輯，我們兩人共同規劃二〇一〇年六月在舊金山舉辦的會議，聚集了許多學者及榮格分析師發表他們對《紅書》的看法。我們的所作所爲與索努所公告的立場背道而馳，他認

爲任何意圖想要寫關於《紅書》評論文章的人至少都應該仔細閱讀及消化《紅書》達一年之久後才能開始嘗試。會議的主講人包括榮格的外孫尤里希‧霍尼（Ulrich Hoerni），他在榮格家族中主要負責《紅書》出版相關事宜；此外還包括格拉斯哥大學（Glasgow）德語教授暨榮格學者保羅‧畢夏普（Paul Bishop）、本地知名的榮格分析師約翰‧畢比、本地的榮格分析師也曾是藝品商的蘇珊‧撒克里（Susan Thackrey）、法國斯特拉斯堡大學（The University of Strasbourg）中古世紀哲學教授克莉絲汀‧美拉德（Christine Maillard），她曾經將榮格的著作翻譯成法文、來自韓國的榮格分析師李永符教授、國際分析心理學會主席暨榮格分析師喬‧坎伯瑞，以及來自芝加哥的喬治‧霍根森。會議在舊金山的卡布其酒店（Hotel Kabuki）舉辦，會場大廳站滿了聽眾，盛況空前。

　　會議中所發表的每一篇論文都精采萬分，而主講人所書寫的文稿皆精鍊圓熟足以出版。會議後一個月，我們將這些論文文稿交給勞特利奇出版社。有許多主講人都引用了《紅書》書中的圖片，而我們唯一的擔憂就是《紅書》的出版商諾頓（Norton）將會針對引用圖片索取大筆授權金。在那同時，勞特利奇出版社內部也出現一些變革，而這些手稿也就被閒置好幾個月沒有任何進展。最後在二〇一二年，我跟諾頓出版社的版權負責單位聯繫，出乎意外地他們並未禁止引用圖片，這讓我大大鬆口氣。諾頓出版社要求每張圖片一百美元的使用費，這很容易搞定。我們向作者群要求提供資金，所有人共同集資出版所需要的費用，這項計畫於是馬力全開全速向前推展。而這期間我個人則面臨嚴重的健康問題，我在被檢查出罹患腎細胞癌之後就不再有精力處理這項計畫。在這之後就由喬

治‧霍根森全權接手這項計畫，他著手手稿的最後編輯，統籌書中引用的圖片，以及所有瑣碎的細部事務，也讓這本書得以在二〇一三年八月哥本哈根的國際分析心理學會會議上展示。我非常感謝他為了這本書的出版所付出的努力。

　　二〇一〇年，《紅書》被帶入美國並在洛杉磯及美國國會圖書館展示。國會圖書館規劃一場名為「榮格與《紅書》」（Jung and *The Red Book*）的會議，在六月末召開。籌劃這個活動不是一件容易的事，我猜貝弗蕾‧扎布里斯基原先以為她可以決定所有的講者名單，主要是基於她剛過世的丈夫菲利浦是國會圖書館館長詹姆斯‧畢靈頓（James Billington）的同窗。國會圖書館指派的會議負責人是吉姆‧胡森（Jim Hutson），我跟他之前曾經合作過好幾項計畫，特別是關於將我父親與榮格的書信收納為國會圖書館館藏一事。詹姆斯‧胡森之前需要一些資金贊助國會圖書館的活動，我在這件事也幫了一些忙。然而，因為貝弗蕾心中有特定的講者人選，她對於詹姆斯‧胡森全然採納我的意見感到疑惑不解。會議中選定的講者都是高素質的，而每名講者也都有精采的演講發表，但是我卻有點局外人的感覺，因為索努、貝弗蕾及詹姆斯‧希爾曼三人是主要的講者。在會議尾聲時，我嘗試跟索努談話，他只轉身對我說了一句：「我這輩子不想再跟你說話！」我把他說的話當真，也就沒再嘗試跟他聯絡。

　　國會圖書館的活動是我最後一次見到詹姆斯‧希爾曼，他在二〇一一年過世。我在二〇〇九年《紅書》出版時，曾在紐約見過他，我仍然記得當時會面的溫馨感受，這是自一九六八年以來我們兩人最有意義的一次接觸。然而，我們兩人在國會圖書館的短暫交

會則顯得冷淡。

　　整題而言，國會圖書館的活動相當成功，圖書館內最大的演講廳坐滿聽眾，我對我自己所發表有關於榮格的「超越功能」的講題感到滿意，這是他在經歷《紅書》中所揭示的「面對無意識」（Confrontation with the Unconscious）階段後才寫下的概念。

　　《紅書》已經出版好些年了，也被翻譯了多國語言，這本書也登上美國最受歡迎的書籍。無論我認為它是否該出版都已經不重要了，它已經是一部公開的作品，也將會隨著時間而找到它的定位。

【第十六章】成年後與雙親的關係

當我選擇步上與我雙親相同的生涯領域時，也意味著我需要花許多時間來處理我跟他們兩人的關係。他們兩人是第一代的榮格分析師，他們將榮格帶入新的疆土。即便我跟他們有許多的不同，眾人總是理所當然地認為我要和他們走向相同的興趣。在我的家庭成長過程中，我背負最大的期待就是要接續他們所開展的任務，而這也讓我難以離開洛杉磯區域。

我跟雙親互動關係改變的關鍵時間點是在一九六六到一九六七年間，這是我跟第一任妻子分居及離婚的時期。當我走過了和她分離的過程，我同時也在心理上與我父母分開了，特別是和我母親的分離。我體認到自己過去跟她的關係過於親密，而限制了我陽性面的發展。然而，分離也意味著在我面臨人生最困難的時刻，我跟我父母反而少有聯絡。這對我們三人而言都不容易，不過這也讓我有一處可以獨立生活的空間。雖然這是第一次他們對我的個人情況所知不多，但他們知道我過得很好。這段期間，舊金山及灣區成為我的家，而我也在這裡的榮格社群中找到自己的定位。關係的轉換對我母親特別難以承受，她太習慣和我在許多議題上有著親密深刻的對話。

雖然我父母對於舊金山榮格社群抱持尊敬，但位於南北的這兩個社群因為組成份子的差異一直以來都有著緊繃的關係。洛杉磯的

榮格分析師大多是德國來的猶太難民，他們跟榮格及蘇黎士有著強烈的個人情感依附。而舊金山的榮格團體則大多是由加州的基督新教徒所組成，他們曾經前往蘇黎士接受分析及訓練，但是根植於灣區。這兩個團體對於彼此都有著陰影投射，因此有許多年兩個團體的成員都未曾會面。直到一九五三年，兩邊開始進行一年一次的會面，彼此的陰影投射也逐漸淡化，兩個專業社群也開始接受彼此的差異。早期的洛杉磯榮格圈就像是近親亂倫的家庭，而舊金山社群的家族意味則相對較淡，顯得較專業、也較學院派。舊金山的分析師傾向於和佛洛伊德派的精神分析師建立關係，許多人都在當地的兩所醫學院任教，有機會與潛在的分析師候選人互動，也比較容易吸引其他新血進入榮格分析訓練。舊金山的組織對我的吸引力來自於它對集體持有開放的互動關係，並對分析抱持較專業的態度。

　　前述的脈絡也影響我成年後與我雙親之間的關係。過去這些年來，我持續在大多數的家庭聚會場合中與他們見面，而我的兩個孩子跟我的父母也維持正向良好的關係。事實上，我的女兒蘇珊娜就是以她的祖母（我的母親）的名字為她的女兒命名。我一直到孫女出生後才知道她打算這麼做，對此我深受感動。

與母親的關係

　　然而，拉開我跟母親的距離對我們的關係也勢必帶來影響。從內心深處而言，因為我們親密關係的改變讓她深感受傷，在那之後，她對我也總是有些防衛。我試著用其他方式來表達我們兩人關係的重要性。舉例而言，一九七七年，為了紀念她的七十五歲生

日，我們集合創作了一本名爲《湧泉活水》（*A Well of Living Waters*）的紀念文集。我在這本文集中也有小小的貢獻，對於自己的貢獻也感到開心，但她對我的防衛反應持續到一九七八年夏天她被確診罹患胰腺癌爲止。癌症發現時已經轉移至身體其他部位，很顯然地已經是末期了。在她過世前的最後幾個月，我去看了她好幾次。她對自己罹患癌症感到非常難過，因爲她把罹癌解釋爲她分析工作的失敗，這一點我們怎麼勸她都沒有用。

在母親過世前一週，父母和拉比會面討論喪葬事宜。他們最後決定母親與父親應該有一場宗教婚禮，因此在母親過世前七天，他們在家中辦了一場婚禮，而我母親也披上白紗禮服，那個畫面相當感人。一週後她與世長辭，我們爲她辦了一場傳統的葬禮，簡單又純淨。我在葬禮上講了一些與榮格心理圈無關的軼事，一些讓她開心愉悅的事情，包括去看職業足球賽之類的小事，以及她對大家族的全心投入。

母親在過世前留了一封信，要我在她死後才能展信閱讀。信中她提到我還是個小男孩時所做的一個夢，大概是我五歲或六歲時，夢中我面臨了被月亮吞食的危險情境。在這封她最後給我的信件，她希望我能避免這個情境。在喬瑟夫‧韓德森的幫忙下，我體悟到被母親原型吞食始終都是我所面臨的險境，我一輩子都認眞看待這個警語。同時，被母親了解及被母親吞食的兩難情境，讓我們兩人的關係蒙上一層色彩。但我始終都清楚，我是因爲母親，才得以找到對無意識及分析心理學的興趣。對此我始終抱著滿心感恩。

與父親的關係

　　相較於我與母親的關係，我跟父親的關係則完全是另一回事。我父親身為一名講師、作家及在各種場合中作為榮格的代言人，在榮格社群中較有名氣。他出席我在洛杉磯的每一場講座，這一開始給我帶來不少難題。一九七一年我在加州大學洛杉磯分校的第一場演講，他幾乎就坐在講台正前方。有人建議我在觀眾席中找上另一個人為目光焦點，對著那個人演講，如此一來我就不會因我父親而分心。我那時選了一個留著大鬍子的年長男人，把注意力放在他身上，但演講開始沒多久他就睡著了。不用說，這讓我更不安，不過那時候還好我已經進入主題，也才能夠繼續下去。

　　多年來，我持續與我父母的病人有些交集。有些人在電影工業中小有名氣，而其他人則擁有一些我父親想要的東西。比方說，我的父親喜歡游泳，如果他的病人家中有座好泳池，他就會固定去那裡游泳。如果我剛好也回洛杉磯，我也會和他一起去游泳。我在帕羅奧圖時絕對不會到病人家中的泳池游泳，但一回到洛杉磯，又會回到年少時的模式。我跟父親的一位個案山姆·弗朗西斯（Sam Fra-incs）非常熟識，他是知名的現代藝術家。他不僅是我父親的病人，也是我們家的朋友。山姆在帕羅奧圖的一家藝廊有一場畫展，因此我得以進一步認識他及藝廊的主人。我能夠不帶顧慮地寫下關於山姆的事蹟，主要是因為他在好幾本關於自己的傳記中都公開提到他曾接受我父親的分析，因此我也不擔心洩漏隱私。

　　在我母親過世六個月後，我父親與他的祕書再婚，她小我父親

整整四十歲，而這也讓彼此適應的過程顯得困難。他們婚後繼續住在我雙親過去二十四年來所住的房子裡，而他的新婚妻子珊卓（Sandra）相當沉默寡言，讓人不太容易跟她建立關係。兩人的婚姻並沒有持續太久，但他們偶爾還是會彼此見面，她也斷斷續續地出現在我父親的生活中。在我父親最後兩年的生命，他對我的態度稍稍軟化，也讓我能夠進入他比較深層的感情世界。當時的他對我充滿感情，不過他因為失去了聽覺，生活品質明顯下降。此外，他的視力也退化，並因膝關節的嚴重疼痛而無法行走。

在他八十七歲那年，他感染了細菌性肺炎但拒絕就醫。我尊重他的決定，在他離世前不久，他看見自己騎在鳥背上，只等著我去看他之後他就能解脫。我一聽到這消息，立刻南下去見他，而我在他過世前十分鐘抵達。在他生命的最後十分鐘，我緊緊握住他的手。這是我生命中最具意義的一段經驗。

父親過世後，我是他指定的智慧財產執行人，這意味著我需要一一過目他的書籍及論文。他有著豐富的藏書，包括英文、德文、希伯來文及法文的書籍，我將大部分的書籍捐贈給其他人及各間圖書館，自己只留下一成左右的書籍。此外，還有幾百卷的研討會錄音帶，都是他每週針對榮格後期煉金術工作所講授的內容錄音，他大概期待我會對這些錄音帶做些什麼，但我知道這不是我能做的事。我因此把這些錄音帶給了他以前的病人，目前也仍然在那名病人手中。

《榮格與詹姆斯・克許通信集》

在整理遺物時，我也發現榮格寫給我父親的四十四封書信，有些是原稿但有些則是影印本。我認為大部分的重要書信在前些年都已經出版了，因此起初我認為不需要再針對這些信件做些什麼。後來，二〇〇二年我收到一位住在英格蘭的美國籍女性薩莎・羅森（Sasha Rosen）的來信，她當時正在蘇黎士的榮格文庫中從事研究，她告訴我父親寫給榮格的信件都收藏在文庫內，同時建議我應該要看一看這些信件。後來我寫信給瑞士聯邦科技學院文庫要求他們將我父親的信件影本寄給我，我請我的瑞士籍祕書幫我翻譯這些信件，這才發現一九三四年的書信記錄了父親與榮格兩人針對猶太人及猶太心理學這一議題的深入討論。雖然我當時只看見這些討論的部分內容，但這就足以顯示將雙方書信往返的內容加以出版的重要性。

大部分榮格寫給我父親的關鍵信件都已在一九七三年的《榮格書信全集》中出版了。當時我知道安・拉莫斯（Ann Lammers）正準備將榮格與維克托・懷特（Victor White）的書信出版，而且也幾乎要完成這項計畫，因為她熟識榮格家人，我的這項書信錄出版計畫很自然地就成為她手邊工作的接續計畫。她對於我的計畫相當感興趣，因此二〇〇五年我們跟勞特利奇出版社及榮格家人簽約出版這些信件。安是個謹慎的研究員，她又發掘出好些我父親與榮格間的書信，因此這些書信最後累積總計一百五十封，其中有九成左右都是榮格所寫的信件。為這項計畫籌募資金並不是件容易的事，因為

不僅需要安的個人薪資,也需要這項計畫的相關經費,我們兩人都各自有位有力的贊助人才得以讓這項計畫持續下去。安向之前協助她出版維克托‧懷特信件的基金會尋求資助,也成功地得到款項,雖然金額不如她所預期的。我們兩人都各自投入一些小額但關鍵的金額在這項計畫上,讓出版計畫得以完成。這本書信錄在二〇一一年以英文版發行,但很不幸地只出版精裝版,讓這本書所費不貲。安正嘗試著要發行英文平裝版,屆時將會有新的前言,也會加入額外的內容。

在整理及出版這些信件之後,我必須決定該如何處理我所繼承榮格寫給我父親的四十四封信件。我和國會圖書館的手稿部門主任吉姆‧胡森有些交情,在與吉姆及蘭‧布魯諾(Len Bruno)討論後,我決定將這些書信捐贈給國會圖書館。不考慮捐贈蘇黎士榮格文庫,主要是因為我父親一生大部分的時間都是在美國過的,同時從國會圖書館中借閱館藏文物遠比蘇黎士的文庫來得容易多了。之前在提出要求我父親寫給榮格的信件影本時,足足等了十個月才收到,我希望未來的研究者不需要如此費時費力。

二〇一四年的五月,德國的帕特莫斯出版社(Patmos)發行了這些信件的德文翻譯,我覺得德文版將會比英文版吸引更多對此感興趣的人。此外,有一群柏林的榮格分析師在約爾格‧拉希(Joerg Rasche)的帶領下,與柏林市協議在我父親的柏林診所的所在地立下牌匾。我父親在一九三三年離開德國前就是在那裡執業的。二〇一四年五月,我受邀在捐贈立牌儀式時致詞緬懷我的父親,我接受這個邀請也安排啟程。

在我們出發前往歐洲的前一天,我出現了暈眩、食慾不振、頻

精神科醫師兼榮格分析師約爾格・拉希，他在詹姆斯・克許一九三三年在柏林的辦公室舊址立了一個區額，他與他的妻子貝亞特・科滕迪克—拉希（Beate Kortendieck-Rasche）醫師攝於二〇一〇年蒙特婁國際分析心理學會會議。

尿及急尿等症狀，我把這些症狀都歸為旅遊前的緊張及興奮，壓根沒想到這會是身體微恙的症狀。我們停留的第一站是哥本哈根，珍和我各自主持了一場研討會，我那一場由我和阿克塞爾・漢寧（Aksel Haaning）共同主講，阿克塞爾・漢寧是中古時期煉金術學者，也是榮格的學生。我們談了一九三〇年代的榮格，這是阿克塞爾專研的主題，無論是演講或是研討會都反應熱烈。但在第二天結束時，我說話的速度明顯減慢，而我的症狀也惡化，最後我被送到急診室。不到五分鐘他們就診斷我罹患嚴重的糖尿病，這是我第一次糖尿病發作。因為丹麥所使用的血糖檢測系統不同於美國的檢測系統，因此我無法將當時的數值轉換為我所熟悉的數值，不過我當時的血糖數值在當地的檢測系統中仍然高到破表。我在醫院裡待了四天，他們才緩慢地將我的血糖值降下來，也恢復我身體的含水

量，我也得以繼續前往柏林發表這趟行程的主要演說。然而，當我在柏林下飛機後，很顯然地我的症狀再度復發，貝亞特·拉希及約爾格·拉希來機場接機。在入住飯店之後，我又被帶進洪堡大學（Humboldt University）教學醫院接受檢查和治療。我在那裡住了六晚，這次他們用來降低我血糖的方法顯得更積極些。

我不確定我的身體是否能夠支撐我在揭幕式時發表演說，醫師們很努力地要將我的血糖控制住，兩天之後，他們攙扶著我讓我前往會場發表演說。我坐著發表演說，而我也讓演講內容稍稍軟化，我這一生以來對父親與女人們的關係所帶來的負面感受也稍微減輕了。我在演說中討論他一生對意義的追尋，以及他在世界遊走找尋能夠安心與安身的所在，瑞士是最能滿足他的地方，在那裡他可以與他的德國根源接近，同時又能與榮格及其他第一代的同僚連結。演說結束時，我得到全場起身喝采，真的是了不起的畫面。我的妻子、兒子與朋友，包括：安德魯·沙繆斯、貝亞特、約爾格、琳達·卡特（Linda Carter）、拉得森·辛頓及喬·坎伯瑞都出席聆聽，我對這次經驗真的很滿意。

演說結束後我立刻被帶回醫院，又繼續待了三天，直到我的血糖值得到緩慢而穩定的控制。住院期間，我第二次告假參加一場有關《榮格與詹姆斯·克許通信集》（*The Jung-Kirsch Letters*）德文版的新書導讀，這是一場為時兩小時的導讀，討論信件內容，以及在第三帝國時代的文化情境、與心理分析執業在當時所面臨的困境。那是一場相當富有精神意義的討論，欲罷不能。在那之後，我們和貝亞特、約爾格及安·拉莫斯共進晚餐。我在柏林醫院出院後，返回帕羅奧圖當地的史丹佛醫院接續治療，我的血糖值在提高胰島素

榮格分析師琳達・卡特是《分析心理學期刊》的美國編輯，她與國際分析心理學會前任主席喬・坎伯瑞合影，照片是二○○五年我前往麻州譚歌林市（Tanglewood）拜訪他們時所拍攝。

注射劑量後也得到控制。

　　當我入住柏林醫院時，主治醫師告訴我，我在哥本哈根時很可能會因腦部水腫而喪命，因為血糖值太高了。死亡幾乎是臨門一腳，而我腦中浮現的是我的心靈導師及分析師喬瑟夫・韓德森曾經對於整理父親信件一事給我的提醒。他警告我不要太過涉入我父親的文件，他認為這對我而言不是個健康的內容，也可能讓我進入心理退行的狀態。當我一個人躺在柏林醫院時，我常常想起喬瑟夫・韓德森所說的這段話，住在醫院那幾天是個奇怪的經歷，耳邊聽見鳥鳴、眼中瞥見綠樹，心中總會想起我的父母。我想起我母親總是抱怨洛杉磯的生活盡是水泥磚牆及滿街汽車，完全沒有柏林隨處可見的自然景色。我發現我對於我父母及我一生中都避開的這個地點

感到著迷，對於我被困在城市中心的醫院裡感到不可思議。我可以感受柏林立牌的層層歷史排山倒海向我襲來，包括我父母花樣年華時光的威瑪共和時期以及住在柏林的許多顯要歷史人物。如今的柏林顯得美麗又讓人驚豔，放眼盡是新的文化與成長。但在這些美好底層仍然能感受到納粹時期的餘像，這是這個城市始終避不開的。例如：猶太大屠殺的紀念標的物散布在整個柏林市中心，還有許多較不顯眼的納粹時期標的物也隨處可見。柏林市民夠聰明，他們沒有丟棄歷史；相反地，他們非常努力嘗試和解，特別是對於他們曾經對猶太人所做過的事情。當代的柏林人很清楚在納粹時期之前，德國有許多不同領域的精進智性發展，對於許多學術領域中的失去也感到悲傷，許多人被迫離開德國去異地發展那些學科。現今的柏林人是如此殷切地想要好好待我，我很感謝他們，但同時也深切感受到他們想要將過往逝去的一切加以修復的那種幾近偏執的心態。

　　我因為在柏林那場為父親而做的演講，才得以倖存下來。我不記得在那之前我是否曾經得到聽眾起立喝采，但最重要的是，我覺得我已經圓滿了我和雙親的因緣。在柏林醫院待了近一週，讓我有許多時間思考他們在那兒的生活，雖然這並不容易，但這是頗具療癒性的經驗。

【第十七章】結語

　　回顧我身為榮格派的一生，是個情緒滿漲及身心疲憊的過程。我看著我雙親因為全然奉獻給榮格而被邊緣化，但在成長的過程中我從來都沒有聽過任何一句關於榮格的負面評價。他們對於榮格的理想化有時候很難讓人理解。我是家中的老么，在那時候也是五個孩子中唯一接受榮格思想的，最主要還是透過我與母親的關係才會如此。她對我的所思所為就如同巫師一樣了然於心，似乎總能在事情發生之前就預測我身上會有的轉變。這讓人有股扣人心弦的親密感，但不全然是健康的，我花了許多分析工作才得以和她分離。另一方面，她身上的神祕直覺性讓我也深深著迷，因此引領我進入無意識的世界。在我成長的過程中，我很難同理我父親，我對於他的許多行為都有諸多的批評。一直到青少年晚期，我才開始對他的學術表現感到敬意及欣賞。對我的整個家庭而言，因為戰火強襲而必須從歐洲搬至美國，這對家中所有人都有著莫大的壓力。我父母自始至終都沒能適應美國的生活，一直覺得歐洲才是讓他們感到自在的地方。而我是唯一被期許要適應美國生活的人，整體來說我也達成了這個期許。我父母鼓勵我接受教育，在經濟上也持續支助我，直到我成為精神科醫師，我才開始有能力支持我自己及我的家庭。

　　我身上承擔著無比的期許，雙親希望我能接續他們的腳步成為榮格分析師。我很清楚自己必須離開洛杉磯才能達到這個期許，但

要離開我的原生家庭並不是一件容易的事。對我而言，舊金山是我在美國接受榮格分析訓練最理想的地點。我在二十六歲那年開始接受喬瑟夫・韓德森的分析，而他當時五十九歲。我和他的關係從被分析關係發展成同僚關係；最後，在他晚年我也成為他的照顧者。被他分析的經驗也成為我後來成為榮格分析師的專業基石。

榮格分析師

我在一九六八年於舊金山成為合格的分析師，當時舊金山專業榮格社群的主要組成份子是醫師，和其他醫療及精神醫學專業成員都維持良好的互動關係，儘管他們大致都是親近佛洛伊德運動及精神分析學派的社群。舊金山榮格派的專業形象在我的精神醫學及榮格派認同發展上有著重要的意義，特別是考量我所成長的環境對專業面具不屑一顧而只專注於榮格場境這一點。事實上，這世界大概再也找不到另一處能夠像舊金山社群一般，讓我同時與榮格社群及相對較大的精神分析及精神醫學社群建立關係。

我在一九六二年開始接受榮格分析師訓練，在一九六八年完成訓練，這段時間也是舊金山灣區最有趣的一段時間。首先，榮格圈及精神分析社群雙方態度友善，全世界只有在倫敦才能見到如同舊金山般兼容佛洛伊德學派及榮格學派的環境。在這段期間，世界其他城市裡，一般而言榮格派及佛洛伊德派基本上是沒有交流的。另一方面，這段時期也是長期深度心理治療及分析廣為重視的時代，榮格分析圈也感受到這份對於長期深度分析的高度需求。雖然那時候大多數會尋求佛洛伊德精神分析，榮格圈還是接收了不少病人。

我是帕羅奧圖當地第一位全職執業的榮格分析師，帕羅奧圖距離舊金山三十英里遠，也是史丹佛大學的所在地。身為當地的第一位榮格分析師滿足了我的傳教精神，我要在帕羅奧圖執業榮格分析也夠具挑戰性。

六〇年代也是心理迷幻藥及嬉皮運動的年代，順勢將榮格推向一般大眾。一九六八年加州大學柏克萊分校舉辦一系列夢工作坊，我也是座上講師之一，工作坊吸引了至少六百人參加，整場聽眾為之瘋狂。我是這次活動中最年輕的講者，演講當時的緊張是筆墨難以形容的。從一九六〇年代晚期到一九七〇年代，加州大學柏克萊分校及聖塔克魯茲分校有許多課程都吸引了廣大的聽眾，榮格於是扎根於灣區的心理迷幻藥運動的一部分，後來也傳播到整個美國及世界各地。心理迷幻藥取向雖然只是一時的狂浪，與時消逝，但那時所掀起的高度歡迎，讓榮格在心理世界留下一席穩固的位置。

我後來發現教學及寫作讓我有實在的滿足感，不過在尚未覺察這一點前，我就收到許多演講邀約。一九七四年，我被提名為舊金山榮格學院的主席候選人，儘管當時我成為全職的會員只有六年之久，也不到四十歲。在學院前輩們都還活躍的時代擔任主席是個巨大的挑戰，有時候我必須與他們的立場反其道而行，這也是當時最感困難的狀況。

國際分析心理學會

擔任舊金山榮格學院的主席一職，持續帶領我進入另一個更大型的政治框架中，也就是國際分析心理學會。喬瑟夫・惠爾賴特將

我晉升入國際榮格專業社群，我先擔任副主席，接著擔任主席，在學會中服務了整整十八年。那些年對我而言是充滿戲劇性及興奮感的時光，也是歷史巨大變遷的時代。我在國際分析心理學會服務的高峰期正逢鐵幕的倒塌、葉爾欽的上台、俄羅斯總統府的風暴及共產主義的垮台。突然間，對榮格的學習興趣在俄羅斯及前蘇聯的衛星國家中一一興起。

身為國際分析心理學會主席，我必須前往我一輩子都可能不會有機會去的國家訪問，這些差旅行程讓我發現這些國家迷人之處。背負使命前往這些國家意味著我從來就不是以一個觀光客的身分前去，每到一地就必須立刻進入狀況了解當地文化。在這些行程中，我遇見許多人，有些人後來也成為我一輩子的朋友，在我眼前浮現的人包括：安德魯·沙繆斯、莫瑞·史丹、鮑伯·欣蕭及其他許多人。我到歐洲之行讓我有機會在蘇黎士及阿爾卑斯山待上好些時日，那些在山中的時光是我可以帶進墳墓的美好回憶。雖然我很享受我在蘇黎士的日子，但我扎根於灣區；雖然蘇黎士瑞士聯邦科技學院的教授職很吸引我，但我並不後悔沒有申請這份工作。

二〇〇六年前往台灣的機會出現時，我很不情願地接受這次邀約。對我而言，台灣或者應該說是我年少時所記得的福爾摩沙，不過是一處在蔣介石獨裁政權下的土地罷了，而我並不認為那是一個值得支持的政權系統。我完全不知道自己會愛上那塊土地及生活在那裡的人們；對珍及我而言，那是我們共同的喜悅。我們在那裡的發現完全超乎我們所期待的：那裡有著雖不完美但欣欣向榮的民主制度，在那裡所經驗的悠久歷史傳承的中國智慧也深深地豐富我們的心靈。

瑞士榮格分析師、出版商、友人暨同僚鮑伯‧欣蕭及克許夫婦的女兒蘇珊娜。照片攝於二〇〇六年在史坦夫婦蘇黎士住所後院所舉辦的湯瑪士‧克許七十歲生日慶祝會。

在撰寫這本回憶錄的過程中，我發現我的一生與歷史洪流有過數次交會。第一次的交會是我們在不列顛戰役的高峰時橫越北大西洋，當時英國正拚死堅持。這是二次大戰初期關鍵的戰役，當時英國孤軍迎戰納粹突襲。如果當時英國在納粹前敗退，將會全面改變戰事的結果，或許也會改變歐洲的景況。

第二次的歷史交會是我在帕羅奧圖成為新任精神科醫師時，當時的舊金山灣區是嬉皮及心理迷幻藥運動的中心。這股潮流後來擴展到世界各地，我處於首當其衝大文化改變的層層風暴。

第三次的歷史交會則是在我預計一九九一年前往莫斯科書展發布《榮格全集》俄文翻譯計畫時，當時葉爾欽推翻了戈巴契夫的共產政權。在緊接的鬥爭中，共產主義份子重新掌權了兩天，而就在

這兩天執政者取消了我原先預計參加的莫斯科書展。我並不確定前往莫斯科是否仍是一件重要的事，但最終還是為了簽訂書籍的契約而決定啟程。很不幸地，因為那些年的混亂政局，《榮格全集》只有第十五冊這一冊完成翻譯。然而，隨著事件的發散，我在莫斯科見證了葉爾欽及「莫斯科白宮」重掌政權，那是一段充滿緊張感但卻讓人難以忘懷的經驗。

最後一段歷史交會則是在一九九二年南非舉辦取消種族隔離政策公投時，我人就在那兒，而我得以和南非舉國上下共同慶祝這個體制的殞滅。對於能夠親眼見證這些重要的歷史點，並得以在這些事件中倖存，我感到萬分榮幸。

雖然我對每段行程及我在旅程中所遇見許多有趣的人們都感到愉悅，但多年來我很滿意住在帕羅奧圖的生活。我跟珍最初來到帕羅奧圖時，這裡只是一個沉睡的大學城，如今這裡是矽谷的中心，也是個繁華的都會，房價高漲到我們已經買不起這裡的房子了。

一個猶太人成為榮格派

當我回首我的榮格人生路時，我很慶幸自己是這個時代的一員。我與第一代榮格分析師有著必然的連結，他們在榮格承受各方攻擊時，很勇敢地挺身支持榮格。然而，因為早年社會集體仍然注重長期心理治療，有許多人尋求榮格分析。現今，人們傾向於尋求快速的解決方案，當然也包括藥物的治療。在我的職業生涯中，當今榮格心理學已經進展到所謂的後榮格思維，而目前分析心理學一詞變成似乎更適合用來指稱林林總總的榮格思維。今日對於榮格有

興趣的人可以找到多樣的榮格派觀點。有些人承續古典的原型觀點，他們分析工作的核心是對夢的擴充；另一些人則受到榮格臨床概念化中的移情及反移情的影響；還有一些人對於榮格理論與當代神經科學及基礎科學的連結有高度的興趣；當然也有一些人鍾情於榮格在國族特質及國族心理學的表述。榮格的理論觸及生活的許多面向，但沒有任何一個面向可以宣稱自己是榮格的真正後繼者。

我年輕時就被視爲榮格派，我見證了這一詞所負有的意義的巨大轉變。從我原生家庭的角度而言，榮格派代表者被邊緣化以及大部分時間都被洛杉磯的大型集體排拒。當我是醫學院學生時，我對榮格的興趣是被默許的，但並不被鼓勵，當時唯一被美國精神醫學圈認同的榮格派是喬瑟夫·惠爾賴特。我第一次見到喬瑟夫·惠爾賴特是一九五九年他在耶魯大學的演講。我個人對於榮格的興趣在我擔任住院醫師時也是被默許的，主要是因爲我在醫學院時也展現了我從事精神藥理學的研究能力。這份能力足以引領我進入精神醫學的學術專業，但我的心靈引力則將我導向榮格分析師志業。

起初我對於「一個猶太人成爲榮格派」這個想法有些好奇，就當時的世界觀點來看，這是一個矛盾的概念，因爲榮格應當是納粹黨的反猶太份子。在我的榮格派生涯，我總是需要正面回應這項控訴，這些年我的回應內容也隨著新的資訊而有所改變。榮格對於猶太心理的觀點是隱約細微的，而這也是我想要將我父親與榮格的書信出版的原因。在這些書信中，榮格直接回應我父親的質疑，而讀者可以自行決定榮格在這些質問上的想法。

隨著精神分析學派新的理論模式的發展，例如：客體關係理論及強調相互主體性的人際理論發展，榮格在精神分析取向的學生前

也更容易接受。這並不表示榮格在大多數的精神分析圈中是閱讀的主體或是被接受的，只意味著學生們可以談論榮格，而聽眾們也開始帶著尊重的態度聆聽榮格派觀點，不再立刻嗤之以鼻排拒在外。

然而，對於精神分析的集體興趣也逐漸減退。我在精神科住院醫師時，精神分析是精神科的主導理論，所有機構的精神醫學部門主任都是精神分析師。從佛洛伊德成為歷史人物之後，精神分析已經演變成與其歷史根源大相逕庭的產物。許多人持續保持對榮格的興趣，而對榮格的興趣也與時俱增。喬瑟夫‧坎伯（Joseph Campbell）及詹姆斯‧希爾曼理論的受歡迎程度，就是說明榮格間接影響力的最好例子。隨著時間的推移，像是情結（complex）、內傾型或外傾型（introvert/extravert）、及個體化（individuation）等詞彙，也都成為日常用語的一部分。

儘管一般大眾對於榮格的興趣日增，臨床專業對於深度心理學的興趣卻在減退中。現今的臨床焦點主要在於短期的修復，包括藥物及行為治療。今日榮格論述被視為文化的評論，而不是著眼於他的臨床啟發，但我認為這一點將會在時光流轉中有所改變。我認為心靈有著潮起潮落，未來某個時間點，對長期分析的興趣將會再起。

我人生的主軸是關係，而藉由我個人的榮格派經驗形塑了我人生中最深刻也最重要的關係。珍，是我四十六年的人生伴侶，雖然她並不總是同意我的選擇，但她始終如一地支持我所選擇的人生路。她是我人生中給我穩定並讓我放心的騎兵。我的兩個孩子都已結婚成家，也都孕育了不起的下一代，兒孫們都擁有充滿意義的工作，人生至此夫復何求。

我的榮格人生路：一位心理分析師的生命敘說 |

我內心有個強烈的需求想要寫下我的榮格人生路，聽聞過這本回憶錄內所提及故事的人也都要我寫下這些軼事，免得將來遺失了。我的人生走得並不輕鬆，但大部分的經歷都是讓人感到極度欣慰的。

【附錄一】喬瑟夫・韓德森醫師

榮格分析師喬瑟夫・韓德森，約攝於一九九〇年其舊金山辦公室。

　　我是一九六二年來到舊金山，帶著明確的意圖要接受喬瑟夫・韓德森醫師的分析。之後數十年，他是我的分析師、導師，也是專業同僚，更是摯友。最終，他是我個人及榮格專業發展歷程中最具影響力的人。除了接受他的分析給我帶來的影響之外，精神科住院實習也對我人生及專業發展帶來重要影響。

之前的分析經驗

在我接受喬（喬瑟夫）的分析之前，我的被分析經驗是零碎的。在學生時代，我往返於西岸與東岸之間，而在東岸求學時更常往返於紐約與康乃狄克州的紐海文市或是紐約與波士頓之間。我帶著把灣區視為我家的想法來到這裡，雖然我很清楚三年住院醫師訓練後仍要履行在美國公共衛生部的服役義務，但終究還是有點久。然而，時間稍縱即逝，在住院醫師訓練中期我就必須要開始計畫未來。這雖然是一件挑戰，但我最終得以改變我的服役任務，也能繼續留在舊金山。

我之前在馬里蘭州貝塞斯達區的國家心理衛生中心得到一個黃金職缺。這是任何一個年輕的男性醫師從來不會拒絕的重要職位，很多人認為我腦筋不清楚才會想要改分發。當時我還需要特地飛往華盛頓特區，親自與國家心理衛生中心的助理主任斯坦利‧約爾斯見面討論這個變動。與他會面的時間不到兩分鐘，但他確實安排我駐紮舊金山來完成我在國家公共衛生部的服役義務。因此，我得以持續接受榮格分析，並開始我在舊金山榮格學院的分析師訓練。

這個抉擇影響了我的人生走向完全不同的道路。如果當時我回到東岸，誰知道我的婚姻會經歷什麼。然而，接受喬‧韓德森的分析對我而言是極為重要的。喬的主要分析經驗是由榮格所提供的。考量我的家庭史，我當然需要找一個直接受榮格影響的分析師。這個想法經由我父母，特別是經由我母親深深植入我的心裡。韓德森大概是唯一能讓我父母接受的人選。喬在倫敦及蘇黎士時就認識我

雙親，不過他們從沒發展成朋友關係。

與第一任妻子都接受韓德森的分析

　　儘管我急切地想要見韓德森醫師，但對於要開始接受他的分析心裡仍然滿是抗拒。一個月過去了，我都還沒打電話聯繫他約見面，一直到最後我接到他祕書的電話詢問我是否仍然想要接受他的分析。後來我在一九六二年七月中旬正式開始一週兩次的分析。因為我第一任妻子和我之前見同一位分析師，我們勸說韓德森醫師每週兩次同時見我們兩人，然而他很清楚地表明他希望瑪格麗特找一位她自己的分析師。雖然如此，接下來的三年我們仍然維持共同接受分析的安排。

　　事實上對於分析的頻率我言之過早，在開始分析一個月之後，我們在一個週日傍晚稍晚時，接到一通電話告知韓德森醫師因突發心臟問題而入院。最後證實心臟的問題不大，但我當時並不知情。好不容易我對我的分析工作許下承諾，但我的分析師卻要死了，那時候喬年屆六十，我則是二十六歲。在他出院後不久，他跟他的妻子前往歐洲旅遊很長的一段時間，因此從一九六二年八月中旬到十一月初我們都沒有見面，中斷的感覺就如同遙遙無期一般！

　　回首過往五十年，已經很難回憶分析的初始階段。韓德森是一板一眼的人，總是穿著西裝，既不走個人化風格也不外向開朗。我帶著我的夢及聯想去見他，印象所及他的詮釋同時兼具個人性及象徵性本質，然而似乎總能正中情緒。每一次的分析經驗及整體的分析過程都讓我覺得滿心愉悅。事實上，我的無意識開啟過程因著他

的庇蔭光環而有些自我膨脹。我當時認爲其他同期的精神科住院醫師都應該接受榮格分析，就好像變成了榮格的傳教門徒。有些住院醫師後來的確也進入榮格分析，但我都把他們打發給其他分析師，因爲我要韓德森醫師是我專屬的分析師。那時候榮格社群很小，我常會在分析心理社團的演講，或偶爾也會在其他社交場合中見到韓德森醫師，因而有機會認識他的英國籍妻子海倫娜，我很喜歡她。在我快要完成住院醫師訓練時，瑪格麗特及我邀請韓德森醫師夫婦到家中共進晚餐。那可是件了不得的事，印象最深刻的是韓德森醫師走向我們的鋼琴，彈奏我小時候學過的一些曲目。

另一個與韓德森醫師及他的妻子海倫娜共有的連結，是住在大灣的瑪麗‧克理爾。她之前曾經住在帕莎蒂納市，與我的雙親有些交情，後來她搬到地處偏遠的大灣海岸，在鄰近菲佛州立公園（Pfeifer State Park）處有一間金字塔型房子。瑪格麗特與我常找機會去大灣，有一次韓德森醫師夫婦正好前去作客，我們幾個人就跟瑪麗‧克理爾共進一場愉悅的午宴。當時的興奮感至今仍然印象深刻，因爲這著實揪出我的移情。我也開始看清韓德森夫婦與我父母婚姻關係的不同之處，他們似乎比我父母更容易與對方溝通，兩人之間也似乎有更多感情互動。那時候，我曾經詢問韓德森醫師我是否可以稱呼他爲「喬」。他回答說：「當然可以，你可以用任何你想用的字來稱呼我。」因此後來有一陣子，他一方面仍然是「韓德森醫師」，但有時候又變成「喬」。在最剛開始分析的前三到五年，他維持正式的互動形式，雖然有時候他也會說一些關於自己的事情，但表達方式會讓人完全感覺不出來是自我揭露。

一九六六年，我們的兒子已經兩歲大了，我也完成了在史丹佛

精神科住院醫師訓練，接著前往舊金山的國家心理衛生中心區域辦公室服役，瑪格麗特則在史丹佛從事博士後研究。那時喬跟瑪格麗特共同決定是時候讓瑪格麗特找尋她個人的分析師了，她找上伊莉莎白‧奧斯特曼做她的分析師。伊莉莎白原本是微生物學家，後來進入醫學訓練，最後成為精神科醫師，她也是舊金山的資深榮格分析師。

成年啟引

　　這期間瑪格麗特變得很不快樂，但我完全不知情。她曾經試著在喬‧韓德森的分析工作中「處理」她的個人議題，而韓德森也從未透漏到底發生了什麼。這對他來說應該也是相當困擾的情況。

　　一九六六年，瑪格麗特與我在死亡谷（Death Valley）度過耶誕假期，那段期間她異常焦躁易怒，我不得不詢問她到底發生了什麼事。起初她有些推託逃避，但最終她告訴我她對我的感覺已經改變了，而她覺得我們應該分開。聽到這個消息我的心就如同是被捅了一刀，我們身處在死亡谷所帶來的象徵意涵就如同是我心中覺得死了一回的感受。我在耶誕節時滿心絕望地從死亡谷撥電話給喬，他的回應讓我感到他的支持及鼓勵，雖然我對於自己無能處理這個災難性的消息感到懦弱不堪，但喬一點都不介意我撥電話給他。

　　接下來兩年內所發生的事就成為我分析的主軸。對外而言，瑪格麗特與我決定先不公開我們的情況，如此一來在我們處理關係議題時也不需要對外多做解釋，我們兩人都帶上了我們仍在婚姻關係中的人格面具。但在這期間，我有一段時間搬到舊金山，當我回到

帕羅奧圖時則自己另外租了一間公寓，同時也在一九六七年七月一日在門洛帕克開始私人執業。當時我心裡十分憂鬱沮喪，生活架構也完全崩毀。我的婚姻失敗了，可失敗從來就不是我人生的元素。在這段孤獨一人的時期，我反而能夠斬斷我對雙親，特別是對我母親的依賴。在數不清的時刻中，我獨自一人面對我的思緒、夢與幻想，而這些獨處的時刻也引領我進入深刻的早年記憶及深邃的靈性時刻。我開始質疑到目前為止我生命中所發生的所有事情，包括我作為一個精神科醫師、榮格分析師、為人父、為人夫、為人子等。唯一能夠確定的，這是一段深刻的死亡與再生經驗，也是屬於我個人順應自然的成年啟引歷程，我很難想像如果喬當時不在我的身邊會發生什麼。他盡可能在我需要他時與我同在，而我也很難想像生命中還有其他時刻如同那時的脆弱無助。在經歷一年半的爭執後，瑪格麗特和我確定分道揚鑣，因為我們無法解決婚姻關係中的議題，而我們也將分開的決定公告親友。這個抉擇雖然讓我傷心，但同時也從懸而未決的壓力鍋折磨中得到極大的解脫。我想要再度開啟社交生活，我想要和其他女人開始新的關係，也想要繼續往前走。在專業上，我的私人執業運作良好，而我也急切地想要完成榮格分析師訓練。

在跟瑪格麗特分開後不久，我遇見我的第二任妻子珍，我們兩人的婚姻直到今日已經持續四十六年。那時候我知道進入一段認真的關係有點太早，但我選擇跟隨我的夢以及喬陪同我針對夢的探索所得到的啟發。我的無意識對這段新關係有良好的回應，而喬也認為這對我會是件好事。我同時也面對與雙親再度建立連結的議題。我並沒有對他們多說什麼，只告訴他們我覺得我又再一次精力充沛

了。隨著我上一段婚姻的破碎，我在無意識狀態中與母親的連結也斷裂了，而這是我個人成熟及成長所必要的斷裂。

　　一個不證自明的例子就是我對於運動賽事的忠誠感。我放開了我對洛杉磯道奇隊及王牌左投山迪‧柯法斯（Sandy Koufax）的死忠支持，轉而成為舊金山巨人隊的忠心球迷。喬從三個月大時就一眼失明，對球賽從不感興趣，因為雙眼視覺的深度知覺是任何運動賽事的本質。然而，他卻有著一雙敏銳洞察的內在眼睛，這是我內在成長關鍵需要的一項特質。

對喬的依賴

　　我第一段婚姻關係結束後，我的分析工作也隨著我新開展的人生而持續向前。那時候喬一個月只工作三週，第四週則用來寫作或休閒。我一個月只見他三次，有時候覺得不太夠，那時的我仍然掙扎於強烈的依賴議題，只不過心理的依賴從母親轉為對喬的依賴。其他的議題還包括即將完成的榮格訓練，以及我和珍兩人在關係的差異性。珍是個極度內傾的人，她也不是猶太人，這一點對我或對我父親都不是問題，但對我母親卻是個問題。喬告訴我我先前已經試過傳統的猶太婚姻，但最後行不通，因此我的人生中也不需要再有個猶太女人。也許與珍結婚是另一種切斷我與母親連結的方式。

　　一九六八年五月，珍和我在一位開明的拉比見證下結婚，婚禮就在珍的小型公寓後院舉辦。拉比並不要求珍信奉猶太教，而珍也從未成為猶太教徒。那是一場小型的婚禮，出席的人不超過四十位，但婚禮當天喬及海倫娜夫婦及我們雙方的家人都出席了。同年

十月，我參加榮格分析訓練的期末考試，我向三位洛杉磯的榮格分析師及三位舊金山的分析師做個案報告，這三位洛杉磯的主考官我原來就熟識。那時候，喬是認證委員會的委員，我在參加期末考試前與他討論過他應該在場或迴避一事。我希望他能在場，他也想要親臨現場。只要他在考試過程中不發言，他出席我的期末試場是沒有問題的，不過試場中其他考試委員顯然是要我證明我所知及我所具備的能力。

我的個人分析工作持續到一九七三年秋天，那時候我做了一個夢，夢中喬進入「我的」並觀察我家中的情況，不過這個家不是我真實生活的家，而是某個象徵性的家。喬詮釋這個夢，認為我當時已經將喬整合為我內在的一部分，而我分析工作的依賴期已經告一段落了。他建議我們可以有個迅速的結束，最多就是再分析兩、三次就可以結束了。這一切發生得太快了，那時候是我生活中相當有趣的時刻，珍和我的婚姻關係正面臨著許多現實的問題，而我必須在沒有分析師的幫忙，當然也沒有我父母的幫忙下自己處理這些問題。當時所面對的問題跟我的第一段婚姻議題有些相似，但在感受上卻是完全不同的。喬保留一些開放空間讓我可以在感到迫切需要時再跟他聯絡，而在接下來的一年半中，當我和珍在處理兩人的關係議題感到困難時我也和喬見過兩、三次面。後來好些年，我只在專業及社交場合中見到喬。

另一個與喬之間很重要的交會是在一九七七年。蘇‧瓦格納及喬治‧瓦格納（Sue and George Wagner）兩人正計畫訪談認識榮格的人，藉此探尋榮格為這些人的人生所帶來的影響，並記錄他們與榮格相處的印象及經驗。喬‧韓德森是這部影片拍攝計畫的主要受訪

對象。我不太清楚我是怎麼變成訪談喬的主要人員，不過這場訪談在喬位在加州羅斯市（Ross）家後院進行，訪談的內容也成為《心事》（*Matter of Heart*）紀錄片的一部分，訪談的部分內容收錄在瓦格納所發行的 DVD 中，不過影片只節錄了少數內容。我認為我在訪談喬的過程中引出了許多重要的主題：包括成年啓引及他對美國原住民及榮格分析的看法。我認為這段訪談提出更客觀的觀點，因為當時許多人都陷在將榮格全盤理想化的心境。

年輕與資深同僚間的對話

一九七七年，我被選為國際分析心理學會的第二副主席，這是我在這組織的第一份職務。我開始被帶入國際榮格圈，也感到需要跟人談一談的迫切性。起先我認為也許見一位女性分析師會是比較好的安排，因此我聯絡了伊莉莎白‧奧斯特曼，主要是考量我第一段婚姻分手時曾經見了她幾次。我撥了電話給她，但她回應不能見我，她特地遠道前來帕羅奧圖和我共進午餐並當面告訴我她的決定。起初我覺得很失望，但後來我想到可以找喬並繼續和他見面。後來我也真的再找上他，而我們也開展了一段完全不同以往的分析歷程。我們仍然討論許多夢，但我也跟喬說明榮格派國際場境中所發生的事件，喬一直以來都與國際場境有強烈的連結，對我所討論的議題也表現高度的興趣。在接下來二十五年，我跟喬維持每月只少見面兩次，多年來我們的關係也進展成為年輕與資深同僚間的對話。喬持續跟我收取象徵性的費用。決定重新再與喬固定見面是我人生中最好的決定之一，單單只是知道有喬在身邊就能讓我安心。

在國際分析心理學會的工作可以將一個人帶入心理及地理層面的許多領域，因此也容易感到散亂及失根。在我的第一任主席任期間，正逢東歐共產主義陣營國家及蘇聯對西方世界開放之際，莫斯科及列寧格勒的團體要我去那兒協助許多重要事項，在蘇維埃帝國解體之際前往那裡是讓人極度陶醉的情境。我當時曾經有個夢，夢中我被懸掛在飛機尾翼，在舊金山及莫斯科兩地間往返飛行。我跟喬討論這個夢，討論中發現我將舊金山到莫斯科的飛行比擬為舊金山與洛杉磯間的飛行，這個夢讓我明瞭我把這趟行程看得太簡單了。我當時並未意識到如此頻繁的長途飛行帶給我的影響，在那個夢之後我就減少了長程旅程的次數。

友誼關係

在我們的關係進展為友誼關係之後，我跟喬也比較常共同出席社交活動。偶爾我們會一起去聆聽舊金山的音樂會或歌劇，有時候我們也會一起共進晚餐，特別是在喬的妻子海倫娜於一九九○年代初過世後，我們也更常有社交互動。

隨著喬步入晚年，當他搭乘飛機時總會需要一些幫忙，因此我與他共度三趟難忘的旅程。第一趟行程是在第一次伊拉克戰爭之際我們共同飛往倫敦，喬受邀給倫敦的四個社群發表紀念演說，我則負責安排機票及住宿旅館等事宜。我還記得我們抵達牛津街北端的杜蘭特斯飯店（Durrants Hotel），飯店正對面是一家小型博物館華勒斯典藏館（Wallace Collection）。喬在十七歲那年和他的姑姑一起到歐洲的第一趟旅行就曾經去過那間典藏館，而這一次再訪倫敦他

舊金山榮格分析師團體於一九九六年攝於喬瑟夫·韓德森的辦公室。左起：湯瑪士·辛格、理察·史丹（Richard Stein）、喬瑟夫·韓德森、湯瑪士·克許、大衛·崔森、大衛·里察曼（David Richman）及南西·豪根（Nancy Haugen）。相片中除南西·豪根外皆是舊金山的榮格分析師，南西是榮格派的心理治療師。

喬瑟夫·韓德森與參議院議員比爾·布拉德利（Bill Bradley）在一九九六年在馬林郡的波林納斯釣魚俱樂部（Bolinas Rod and Gun Club）的一場會議中初次見面，此後數年兩人關係密切。布拉德利是知名的政客及作家，也是前籃球明星。

已屆八十九高齡，但他仍然清楚記得館藏作品。我們也和演員世家立德格拉夫（Redgrave）的瓦內莎（Vanessa）、林恩（Lynn）及耶馬（Jemma）一起欣賞俄國劇作家契訶夫（Anton Chekhov）的《三姊妹》（*Three Sisters*）。喬很興奮能親臨現場觀賞演出，這對我們兩人而言都是難忘的一週。

麥可‧福德罕出席喬的演說，我們跟他及羅絲瑪莉‧高登共進晚餐。麥可和喬在一九三○年代中期就認識了，他們也是好同事。在這次的晚餐會中，麥可對喬極度挑釁，這個行為也讓麥可得到「童言無忌」的封號。

在一九九五年春季，珍和我陪同喬一起前往紐約，出席紐約榮格學院舉辦的會議。一天傍晚，我們在麗池卡爾登飯店（Ritz）的咖啡廳用餐，這是喬十分喜歡的咖啡廳。後來我們去聽了瓜奈里弦樂四重奏樂團（Guarneri Quarter）在大都會博物館（The Metropolitan Museum of Art）的演出，第一小提琴手阿諾德‧史坦哈特（Arnold Steinhardt）是我高中時期的朋友，演出的入場券是他幫我們打點的。演出後我們回到飯店，喬說我們需要來杯睡前酒，因此珍和我都點了一杯酒，喬則喝下兩杯雙份卡布奇諾，他說這可以讓他睡得更好！

在飛行途中我們分坐在他的兩側，讓人訝異的是當他坐在座位上，他不看書、也不動，完全不受他四周任何動靜的影響。反觀我自己，要不是看書、說話，就要看電影。喬在充滿興奮感的飛行旅途中如何安然自處也讓我大開眼界。

我陪同喬的第三趟行程是前往奧瑞岡州尤金市（Eugene）拜訪羅賓‧賈卡（Robin Jaqua）。她和她的夫婿約翰（John）在流經尤

金市的麥肯齊河（McKenzie River）沿岸有一座大型農場。約翰‧賈卡曾經是菲爾‧奈特（Phil Knight）初創耐吉球鞋時代的律師，在那一次聚會中羅賓還分享了第一雙耐吉球鞋是如何在賈卡的廚房餐桌上成形的。

賈卡家的其中一個兒子是個電影製片人，而羅賓想要訪談喬，也希望喬能夠為「原型象徵研究文庫」（The Archive for Research in Archetypal Symbolism, ARAS）談談成年啟引的原型，她提出要求由我來訪問喬。我很喜歡賈卡一家人，而在他們家作客的經驗也是愉悅的。

喬的百歲誕辰

喬持續一月三週的私人執業，而我也持續在他舊金山的辦公室與他見面。但是，他的聽力變得非常差，而他也不得不停止開車，在這之後要見喬的人必須前往他在羅斯市的住所與他見面。對我來說，這增加了半小時的車程，也挺折騰，因此減低了見他的頻率，但只要能夠持續見他，從心理層面而言就是值得的。喬這段時間仍然持續看病人、提供督導及書寫。二〇〇三年，他過了一百歲生日，我們成立了一個特別的委員會規劃他的生日慶祝活動，我是慶生委員會的主席。我們最後決定在一個週日於馬林藝術與園藝中心（Marin Art and Garden Center）舉辦下午茶會，場地鄰近他在羅斯市的住家。我們決議要收取少許出席費來支應茶會的支出，因此邀請函上加註一行字：酌收費用以表對喬的敬意。這場生日會相當成功，當天有許多人致詞，包括喬的孫子及學院內的一些會員。當天

共募集了一萬美元，而慶生委員會也決議將這筆錢用來重新出版喬的書籍《啓引體驗》（*Thresholds of Initiation*），這本書已絕版多年，書中收錄了喬所主持的臨床實務研討會，最初在一九六六年出版，莫瑞‧史丹以及芝加哥的希隆出版社同意再次發行這本書。這是這筆錢最讓人滿意的使用方法，而喬對於這個結果也相當開心。

隔年，舊金山榮格學院推廣教育委員會決定舉辦一場以啓引體驗爲題的工作坊以對喬在這一領域所投入的工作表示敬意。會議的講者包括：迪亞納‧舍伍德、湯瑪士‧辛格、大衛‧崔森、維吉尼亞‧魯特（Virginia Rutter）及莫瑞‧史丹，而我則擔任會議全天的主持人。喬全程出席這場會議，他坐在前排聽完所有的演講。

二〇〇三年，在我爲《心事》系列訪談所做的第一場訪談時隔二十六年後，蘇‧瓦格納及喬治‧瓦格納決定要與喬做追蹤訪談，他們也詢問我是否願意再次訪問喬。喬當時的身心狀況非常好，我們做了兩個小時的追蹤訪談，在訪談中他談了當今世界及榮格心理學的狀況，而蘇珊之後又做了第二次的追蹤訪談。

喬的晚年

當喬一百零二歲半時，他因肺炎感染入院，命懸一線。當我跟珍去醫院探望他時，他告訴我們他在醫院這段期間有好些重要的啓引體驗夢。我想百分之九十九的人在這種狀況下都會過世，但喬的身體卻逐漸康復。不過，在心理層面他卻變成另一個人。他開始在清醒時刻出現鮮明的幻境，例如：有一次他說他前一晚去了中國，還有一次他說他剛出席喀美爾的會議。他的朋友及同事都很清楚他

已經不能再從事分析工作。舊金山榮格學院的福利委員會建議他終止心理執業，他很平靜地接受了建議，然而人們還是繼續「拜訪」他，只是不再稱作分析或督導。喬的訪客持續而穩定，這些訪客在他生命最後幾個月都和他共譜了許多愉悅的回憶。人們仍然能看見諸多幻象底層下本然的喬。

在生命最後階段，喬的生活起居主要由一位來自菲律賓的女性麗塔（Lita）照料。麗塔全心全意照料喬，她似乎能了解喬所帶有的特殊天性，也知道他是個真正的「智者」。不久之後，喬不再能夠行走，也必須要仰仗輪椅。在早些時期，當喬不能開車時，他請了一位退休人士肯尼（Kenny）當司機接送他到各個地方。喬跟肯尼關係密切。在喬過世後，我持續和肯尼都有聯絡，他在喬過世後對他有著無比的思念。

當喬的身心狀況很糟時，我們面對是否要將喬送進醫院的抉擇。二○○七年十一月，當喬一百零四歲半時，他被送入醫院，在二○○七年十一月十七日與世長辭，喬的孫女婿、大衛・崔森、我、麗塔及肯尼隨侍在側。喬將身後事交由火葬服務機構海王星協會（Neptune Society）處理，因此他的遺體被運往奧克蘭，喪葬儀式也都在那裡安排，湯瑪士・辛格及麗塔則照料弔祭相關事務。隔年春天，我們在喬的家中辦了一場追思會，大家都表達了對喬最後的追憶。

喬過世後，韓德森家從一九五六年以來的房舍該如何處理也需要有個決定。房子本身的狀況並不好，但是地景絕美，喬的孫女婿決定將房子租賃給正在隔壁蓋新房舍的鄰居。因此在一個週末他邀請我進入喬三十年前所建的閣樓，一一檢視他的書籍及信件。這是

一件艱難的工作，整個清點工作必須要在那個週末完成，我相信我當時做了一些錯誤的決定。我曾經在我父親過世後做了類似的事情，只不過在清點我父親的遺物時我有較多的時間。不過，喬所收藏的文件不若我父親多，他習慣在回信之後就把信件丟棄，這就是為什麼他不清楚他跟榮格的書信會被收藏在蘇黎士。我之前曾經提到，他很開心能夠再一次看見他自己寫的信，重新閱讀他的過往書信讓他有好幾個月都顯得精神奕奕。我把喬遺留的文件收納在兩個箱子裡，目前存放在我家辦公室內，我並不想要一一檢閱這些個人文件，因為我不想要發現任何我不知道的事情。文件跟書籍應該收藏在舊金山榮格學院的書庫中。

以上所述是我個人與喬瑟夫（喬）·韓德森自一九六二年至他二〇〇七年辭世期間的關係。他一生過得精采，我在這篇文章中並未完全編年記錄，而他也在各領域都認識許多名人，許多人都曾經是他的病人。我嘗試要在這篇後記中描述他給我的人生所帶來的意義，以及他如何協助轉化我的生命。我知道他對榮格社群內外的許多人都帶來了轉化的經驗，我想要表達的是我個人在這四十七年中與喬交會的經歷，以及我們之間的關係是如何與時轉變，這也難怪我在一九六二年時會如此抗拒進入分析關係！我完全沒想到這段關係在我人生中會帶來如此大的影響。他為人精采，他的一生也過得精采！

【附錄二】詹姆斯・希爾曼博士

榮格分析師詹姆斯・希爾曼（左）及希爾德・克許。攝於一九六六年洛杉磯。

網球雙打球友

詹姆斯（吉姆）・希爾曼是早年我完全不透過父母的介紹而自己認識的人，當然，吉姆已經認識我的父母。我最初認識他的時候，他還是蘇黎士榮格學院的學生，他素有「才華洋溢的學生」的

封號，在接受榮格分析訓練時也是蘇黎士大學心理學博士班學生。他的論文題目《情緒》（*Emotion*）公認卓越非凡，同時以英文及德文雙語出版，這在當年是非凡的成就。一九五八年，我第二年利用暑假回到蘇黎士接受分析，一心想處理心有千千結的愛情關係，就這麼湊巧吉姆與我見同一位分析師——梅爾教授。吉姆跟羅伯特（鮑伯）·史丹及馬文·斯皮格曼在夏季期間會固定打網球，他們當時正在找雙打的第四位球友，那時候的我熱衷網球，因此就成為合適的第四名雙打球友。我跟吉姆一組對上鮑伯及馬文，我們在夏季期間打得相當勤快，總是由吉姆跟我這一組勝出，但我們四人都玩得很開心。這三個人大概都長我足足有十歲之多，他們都叫我「克許小子」。打完球之後，我們會一起去喝一杯並閒聊榮格學院及學院裡的人，我能夠聽他們分享在榮格學院當學生的經驗是很難得的機會，這也是我首次經歷到跳脫對榮格造神運動的榮格派。他們完全不同於當時我父母身邊的那一幫人。

　　我與吉姆的第二次相會是在一九六三年秋季，此時我已經是史丹佛大學精神科住院醫師，也開始在舊金山接受喬·韓德森的分析。我聽說吉姆跟阿道夫·古根別爾—克雷格在美國各地的榮格社群巡迴演說，當時他們的巡迴行程並不包括舊金山，但我寫信給吉姆提議安排他前往帕羅奧圖的退伍軍人醫院及舊金山的分析心理學社團發表演說。他接受了這次邀約，並接受吉姆·惠特妮（Jim Whitney）在柏克萊大學的另一場邀約。

　　他當時所發表以情緒為題的演講相當傑出，清楚明白並提綱挈領地表達了他的論文，論文中討論住院精神病患的情緒重要性，而這與佛洛伊德或榮格的無意識的概念幾乎沒有太大的關係。吉姆的

震撼演講轟動了全場。而他在舊金山分析心理學社團的演講也是同樣精采，當天演講的主題是「希望、成長與分析歷程」（Hope, Growth, and the Analytical Process）。在這場受到熱烈歡迎的演講中，吉姆降低了一般人對於分析歷程的期待，當年的榮格分析師們骨子裡認為分析可以治癒這個世界的所有問題。吉姆很具說服力地對此提出反動，但他也不忘強調分析的可能價值。在分析心理學社團的演講內容後來也成為他《自殺與靈魂》一書的部分內容，透過他的演講我首次嚴肅看待分析的限度。

《自殺與靈魂》

《自殺與靈魂》一書在一九六六年首度出版時，我的心就被打動了，我對這本書的評論也變成我在洛杉磯分析心理學社團的首次公開演講。書中吉姆從自殺的角度為心理學開拓了一個獨特的位置。他表明自殺意念的核心是死亡與重生的原型，而我們這群榮格派在這主題上有獨特的觀點。當時我完全不知道自己旋即將步入死亡與重生的經驗，這段經驗的結果就是離婚以及與我雙親的心理分離。在那一段紛亂的時期，吉姆的聲音無時無刻不在我身邊。

一九六七年秋季，我開始在帕羅奧圖私人執業，同時也是舊金山榮格學院的進階分析師候選人。我接到一通來自舊金山州立大學一位女性的電話，她正籌劃一場以自殺為題的大型會議，她計畫邀請吉姆·希爾曼擔任會議的主題講者，詢問我該如何聯絡吉姆。後來他們兩人聯絡上，而吉姆同意擔任會議的主要講者。

在此同時，吉姆已經是蘇黎士榮格學院的教學主任，但他因為

與一位來自美國的女學生發生婚外情而惹上麻煩。他寫給女學生的信件被她的丈夫截獲，而女學生的丈夫堅決要將吉姆提交給美國心理學會及瑞士心理學會議處。這件事在蘇黎士是件棘手的事情，到底該怎麼處置？當年，主要機構都設有監察委員會負責處理這種狀況，我父親就是監察委員會的一員，而吉姆的分析師梅爾也是監察委員之一。這件事在蘇黎士已經醞釀了兩、三年，直到自殺會議之際才真正浮上檯面，而當時規模還小的國際榮格社群對於如何議處也是意見分歧。委員會提了許多不同建議給吉姆，他最後決定離開學院的教學主任一職。我對於吉姆深表同情，因為我知道那些針對吉姆多所批評的委員們大多也都涉入性的專業倫理問題，可是他們並沒有被譴責、也沒有被強迫辭職以示負責。我曾經向吉姆傳達對他的支持，也覺得這些委員們盡是口是心非、言不由衷，不過我不認為吉姆相信我所持的立場。

一九六七年舊金山州立大學的自殺會議圓滿成功，而吉姆的論文發表也很優秀。我記不得那篇論文的實際內容，不過我可以確定內容與他《自殺與靈魂》一書相關。

兩次提名

下一樁與吉姆的互動是在一九七一年八月我第一次正式出席國際分析心理學會倫敦會議。當時國際分析心理學會的主席是喬·惠爾賴特，他讓我擔任舊金山代表，這個決定讓社群內的資深大老們感到錯愕，我則完全不清楚代表要做些什麼。我出席了委員代表大會，在不知情的狀況下，吉姆·希爾曼及喬·惠爾賴特提名我角逐

第二副主席，投票結果我以一票之差輸給漢內思・迪克曼。有人質疑票數計算的正確性，但投票結果並未被質疑。我沒選上，反倒讓我鬆了一口氣，當時我真的還太年輕不足以勝任副主席之職。因為我在這屆被提名，也順勢讓我在下一屆，也就是一九七七年的競選中領先。

下一段與吉姆的互動是一九七七年在羅馬舉辦的國際會議上，我們在這兩次會議中間可能曾在某地碰過面，但即使有見面應該也不是特別重要的會面。一九七七年我們兩人都獲邀擔任會議的主要講者，我的講題是夢，而吉姆則是談煉金術。讓人興奮的是，所有出席會議的講者都個別受邀到羅馬當地個別分析師家中聚會。這次會議將舉辦多項重要的選舉，當時的慣例是主席及副主席會順利連任。委員代表大會依照瑞士當地的法規舉辦，每位幹事的提名過程都不需要有人附議。唯一需要競爭的選舉是第二副主席，因為一旦選上了，依照慣例就是尋著階梯往上爬，雖然這並不保證之後一定會當選主席。然而，一旦踏上底階，從來就沒有人被拉下階梯。喬・惠爾賴特提名我擔任第二副主席，他提到我曾經擔任舊金山榮格學院主席而且也勝任這份工作，讓我感到驚訝及驚喜的是，梅爾起身附議。除了我之外，還有其他被提名的人選，我不需經歷再此表決就贏得這場選舉。那天傍晚在會議尾聲的晚宴上，吉姆帶著盛怒走上前來，他問我：「你怎麼能讓梅爾提名你擔任第二副主席？」他對此感到生氣，認為我跟梅爾不過就是泛泛之交而已。我很清楚吉姆與梅爾之間的恩恩怨怨，他們的事蹟都清楚地記載在迪克・羅素（Dick Russell）為吉姆所做的傳記內。吉姆跟他的妻子凱特同時接受梅爾的分析，而且一起前往希臘旅行。他們分析關係中

欠思量的部分，羅素在傳記中都有記載。聽完這個故事時，我對吉姆以及沒能與他維持友誼都深表同情。然而，一九七七年梅爾附議我的提名時，對我極度慷慨，也沒任何讓我有理由跟他斷交的事，不過他後來的確要求關係的回饋。

在一九七七年的選舉，阿道夫・古根別爾—克雷格獲選為主席，他選了他的多年友人吉姆擔任榮譽祕書一職，這也意味著吉姆跟我接下來三年要密切合作執行委員會會議及下一屆會議的籌劃工作。下一屆會議將首度在美國舊金山舉辦。我雖然是主席委員會中最年輕也最資淺的會員，但必須協助籌劃一九八〇年九月的會議。我不記得我跟吉姆是如何平息了與梅爾相關的事件，但我清楚記得吉姆、阿道夫及漢內思三人為了籌備會議而前來舊金山時，我們四人都去了卡布其酒店的澡堂，而吉姆、阿道夫及漢內思三人也到我家餐敘。我先前在其他篇幅中已經討論過這場會議，在此就不贅述。在籌備會議的過程中，我跟吉姆之間也沒再發生其他大動干火的事件。阿道夫在第二任任期選了尼爾・米克樂姆擔任他的榮譽祕書，從那以後我跟吉姆有好一陣子沒再見過面。

直到吉姆搬回美國後，在德州達拉斯定居，他接手榮格派期刊《春》（*Spring*）的出版工作，他要求舊金山派一位代表出席編輯委員會。因為多年來我跟吉姆有許多接觸，於是舊金山榮格學院指派我擔任《春》出版社編輯部的舊金山代表。沒多久我就發現這只是個名義上的職位。我曾經嘗試提交友人所寫的一篇文章，吉姆寫了一張便條給我告知他一人全權決定《春》要刊登什麼文章，也不會刊登我所提出的文章。經過幾年的類似事件後，吉姆決定他不需要舊金山代表，而我的名字也在發行人欄位中被剔除。

定居德州後，吉姆就成爲舊金山榮格學院開放課程中大受歡迎的講師。他總能吸引滿場聽眾，成爲開放課程的常座。不過當吉姆進城出席研討會時，我們兩人少有機會私下見面。有一次，我們兩人都受邀在美國精神分析學會的舊金山年度會議中擔任講座。我在一場小型論壇中分享臨床工作中的四位女性個案，她們都在超過二十五年的婚姻生活後決定離婚，而吉姆當時也出席了這場講座以表達對我的支持。在那之後，我們到舊金山棒球迷閒聊的歐岱爾餐廳（O'Doul's）共進午餐，吉姆和我總能在球類運動中找到共同連結，這個連結肇始於當年的網球雙打，不過吉姆更像運動球迷，我們兩人的連結走的是低調大眾風。

漸行漸遠

另一次關鍵的會面是在一九八五年波士頓舉辦的美國榮格分析師會議，會議正逢萬聖節，而同樣地，吉姆和我雙雙受邀擔任講者。會議尾聲的晚宴是一場化裝派對，吉姆裝扮成一名牧師，我則裝扮成維京海盜。吉姆走向我所坐的桌席，當時同桌的有扎布里斯基夫婦，還有已經不復記憶的其他人，他指著我們這一桌說「這是權勢桌！」我對這句話感到相當好奇，因爲十四年前當他提名我成爲國際分析心理學會副主席時，他就熱中於國際分析心理學會的權力及政治架構。然而，那些年也是他與集體榮格圈漸行漸遠的時候，他致力開創「原型心理學」的學派，而這段期間也是他對制式榮格主線多所批評的時代。

一九八三年到一九九五年之間，我時常前往蘇黎士，每次造訪

都會寄宿在古根別爾家中。而那段期間我大約每一年半會與吉姆碰面一次，每次見面他對我總是顯得熱情，但我們始終沒能有任何具有意義的對話。我們兩人都出席了阿道夫七十歲及八十歲的生日宴會，宴會地點在蘇黎士中心阿道夫之前服務的單位內舉辦。在這兩次慶生會中，吉姆都對他與阿道夫多年的友誼發表了精湛的演說，在場人士都能感受到兩人之間的深刻連結。吉姆將許多思維啟發都歸功於阿道夫，這聽起來讓人感到舒服，因為很多人都認為阿道夫不過就是仿效吉姆的點子。因為在那些年中我跟阿道夫有過許多深刻的對話，所以我知道這些對阿道夫的評論有失公允。在阿道夫八十歲生日那年，吉姆跟瑪歌（Margot）一同出席宴會，我們都比其他宴客稍早就抵達了，吉姆當時表現得一如往常，他走過我跟珍並無視於我們的存在，也沒有將瑪歌介紹給我們認識。許多吉姆的朋友及點頭之交都有過類似的經驗，不過當時幾乎只有我們兩人在場讓他的態度顯得更傷人。

那年，吉姆已經搬到康乃狄克州的湯普森市（Thompson），與瑪歌同住。瑪歌是個優秀的藝術家，她跟吉姆共同撰寫了一本有關動物象徵的書，而書籍出版時他們也辦了巡迴導讀會，其中有一站就在帕羅奧圖。我的好友尼爾·拉薩克（Neil Russack）也寫了一本關於動物象徵的書，他想要跟吉姆見一面。我並沒有居中安排讓他們兩人見上一面，但尼爾自己南下到帕羅奧圖參加新書導讀。導讀結束後，我們上前找吉姆，尼爾詢問吉姆是否有時間可聊聊，吉姆非常無禮地說他沒空，而且表明他在舊金山的行程都排滿了。尼爾覺得很失望，但吉姆的回應在當時的情況下感覺起來算是合理的。

一九九六到一九九九年之間，我在撰寫《榮格學派的歷史》一

書，這是一本有關榮格學派個人發展歷史的書籍。為了寫這本書，我訪談了許多人，而我也試了許多次，包括透過傳真或電話要聯繫吉姆。他在一九五○年代初期就已經待在蘇黎士，也出席了一九五八年蘇黎士的第一屆會議，而他對這些事件有著驚人的記憶力。我最後一次嘗試聯絡是透過電話，當時瑪歌接聽電話，告訴我吉姆正在睡覺，她說吉姆會在一、兩個小時後回電話，但過了一、兩小時他並沒有打電話給我。後來書出版後，吉姆的朋友馬文・斯皮格曼對於我在書中對他所做的描述感到氣憤，這時吉姆才表態。吉姆寫信告訴我他支持馬文，我則回信給他指出我之前許多次嘗試要聯絡他都吃了閉門羹。吉姆對當時沒有認真看待我的聯繫一事表達了微微的歉意。我認為他那時才清楚感受到這是第一次有人嘗試記錄榮格學派演進歷史，而且人們的確關注我的書。

修復友誼

　　二○○九年十月，貝弗蕾・扎布里斯基在她位於紐約的公寓辦了一場出色的宴會慶祝《紅書》的出版。吉姆跟瑪歌都出席宴會。當時吉姆對我相當友善，感覺彷彿就像是回到一九五八年網球雙打搭檔的時代，他很熱切地將瑪歌介紹給我認識，並跟瑪歌介紹我們長久且複雜的友誼關係，在經過數十年的疏遠後再度感受到兩人間的友誼是件讓我舒服的經驗。我認為他當時嘗試修復我們兩人的友誼關係，雖然我們之間有著心理學及哲學上的理念差異，但不可否認地我們的確有長久及持續的關係。

　　二○一○年，美國國會圖書館展示《紅書》，同時搭配一場全

天的會議。吉姆和我都受邀擔任會議講座，因此我們也有機會談上話。他當時剛摔了一跤，跌斷了手肘及腳骨而行動不便。我在國會圖書館會議開場前幾天抵達東岸，原本希望能北上到湯普森市見他，但後來因為他的斷骨及健康狀況下滑並未成行。我對此感到失望，但也能理解他當時的狀況不宜接見訪客。

在國會圖書館的會議是我最後一次跟吉姆的重要互動，我們兩人有長遠的關係歷史，我一直很希望能夠跟他有更密切的連結。然而，在過了蘇黎士頭幾年的美好後，接下來的時日就全然不是這麼一回事。不過，他對我的妻子珍倒表現得相當親切，而他們兩人也有一些有趣的對話。我的夢中不常有吉姆出現的場景，但在少數幾個他出現的夢中，我對他的感覺都是相當正向的。我記得在一個夢中，我告訴他我愛他，這著實嚇了我一跳，但我想我是愛他的，只有在回溯我們的互動歷史時，我才得以看見要他表現相同的回應是何其困難。

【附錄三】阿道夫・古根別爾—克雷格醫師

阿道夫・古根別爾—克雷格是蘇黎士備受尊崇的榮格分析師，曾經擔任榮格學院主席及國際分析心理學會主席，照片約攝於一九九○年其住所餐桌旁。

　　阿道夫・古根別爾—克雷格出生於一個歷史悠久的瑞士家族，根源可追溯到十八世紀的恩加丁區（Engadine）。二十世紀時，阿道夫的家人搬到瑞士蘇黎士及伯恩等地的大城市。他的父親是知名的保守週刊編輯，阿道夫在一九二三年出生，從小罹患結核病，有好幾年時間住在療養院，這就宛如德國作家托馬斯・曼（Thomas

Mann）的著作《魔山》（*The Magic Mountain*）所描述的情境一般。阿道夫的父親在二次大戰前是激進的反納粹人士，而他也在他的週刊中強勢地表達立場，阿道夫仍然記得他的父親因為對德國的觀點而收到死亡威脅。

阿道夫後來成為醫師，並與安‧克雷格（Anne Craig）結婚。安是來自蘇格蘭的年輕女孩，他們兩人在年少時因參加營隊而相識。阿道夫在內布拉斯加州的奧馬哈市擔任住院醫師，兩人對留在美國或回到瑞士感到兩難。阿道夫之所以選擇奧馬哈市是因為那裡是美國的中心點，而他當時一心就想要到美國的中心點。他們後來還是決定回到瑞士，因為阿道夫對於宗教的強烈興趣，他開始接受榮格分析及榮格分析師訓練，因此認識了詹姆斯‧希爾曼，當時他們兩人都是蘇黎士榮格學院的學生，兩人也維持了一輩子的友誼。阿道夫畢業後旋即擢升成為蘇黎士榮格學院的主席並成為國際分析心理學會的幹事。

我第一次見到阿道夫是一九六三年他跟吉姆‧希爾曼在美國巡迴演講，那時候我對他其實沒有太深刻的印象。第二次見到他則是一九七四年在倫敦舉辦的國際分析心理學會第二屆會議，在一場會議晚宴中因為提供的食物短缺，當晚好些人沒吃飽，我跟阿道夫相互憐憫餓肚子的處境。

專業、私交都有深刻連結

我們兩人第一次正式的會面是在一九七七年，在他被選為國際分析心理學會主席之後，我則獲選為第二副主席。我們在一九七七

年十二月召開國際分析心理學會執行委員會會議，阿道夫邀請我到他們在蘇黎士郊區普法豪森鎮（Pfaffhausen）的家中留宿。我還記得在冰雪中健行到他家，心中嘟囔著為什麼要來這一遭，我原本可以留在城市舒服的旅館，根本不需要在冰天雪地裡行走。然而，當我抵達他家時，沒有比那裡更殷勤及率真的招待。從那時開始一直到接下來的二十五到三十年間，我偕同妻女每年至少有一次會寄宿在他們家樓下的獨立空間。他們家族在恩加丁區也有一幢傳統形式房舍，我們有好幾回與阿道夫一家在那兒共度夏令時節。古根別爾家有五個孩子，每週三所有孫兒都會拜訪古根別爾家，因此十三個孫兒從小都一起長大。我經歷了好些週三的兒孫拜訪日，儘管家中有如狂風掃過般，但那卻是個充滿魔力的經驗，我覺得我就好像是這個大家庭的一份子，至今歷久彌新。近期，古根別爾家有個孫兒偕同朋友前來帕羅奧圖拜訪我們，他已經是二十多歲的青年了。

古根別爾家的其中一個孩子阿拉斯泰爾，一九八○年來帕羅奧圖與我們歡度了一星期的好時光。這些年我們跟阿拉斯泰爾都維持聯繫，而我也在一九九五年去伊斯坦堡參加阿拉斯泰爾及永奇婭的婚禮。我對於受邀出席感到萬分榮幸，因為我是席間唯一被邀請的榮格分析師。

阿道夫是個非凡、務實且充滿慧見的領導人及分析師，幾乎所有瑞士當地或國際榮格社群的人都會尋求阿道夫的指導。在我擔任國際分析心理學會主席六年任期內，他成為我最信任的良師益友兼顧問，我會利用不時前往蘇黎士的時機跟他討論國際分析心理學會相關議題。現在回想起來，我大概太過於依賴他，因為事後回想有一些他幫我做的決定後來並沒有原先預期的結果。就如同我在先前

章節中所提過的，我發現跟漢內思‧迪克曼的工作關係異常困難。阿道夫傾向於對漢內思寬宏大量，而我希望這不是因爲阿道夫在主席任期嚴重心臟病發一事的影響，漢內思當時接下阿道夫的主席職責，表現得可圈可點，但我認爲阿道夫過於感恩漢內思爲他所做的付出。對阿道夫而言，國際分析心理學會主席任期因爲心臟病發而中斷，而他也在一九八三年擔任主席的最後一場會議前被送入急診，並做了七處動脈繞道手術，在這種情況下結束任期應該是讓阿道夫感到極度失望的。我在一九八三年參加耶路撒冷會議時順道去看他，見到他時他剛做完動脈繞道手術，那時候我對於他的復原並不抱希望。但我很開心我的想法是錯的，他從手術中康復，並且也在繞道手術後再活了二十三年。

　　阿道夫是個高度整合及忠誠的人，他對家人及朋友也是全然奉獻。我對於能成爲他朋友圈的一員感到無比榮幸，無論是從專業角度或是個人角度，我都對他有著深刻的連結。我也很開心，我和妻子能跟古根別爾家的下一代持續維持友誼關係。

兩人的異同之處

　　我常思索到底是什麼讓我跟阿道夫建立了這份深刻的連結，我也深深相信這份連結感不是我的一廂情願。阿道夫跟我都是務實的人，當有問題需要解決時，我們兩人都會想到務實的解決方案。阿道夫比我更像精神科醫師，一旦我的經濟許可，我會盡可能地將我的臨床實務工作限縮於心理治療及分析，然而阿道夫很喜歡精神醫學執業，也喜歡爲蘇黎士的法院評估個案心理狀況並擔任精神科顧

問，我則對這些工作傾向於能免則免。雖然阿道夫在榮格圈中頗富盛名，但他在榮格圈外的大世界裡不會立即表明自己的榮格派身分認同。這並不表示他把這部分的身分認同掩藏起來，僅僅顯示他不會在榮格圈外討論榮格學派的想法。相反地，他相當關心榮格派的思維、蘇黎士與世界各地榮格組織。我們在有關國際層面榮格圈的討論上有必然的連結，很多時候我們的觀點都是一致的。我對於移情關係的興趣雖然明顯高於他，但也沒有達到發展學派對移情或分析頻率等的高度興趣。阿道夫並沒有太多的著作，但是凡他執筆所寫的都是基本且必要的概念。我認爲他的書《療癒專業的力量》（*Power in the Healing Professions*）是每一位心理治療師都需要的基本用書。

我在阿道夫死前三週最後一次和他見面。阿道夫基本上是個偏悲觀的人，那時候的他顯得相當鬱悶，看他那樣眞的讓我很傷心，但我對他有好多在不同情境及地點的美好回憶。我們有許多的共享交集，我很愛他的妻子安，也樂於成爲他們大親族的一份子。

【附錄四】喬瑟夫・惠爾賴特醫師

喬瑟夫・惠爾賴特，是精神師醫師兼榮格分析師、國際分析心理學會前任主席及享譽國際的榮格分析師，攝於一九八〇年代中期聖塔芭芭拉的霍利斯特牧場（Hollister Ranch）。

　　喬（喬瑟夫）・惠爾賴特是我在洛杉磯成長過程耳熟能詳的名字，他是第一代榮格分析師中唯一的外傾型，因此對許多人而言他不是一個「真」的榮格派。此外，他在佛洛伊德派與榮格派關係冷淡的時期就跟佛洛伊德學派精神分析師有許多互動交流，這也讓喬在榮格圈中顯得可疑。就我個人的家庭而言，當我同母異父的哥哥吉姆・席伯在灣區擔任精神科住院醫師時，喬沒有幫他提供分析。

喬之所以沒有幫吉姆分析是因為他當時正接受肺結核治療，可是我母親對此相當不悅，她認為喬應該可以為吉姆多做些什麼。

還有一個複雜的家庭連結是我的表嫂妮菈（Neila）與喬的舅子克林特（Clint）之間的關係。妮菈在一九五二年與我的表兄哥哈得‧達內柳斯結婚，她在這段婚姻前曾嫁給克林特，克林特是喬的妻子珍的孿生手足。他們的離婚過程很棘手，因此惠爾賴特這個名字在我家有很多混雜的意義。喬跟我父親在一九三○年代倫敦時期就彼此熟識，當時父親已經是執業的榮格分析師，而喬則仍是努力奮鬥的醫學系學生，兩人都是倫敦分析心理學社團的會員。而他們在美國及加州的處境則恰好相反。在美國這兒，喬是舊金山蘭格利波特療養院的教授，而我父親還在努力獲取心理治療師的執照。

喬是享有聲望的精神醫學研究促進團體（Group for the Advancement of Psychiatry, GAP）的會員，當年精神醫學研究促進團體主要是由美國知名精神科醫師及精神分析師所組成。喬因著他與佛洛伊德學派的長期友好關係而成為這個興盛團體的一員。喬也參與加州大學學生健康服務計畫，也是《性愛與大學生》（Sex and the College Student）專刊的作者群之一，這本專刊在一九六○年代相當受歡迎。身為精神醫學研究促進團體的一員，他在全國各地精神科演講。那時候他是唯一在美國精神科授課的榮格派，這也可以一瞥榮格派在當時的美國精神醫學及心理學界是如何被邊緣化。

幾次關鍵的建議

一九五九年春天，他來耶魯大學講授學生健康服務，因為某些

機緣巧合我得知他即將來訪，我安排了一場和他的私人會面。在會面中，喬強烈建議我到舊金山接受榮格分析及分析師訓練，因此從那時開始到一九六二年七月，我所做的每件事都是為前往舊金山鋪路。他當時並未建議我接受他的分析，相反地他建議我去找喬‧韓德森，這個決定也是我一生所做的決定中，最關鍵也最好的決定之一。

　　喬‧韓德森與喬‧惠爾賴特在同一間大樓內執業，他們的辦公地址在斯坦納街（Steiner St.）二二〇六號，而分析訓練研討會就在該大樓的後廳舉辦。這是舊金山第一個榮格大小事的中心，好幾次當我走上樓去見喬‧韓德森時都會遇見喬‧惠爾賴特。身為一個外傾型，他會主動跟我談論國際榮格社群上演的大小事，主要是因為他當時投入國際分析心理學會的事務，只不過還沒當上主席。我們都很喜歡彼此。

　　我在一九六三年成為學院的分析師候選人，訓練課程進行平順，但後來我跟喬有一場面談，他當時是認證委員，面談中他建議我停止訓練課程並休息一年。委員會當時所提的理由是我還太年輕，而且我在成為分析師之前還需要在臨床上累積更多與病人接觸的經歷。我對此表示抗議，表明我已經累積了好些臨床經驗，而且我已經準備好要成為榮格分析師，但抗議無效。我的訓練被迫延緩了一年，多年後回想此事，我很慶幸得到訓練延緩一年的建議。喬說得沒錯，我在長期心理治療與分析的經驗真的不足。此外，當時我的個人生活也遭逢重大的動盪，其中包括我所面臨的棘手離婚議題，我在這段期間顯得非常憂鬱，但我仍然能夠從憂鬱情緒中走出，並開始思考在加州帕羅奧圖私人執業。我最終完成我的分析訓

練，也開始在半島區中段設立治療室，那時候要開業治療並非難事，因爲在這一區中沒有什麼精神科醫師執業，而當時的醫療保險也給付心理治療費用。

　　榮格學院每月固定會有一次晚餐會，我在餐會中與喬有許多密切且愉悅的對話。學院早期的會議通常都是生動中帶些混亂，常會持續到晚上十一點後還欲罷不能。喬是國際分析心理學會一九六六年到一九七一年間的主席，而他也立下了從那時開始直到一九九五年爲止的選舉流程藍圖。我在一九七一年首次出席國際分析心理學會的倫敦會議，當時喬正安排舊金山的委員代表，而他堅持由我擔任委員代表，這惹惱了許多年長且資深的分析師大老。我事前毫不知情他跟詹姆斯・希爾曼在背後運作要讓我選上第二副主席。選舉時刻，喬提名我擔任第二副主席，我以一票之差輸給漢內思・迪克曼；但這也爲我鋪好路，讓我在一九七七年下一屆選舉中成爲最受歡迎的候選人。喬再度提名我角逐第二副主席，而在那一屆中我順利當選。

　　我在一九六八年再婚，我的內傾型妻子珍決定要接受喬・惠爾賴特的分析，那是她進入榮格分析的入門導引，也讓她開始熟悉舊金山榮格圈。她的分析經驗不是我能置喙的。但爲了尊重她的分析經驗，在她接受喬分析的那些年我也比較少見喬。當然，他很殷切地想知道國際分析心理學會的大小事，而我也很開心能跟他報告學會的近況。

失去聯絡

　　隨著喬及他的妻子珍年歲漸增，他們開始花越來越多的時間待在聖塔芭芭拉的霍利斯特牧場，那裡地處偏遠，要開十八英里的黃土路才能到達他們的建物，那是一棟可以眺望太平洋的宏偉建築。珍在牧場長大，在牧場與動物及本土植物溝通讓她有回到家的感覺。一九八〇年代晚期，他們在牧場永久定居，而我也失去了與喬及珍的聯絡，在那之後他們跟舊金山幾乎所有的榮格分析師都斷了聯絡，因此我也不覺得這是特別針對我。然而，對我來說沒能跟他們聯絡是個極大的損失，喬與珍是我所見過最不凡且特別的一對夫妻。儘管他們很古怪，我還是非常想念他們。

【附錄五】C. A. 梅爾醫師

梅爾於一九九五年五月蘇黎士，歡慶九十歲生日。

　　梅爾被公認為是接續榮格的王儲。他接續榮格在瑞士聯邦科技學院的教職，也是蘇黎士榮格學院的第一任主席。此外，榮格在一九四四年因心臟病發而從臨床工作退休後，梅爾也接手分析榮格的部分病人。我的雙親都曾個別接受過梅爾的分析，而我母親則是主要的被分析者。前面篇幅提過我在一九五三年曾經與他見過一面，後來則持續在一九五七、一九五八及一九六○三年暑假固定接受他的分析，從那時開始直到梅爾過世這段時間我與他維持長久的互動關係。

梅爾的分析

因為我的雙親對梅爾的強烈正向移情，再加上我傾向於接受雙親的價值觀，當我需要治療時我會去找梅爾感覺是再自然不過的事。因此，如我所提到的，我開始在一九五七年夏天與梅爾見面。梅爾是超級老派的分析師，被分析者帶著自己所寫下的夢及對夢的聯想去見他，而梅爾會從菸斗中吹出一縷清煙，用一段很長的時間沉思你的夢。他的話不多，但在分析的神聖殿堂中總會有些心理產出。與我所經驗過的其他分析師相較，梅爾在分析時段中說的明顯少多了，但我覺得我在過程中總會有許多啟發，當然偶爾也會出現好笑有趣的時刻。我通常會在早上十點十五分抵達，這時他的妻子瓊（Joan）會送來他的信件及一杯柳橙汁，他通常會花幾分鐘的時間讀信並喝些柳橙汁。一天早上，我看見一封來自我母親捎來的信件，我很清楚她的字跡，但當時我什麼都沒說，這麼多年來我仍然記得這件帶點幽默也帶點諷刺的經歷。回首過往，我必須說我跟梅爾的關係中帶著近親亂倫的互動型態，也深刻體認在分析中要說我雙親的壞話是有多麼困難。

一九五八年夏天，我因為生活的混亂與失序，回到蘇黎士繼續接受梅爾醫師的分析。那年夏天我做了一些人生決定，包括：與女友的分手及轉學到耶魯醫學院，我在之前撰寫蘇黎士分析經驗時就已經提過這段歷史。一九五八年夏天，我很興奮得到一個機會可以和榮格約談，梅爾建議我帶著之前跟他談過的幾個夢去見榮格。這些夢是有關於交錯的圓圈，或是交錯的月亮畫面？梅爾認為榮格會

對這些夢感興趣因為他當時正在研究幽浮及其意義。我那時並不知道梅爾跟榮格之前有些爭吵，而且兩人已經不再是朋友了。我壓根不覺得這兩人之間有任何問題，是過了很久之後透過其他管道才得知這件事。

那一年夏天的另一件關鍵事件是在蘇黎士舉辦第一屆國際分析心理學會會議。通常不太給建議的梅爾，強烈建議我在會議期間不要留在蘇黎士，他堅定認為我跟這場會議八竿子打不著邊，我因此離開蘇黎士並前往英格蘭四天。

一九五九年春天，梅爾前來美國。他拜訪了法蘭西斯・布萊斯列（Francis Braceland），他當時是康乃狄克州首府哈特福生命學院（The Institute of Living）的主任。我很確定我當時嘗試要在耶魯精神醫學部安排一場演講，但他們對於邀請梅爾演講興趣缺缺。我開車接送梅爾從康乃狄克州前往紐約，梅爾在分析心理學社團有一場演講，我記得在梅爾演講後和他一起參加一場聚會，見到許多在紐約的資深分析師，這個經驗相當震撼。

一九六〇年夏天，當瑪格麗特與我度蜜月期間，我們前往蘇黎士請求梅爾提供分析。這次分析幫助我們能夠繼續接下來的旅程以及兩人後續的人生路，這是我最後一次接受梅爾分析，接下來的九年我跟他少有聯繫，九年後我才再度回到歐洲。

從「梅爾醫師」到「弗雷迪」

一九六九年春天，我帶著我的新任妻子珍前往蘇黎士，因為我希望她能與我過去人生的重要人士見面。我知道梅爾喜歡葡萄酒及

金巴利酒，我們也投其所好。下一次再見到他是在一九七一年九月，我們參加完倫敦舉辦的國際分析心理學會會議後前往瑞士，那時我們的女兒蘇珊娜九個月大，看見弗雷迪（Fredy）坐在地板上與蘇珊娜一起玩耍讓人心中滿是歡喜，一點點金巴利酒給弗雷迪帶來的效果真的驚人。我應該事先說明，從那個時候開始我不再稱呼他為「梅爾醫師」而改稱他為「弗雷迪」，這在兩人的互動關係中無傷大雅，而這也讓我覺得彷彿我與弗雷迪之間建立了一個獨立於我雙親與他所建立的關係。每當我跟珍被邀請到梅爾家共進午餐或晚餐時，我們都受到熱情的招待，餐會上除了我們之外通常都會有一些有趣的人士出席，但因為事隔久遠，哪些個別人士曾經出席餐會我已不復記憶。

下一段意義深遠的互動是在一九七三年秋天，梅爾當時是蘇黎士醫院的院長，他在院內設立了一間實驗室從事神經生理實驗。當時學界普遍的新興趣是以神經生理的觀點從事睡眠與夢的研究。他在早些時候曾到美國俄亥俄州辛辛納提大學（The University of Cincinnati）參加一場睡眠與夢的大型會議，在會議中發表了一場以榮格觀點看夢的演講，我個人也曾經在一九六七年美國精神醫學學會年會中提出類似主題的報告。當時我所報告論文的標題是「快速動眼狀態與分析心理學的關係」（The Relationship of the REM State to Analytical Psychology），而這篇論文經過比爾·德門特（Bill Dement）審核後發表於美國精神醫學學會的刊物《美國精神醫學期刊》（*The American Journal of Psychiatry*）。在《美國精神醫學期刊》刊載榮格派主題是非比尋常的。梅爾看見我在學術生涯的潛能，他寫信問我是否有興趣接下瑞士聯邦科技學院的教職，因為他當時已

經準備好要退休了。這是個相當誘人的提議，因為我非常喜愛蘇黎士，但我才剛開始在帕羅奧圖及灣區扎下根基，我想像不了自己會做那樣的變動。我喜愛到蘇黎士旅遊，但我認為在蘇黎士生活將會是另一回事。珍只會一些基本的德文，如果我接受這份教職，我不確定她是否會願意前往蘇黎士。最後我婉拒了申請這份教職的邀約。有趣的是，在梅爾退休後，這職位懸缺多年，最後懸缺補足卻是由非榮格派的人接下的。

一九七七年國際分析心理學會會議在羅馬舉辦，鍾愛義大利的弗雷迪出席了部分的會議議程。他邀請我及珍共進午餐，用餐時間正巧是下午委員代表大會召開前。我對於那天的委員代表大會感到興奮，因為我預期自己將會被選上第二副主席，特別是考量我在六年前的選舉時僅以一票之差落敗。當第二副主席開放提名時，喬·惠爾賴特推舉我，接下來發生的事情出乎大家的意料，弗雷迪·梅爾起身附議提名我角逐。國際分析心理學會遵循的是瑞士法律，提名時並不需要有人附議。

如同我之前所提，弗雷迪提名我激起了詹姆斯·希爾曼對我的一股怒意，他當時說我早該與弗雷迪劃清界線，也質疑我和這些老派的第一代榮格分析師仍然維持良好關係是有所企圖。考量梅爾在他們的分析關係中有欠思量，我可以理解他對梅爾的不信任。然而，他認為我應該和他一鼻孔出氣，這對我是不公平的。我不認為吉姆（詹姆斯）會原諒我仍然與梅爾維持良好的互動關係。

我母親在隔年過世，在她過世前，弗雷迪從蘇黎士飛來洛杉磯看望她。在我母親過世後六個月，我父親跟一個小他很多歲的女人再婚，當然他們也飛往蘇黎士接受弗雷迪的分析，我對這些分析安

排置身事外，但要我接受父親從與母親共結連理多年轉變到如今與這個冷淡疏離的三十九歲女人結婚，真的是件難事。

身為國際分析心理學會副主席，我每年至少會到蘇黎士一次，每次到訪都會與弗雷迪接觸見面，他總是很大方地邀請我或我們夫妻一起用餐。約莫是在一九八五或一九八六年間的一次晚宴，弗雷迪自信滿滿地說我父親與他的年輕妻子珊卓將會離婚。同樣地，對此我大為震驚，我認為弗雷迪不應該告訴我這個消息。畢竟，珊卓是他的病人，這完全破壞了醫師與病人之間的保密協定。我對這個消息感到極度難過，因此撥電話回加州給我的妻子告訴她這兒所發生的事，等我回到加州之後，我直接從父親那裡得知這個消息並與他談話。我對弗雷迪洩漏消息感到非常氣憤，而我也是第一次直接體認為什麼有這麼多人和他相處都有困難，他告訴我那個消息是全然不專業的表現。

然而我們持續在社交場合上見面，我還記得為了慶祝他九十歲壽誕，我們在他家街尾的鮮魚餐廳辦了一場愉悅美好的生日午宴。

我在為《榮格學派的歷史》一書蒐集資料期間，與弗雷迪還有一段重要的互動。弗雷迪當時年歲已高，而我在瑞士聯邦科技學院文庫中找尋一九三〇年代榮格與國際心理治療醫學學會（The International General Medical Society for Psychotherapy）之間的書信往來，當時榮格擔任該學會主席，弗雷迪在那些年是負責榮格書信的祕書。我想要查閱那些書信內容，因此文庫與弗雷迪聯絡徵詢是否可以讓我查閱那些書信。起初，弗雷迪充滿防衛，他想知道我為什麼想看那些書信，後來等他稍微平靜後，他授權給我查閱那些書信。我對他為什麼有如此大的防衛反應感到不解，一直到後來才可以理

解他的反應。

　　我跟弗雷迪・梅爾的良好互動關係持續到他與世長辭。在他九十歲壽誕之後的六個月，弗雷迪罹患食道癌，癌症很快地將他帶向死亡。一九九五年國際分析心理學會的會議在蘇黎士召開，因此我有機會與他道別，當時他的身體已經非常虛弱。回首過往，對我而言他是個好惡並存的人。從我年輕開始接受他的分析起，他就是個出色的分析師。他是一個有魅力的東道主，因為他所具備的高度文化素養，我在他身上學到很多。我很欣賞他的獨立性以及他不同於其他圍繞在榮格四周的芸芸眾生。另一方面，我也看見他的防衛、自以為是及不專業的行為表現，而他跟其他人也處不來。對於這個在蘇黎士早期的重要人士，我心中有著複雜的感情。

【附錄六】約翰・威爾・培利醫師

　　約翰・威爾・培利是我在一九六○年代榮格分析師訓練期間所遇見最優秀的老師。約翰比舊金山榮格學院的創辦人韓德森及惠爾賴特小了整整十歲，但他與榮格有著顯著的互動關係。他在榮格一九三六年造訪美國時就見過榮格，在那段旅程中，榮格與約翰的父親有些互動。當時約翰的父親是羅德島的主教，而榮格在約翰家留宿一晚。二次大戰後，約翰到蘇黎世進修一年，接受梅爾的分析，同時也與榮格有好幾次的會面。約翰寫了一本書，書名是《精神病歷程中的自性：精神分裂症的象徵化》（*The Self in Psychotic Process: Its Symbolization in Schizophrenia*），書中的序文是榮格所執筆的。約翰在蘇黎士待了一年後，回到舊金山，他與韓德森、惠爾賴特及凱・布瑞德偉（Kay Bradway）在同一間大樓內執業分析。我曾聽說他與女人的關係不佳，因此我避免跟他建立分析關係。不過，我倒是很熱衷聆聽他的演講，我這一生聽他演講應該不下四十次了，他與急性精神病患的工作經歷總讓我為之著迷。我將他引介給致力於研究工作的心理學家朱利安・西爾弗曼（Julian Silverman），他們兩人在本地的艾格紐斯州立醫院共同執行一項與精神病患一起工作的計畫，這項計畫名為艾格紐斯計畫（The Agnews Project），這項計畫也得到國家心理衛生中心的資助。計畫推展的時代正逢一九六○年代盛行對精神分裂症，特別是第一次精神病症狀發作的心理治療

工作。

　　我很清楚，我不想要約翰當我的分析師是因為，我在他身上看見太多我父親的影子。他們兩人都是優秀的學者，飽讀詩書讓人驚異，但他們也無法抗拒女人。我覺得我無法信任約翰幫我處理我的阿尼瑪問題，因為他在這方面的問題似乎比我更大。除了聽他在精神分裂症、神話及情結的演講外，我也期待他能成為我的臨床個案督導。在督導時間，我大部分都只對他提出男性個案，而他非常擅長處理夢和積極想像兩個主題。我的所有督導歷程都是跟著他完成的，而那也是讓我感到最滿意的學習經驗。

　　一九六○年代，他是舊金山灣區最受歡迎的治療師。然而，一九七○年代他因為沒有守住與病人的界線而被檢舉，提報到醫學考試部（Thel Board of Medical Examiners）。起初決議只要他接受分析就能繼續執業，但他很快就停止接受分析，而又回到與女病人關係曖昧的老路上。我當時被學院指派進入倫理委員會，在我知道這項派任前，他的案子就已經是委員會的討論議案了。那時候我是倫理委員會的主席，因此我必須要統理他的案子，我很痛恨身處在那種情境中，因為我很清楚他的行為表現。之前我們有好幾個人曾經獲得特許前往歐洲出席一場國際榮格學派會議，那時他就帶了一位女病人同行。當我們在羅馬出席會議時，她顯得相當疑惑及失落，因為即便約翰在精神分裂症的工作讓他成為會議中一顆耀眼的明星而忙進忙出，約翰並無法帶她出席任何的社交場合。

　　最後倫理委員會的其他委員共同決議將他逐出學院，我覺得這個議處太過嚴苛，因此最後協議以「永久停權」取代驅逐。約翰有機會在會員大會中為自己申訴，但顯然性是他與女人治療過程中的

　　　　　　我的榮格人生路：一位心理分析師的生命敘說 |

一部分。那是讓人傷心的一天，因為會員們投票表決通過永久停權的決議，而約翰也不再是學院的會員。在那之後我偶爾會在學院附近的街道上看見他，即便他的醫師執照被撤銷了，他那時候仍然持續執業心理治療。每次見到他，他對我的態度依舊熱情友善。

即便他衰敗隕落，他仍然是一位鼓舞人心的老師，在我的榮格派認同過程他也是主要的影響人物。

PsychoAlchemy 010

我的榮格人生路：
一位心理分析師的生命敘說
A Jungian Life

作者—湯瑪士‧克許（Thomas B. Kirsch）
譯者—徐碧貞　審閱—王浩威

出版者—心靈工坊文化事業股份有限公司
發行人—王浩威　總編輯—王桂花
責任編輯—黃心宜　特約編輯—簡淑媛
內頁編排設計—龍虎電腦排版股份有限公司
通訊地址—10684 台北市大安區信義路四段 53 巷 8 號 2 樓
郵政劃撥—19546215　戶名—心靈工坊文化事業股份有限公司
電話—02）2702-9186　傳真—02）2702-9286
Email—service@psygarden.com.tw　網址—www.psygarden.com.tw
製版‧印刷—中茂製版印刷股份有限公司
總經銷—大和書報圖書股份有限公司
電話—02）8990-2588　傳真—02）2990-1658
通訊地址—24 新北市五股工業區五工五路二號
初版一刷—2015 年 10 月　ISBN—978-986-357-043-1　定價—620 元

Originally published in English language by Fisher King Press, copyright ©2014,
all language world rights reserved. www.fisherkingpress.com
Complex Chinese edition copyright ©2015 by Psygarden Publishing company
All right reserved

版權所有‧翻印必究。如有缺頁、破損或裝訂錯誤，請寄回更換。

國家圖書館出版品預行編目資料

我的榮格人生路：一位心理分析師的生命敘說 / 湯瑪士‧克許 (Thomas B. Kirsch) 作；
　徐碧貞翻譯. -- 初版. -- 臺北市：心靈工坊文化, 2015.10
　　面；　公分
　譯自 :A Jungian Life
　ISBN 978-986-357-043-1 (平裝)

1. 榮格 (Jung, C. G. (Carl Gustav), 1875-1961)　2. 學術思想　3. 精神分析學

170.189　　　　　　　　　　　　　　　　　　　　　　　　　104020688